DÉ LA NAI

ET

DE LA CHUTE

DES ANCIENNES RÉPUBLIQUES.

TRADUIT DE L'ANGLOIS.

PAR LE CITOYEN CANTWEL.

———

A PARIS,

Chez MARADAN, Libraire, rue du Cimetière-
Saint-André-des-Arcs, N°. 9.

———

1793.

PRÉFACE.

PLUTARQUE cite une loi de Solon très-remarquable. Cette loi déclare infame quiconque dans une fédition ou une diffenfion de l'état refte neutre, & refufe de fe joindre à un des partis. Aulus Gellius, qui donne de plus grands détails fur cette loi extraordinaire, affirme qu'elle prononçoit la confifcation des biens & effets & le banniffement. Ciceron parle auffi de cette loi dans une de fes lettres à Atticus. Il affure qu'elle prononçoit la peine de mort, & paroît cependant déterminé de ne point obéir à cette loi dans les circonftances alors préfentes, à moins que fon ami ne lui confeille le contraire. Il eft affez indifférent de favoir lequel de ces deux auteurs a raifon relativement à la peine infligée par cette loi ; mais j'obferverai qu'après en avoir médité les motifs rapportés par Plutarque & par Aulus Gellius, on eft forcé

A

de convenir que, toute rigoureuse qu'elle paroisse au premier coup-d'œil, elle n'est pas toutefois indigne d'un grand législateur. Plutarque juge que Solon avoit résolu d'empêcher qu'aucun citoyen osât afficher une indifférence coupable pour les dissensions de sa patrie, de les forcer tous de se joindre promptement au parti le plus juste & le plus honnête, & de sacrifier leur fortune & leur vie au soutien de celui qu'ils auroient embrassé, plutôt que d'attendre à voir pour se décider, le parti qui seroit le plus fort.

Le motif d'Aulus Gellius est encore plus frappant que celui de Plutarque, & moins susceptible d'objections. Si, dit-il, tous les bons citoyens, lorsqu'ils se voient trop foibles pour arrêter les fureurs d'une *multitude* divisée, se jettoient dans les partis opposés dès le commencement d'une sédition, il en résulteroit incontestablement que les différentes factions qui les auroient reçus diminueroient peu-à-peu de violence, & laifferoient bientôt le foin de les conduire à des hommes dont le nom & l'ancienne autorité en impoferoit. Il en réfulteroit évidemment que ces chefs s'occupant à modérer l'effervefcence de leur parti & à convaincre le parti oppofé de leurs bonnes intentions, trouveroient de grandes facilités pour opérer une réconciliation & rétablir la tranquillité publique.

L'hiftoire ne fait point mention de l'effet que cette loi produifit chez les Athéniens ; mais comme elle eft évidemment fondée fur les relations néceffaires de tous les membres d'un corps politique, & fur l'intérêt perfonnel que tous les individus font cenfés avoir au bien-être ou à la profpérité publique , tous les pays libres l'ont, non pas expreffément, mais tacitement ou mentalement adoptée ; car ceux qui , fous la dénomination de modérés , reftent neutres durant une diffenfion civile, en attendant qu'on puiffe fe ranger d'un parti fans courir de danger, font ordinairement notés d'infamie, & perdent irrévocablement la confiance de tous les partis.

L'Angleterre a le bonheur d'être le pays le plus libre de l'Europe, & elle eft en conféquence le pays de l'Europe où les diffenfions font les plus fréquentes. Chaque individu prétend être un membre politique ; il foutient chaudement fon parti ; & la loi de Solon eft autant en vigueur aujourd'hui parmi les Anglois qu'elle le fut jadis à Athènes dans les temps les plus orageux de cette ancienne république.

La nature de la conftitution de l'Angleterre donne naturellement l'effor à la liberté de la penfée ou des opinions ; & la liberté de la preffe, privilège particulier à fon fyftême politique, offre continuellement à tous les Anglois la faculté de publier leurs opinions. Si leurs écrivains po-

litiques ne perdoient point de vue la falutaire intention qu'Aulus Gellius fuppofe à
Solon lorfqu'il inventa cette loi extraordinaire, ils pourroient contribuer efficacement à maintenir l'harmonie & l'union,
fans lefquelles une conftitution ne peut pas
long-temps fubfifter. Mais des vues oppofées & des intérêts perfonnels perpétuent
la guerre des opinions, & la rendent inter-
minable, Chacun s'occupe exclufivement
de l'emporter fur fes adverfaires fans égard
pour la vérité, dont la recherche devroit
être le but dans toutes les difcuffions & les
controverfes. L'objet qui occupe depuis
peu toutes les plumes politiques eft de décider fur l'avantage ou l'inutilité d'une force
armée, où de fixer les principes qui peuvent le plus fûrement cimenter la puiffance
d'un peuple libre & lui affurer une profpérité durable. Cette thèfe a été difcutée,
non pas feulement avec chaleur, mais avec
une aigreur & une violence inexcufables.
On y a mêlé des fophifmes, des perfonna-

A 3

lités indécentes ; & au défaut de bons argumens qui puffent fervir de réfutation,
on a trop fouvent employé pour féduire
les lecteurs, des accufations de trahifon &
de perfidie. Les faits hiftoriques ont été
défigurés ; on a tiré de faux principes ; on
a cité l'hiftoire des anciennes nations d'une
manière générale & vague, fans diftinction des différentes périodes marquées par
des changemens confidérables dans les
mœurs ou dans la conftitution de ces
peuples. Il eft toutefois évident que ces
différences doivent néceffairement en produire dans les applications.

Defirant trouver la vérité, & peu fatis-
fait des affertions hardies qui n'ont pour
garant que l'atteftation d'un écrivain partial, j'ai réfolu d'examiner moi-même fcru-
puleufement les argumens que peut fournir
l'hiftoire ancienne à laquelle les partis oppofés en appellent fi fouvent ; car les raifonnemens fpéculatifs de la théorie ne font

guère plus concluans en politique qu'en physique, & l'on doit toujours raisonnablement se décider d'après les faits & l'expérience que l'histoire peut seule nous fournir. Après avoir formé la résolution de juger par moi-même, j'ai lu & médité avec la plus sérieuse attention l'histoire des plus célèbres républiques de l'antiquité dans leurs idiômes respectifs, infiniment préférables aux meilleures traductions.

N'ayant eu pour but que l'instruction dans mes recherches, & dans mes écrits l'amour de ma patrie, j'en fais hommage au public avec la plus scrupuleuse véracité. Mon projet est de démontrer à mes compatriotes par des exemples étrangers les suites funestes qu'entraîneroient inévitablement nos divisions intestines, & de leur faire fortement sentir l'indispensable nécessité de l'union nationale de laquelle la force, la sûreté & la durée de tous les

états libres dépendent toujours. Heureux
fi mes foibles efforts peuvent contribuer
à une fin fi falutaire & fi defirable !

Dans le nombre des citations grecques
& latines que la nature de ce traité rend
inévitables, j'ai tâché de rendre le fens des
différens auteurs le plus clairement & le
plus exactement poffible. Mais tout lecteur ayant auffi le droit de vouloir juger
par lui-même, j'ai inféré en notes littéralement les expreffions dont ils fe font
fervis, avec la note des noms, du livre,
page, & date des éditions.

Je déclarerai encore ingénuement à mes
compatriotes un autre motif de ces citations qui m'a principalement décidé, parce
qu'il m'intéreffe perfonnellement. Comme
la conftitution angloife & celles des plus
antiques républiques ont été fondées fur
les mêmes bafes & les mêmes principes ;
comme leur régime & leur police fe ref-

femblent affez pour que les mêmes caufes
continuent à produire les mêmes effets, il
eft impoffible de ne pas appercevoir une
égale reffemblance entre les mœurs de
ces anciens républicains & les nôtres, à
mefure que nous nous fommes éloignés
comme eux de nos premiers principes.
Cette reffemblance entre les mœurs de
notre temps & celles des républiques de
l'antiquité, au temps de leur plus exceffive corruption, eft malheureufement fi
frappante, que, fi je ne préfentois pas littéralement le texte original, les lecteurs
qui ne connoiffent point ces hiftoriens,
pourroient confidérer leurs defcriptions
qu'ils rencontreront fouvent dans le cours
de cet ouvrage, comme des fatyres trop
peu ménagées du fiècle & du pays où
nous vivons.

La conduite de quelques-uns de nos
écrivains politiques rendoit cette apolo-
gie en quelque façon néceffaire, pour évi-

ter l'accufation de pédantifme, ou de vain
étalage d'une inutile érudition ; & afin
qu'un ouvrage deftiné à propager la paix,
l'union & la fraternité parmi mes compatriotes, ne foit pas confidéré de quelques-uns comme un libelle virulent &
incendiaire.

INTRODUCTION.

JE ne fuis point furpris du tableau féduifant que
des philofophes & des poëtes ont fait dans tous
les temps, des paifibles & doux plaifirs d'une vie
champêtre & retirée. Le fpeƈtacle magnifique &
varié des faifons renaiffantes fournit fans ceffe aux
yeux de l'étude & de la contemplation, un fujet
d'admiration & de méditation toujours nouveau
et toujours inépuifable. L'hiver même a des charmes aux yeux du philofophe, & attefte également
la puiffance inconcevable du créateur & du con-
fervateur de la nature. Admirer & adorer l'Eternel
dans fes ouvrages, eft le premier devoir des mortels
qu'il a doués de la penfée & de la raifon. Leur fecond devoir comme hommes & comme citoyens,
eft de contribuer, en proportion de leurs moyens
& de leurs talens, au bonheur de la grande fociété
dont ils font nés les membres. J'ai penfé qu'une
étude férieufe & approfondie de l'hiftoire feroit le

plus utile emploi que je pourrois faire des loifirs d'une vie que je paffe dans ma retraite champêtre; & c'eft d'après ces réflexions, que j'offre à mes compatriotes le fruit de mes méditations, comme la plus forte preuve que je puiffe leur donner du defir que j'ai de leur être utile autant que me le permettent les bornes de mon intelligence.

Rien ne m'a fait éprouver autant de plaifir dans le cours de mes recherches que l'étude de l'hiftoire ancienne, parce qu'elle m'a fait vivement fentir la précieufe valeur de notre ineftimable conftitution, lorfque j'ai comparé la différence de maximes & de conduite, & enfin le contrafte prononcé entre les fondateurs des monarchies abfolues, & les légiflateurs des états libres de l'antiquité.

Les premiers femblent avoir pofé pour la bafe de leur politique & la règle de leur conduite, que des millions d'hommes ont été créés pour les plaifirs & la jouiffance d'un feul individu ; les autres, au contraire, ont évidemment fenti qu'un gouvernement ne doit avoir pour but que la fûreté, l'avantage & le bonheur de tous les individus. Les premiers traitoient les hommes comme des brutes, & fondoient leur despotisme sur la force; les autres traitoient les hommes comme leurs semblables, & les gouvernoient par la raison. Il en résulte naturellement que nous détestons les premiers comme des ennemis barbares & des tyrans destructeurs, tandis que nous admirons & révérons les autres comme les amis & les bienfaiteurs du genre humain.

Les histoires que j'ai lues & méditées avec le plus d'attention & de satisfaction, sont celles de Rome, de Carthage & de la Grèce. J'ai considéré avec admiration la profonde sagesse, les travaux infatigables & les vues désintéressées des hommes généreux qui ont contribué à constituer ces différens états, & à en cimenter les bases durables. J'ai suivi avec plaisir leurs progrès successifs vers le haut degré de puissance où le laps du temps les a fait atteindre; & je n'ai pas pu, sans éprouver un mélange de douleur & d'indignation, contempler les époques graduelles de leur décadence ; & les triftes événemens qui ont enfin entraîné leur entière diffolution.

Un long détail de leur naiffance & des excellentes inftitutions qui les portèrent au faîte de la gloire & de la profpérité, feroit aujourd'hui plus curieux qu'utile ; mais il eft indifpenfable de préfenter à mes lecteurs un tableau concis de la conftitution primitive de chacun de ces états, afin de leur rendre plus fenfibles les dégradations fucceffives de ces excellentes conftitutions, & les caufes de leur fubverfion finale. Lorfque je confidère la conftitution de notre pays (1), je ne puis pas me défendre de la regarder comme mieux organifée que tous les gouvernemens dont l'hiftoire profane fait mention, pour affurer le bonheur & la fécurité des individus, l'inviolabilité des perfonnes & des propriétés. Je ne fuis pas moins perfuadé qu'en la formant, nos fages ancêtres adoptèrent ce qu'ils trouvèrent de

---

(1) L'Angleterre.

meilleur dans ces différens régimes, au moment de
leur plus grande perfection. Je fuis convaincu qu'ils
firent tout ce dont la fageffe humaine eft capable,
pour en affurer la durée & la tranfmettre pure &
intacte aux futures générations. Mais comme tout
dans la nature eft fujet à fe détériorer; comme les enfans ne font que trop fujets à dégénérer des vertus
de leurs pères & à les oublier, il eft fort à craindre
que la trifte hiftoire de la décadence de ces états ne
foit tôt ou tard la nôtre. Cette crainte paroît d'autant mieux fondée, que les caufes qui entraînèrent
leur ruine fe font fentir aujourd'hui très-fortement
parmi nous. C'eft donc dans l'efpérance d'être de
quelqu'utilité à ma patrie dans cette crife dangereufe, que j'ai choifi pour exemples ces nations
jadis fi libres, fi puiffantes, dépouillées peu-à-peu
de leur liberté, enfin totalement anéanties pour
avoir dévié des principes originels de leur confti-
titution; & ne laiffant aujourd'hui d'autres traces
de leur exiftence, que celles que nous rencontrons
dans les faftes de l'hiftoire.

Il eft inconteftablement vrai que notre conftitution a éprouvé, à différentes époques, des chocs très-violens, & qu'elle a été plufieurs fois menacée d'une prochaine deftruction. Mais, quoique jufqu'à préfent la providence nous l'ait confervée, nous ne devons pas nous flatter que les circonftances font toujours de nature à la préferver. J'ai donc jugé que les preuves tirées de l'exemple & de l'expérience feroient plus à la portée de tous les lecteurs, & feroient une impreffion beaucoup plus fenfible que des argumens philofophiques ; car, comme les mêmes caufes doivent néceffairement produire tôt ou tard les mêmes effets ; lorfque nous verrons prévaloir dans notre pays les mêmes maximes & les mêmes mefures qui, dans des circonftances femblables, entraînèrent la fubverfion de différens états, nous pourrons raifonnablement redouter la même cataftrophe, fi on ne travaille à la prévenir par de fages réformes, avant que le mal foit invétéré au point de rendre tous les remèdes inutiles.

La vérité & la plus fcrupuleufe impartialité ont été conftamment mes guides dans les réflexions

flexions que mes recherches m'ont dictées. J'ai tâché
de démontrer les principales caufes de la dépravation des mœurs, qui a précipité des peuples autrefois libres & braves, dans l'efclavage le plus
ignominieux. J'ai fait appercevoir les progrès alar-
mans que les mêmes maux ont déjà faits, &
continuent à faire parmi nous. Enfin, j'ai écrit avec
la liberté décente qui appartient à tout Anglois
par le droit de fa naiffance. Mon unique defir
eft d'exciter ceux qui aiment fincérement leur
patrie à réunir, tandis qu'il eft temps, tous leurs
efforts pour la préferver de fa deftruction; & c'eft
dans cette vue & fans aucun autre deffein, que
j'ai crayonné le trifte tableau des caufes qui ont
directement ou indirectement contribué à la
chûte des anciennes républiques, pour nous fervir
comme autant de fanaux, & nous faire éviter, s'il
eft poffible, les écueils contre lefquels ces nations
antiques ont vu échouer & périr leurs excellentes
conftitutions.

Je fais que la vérité ne plaira jamais à ceux
qui aiment à demeurer dans l'erreur; mais je ne

crois pas qu'elle puiffe paroître offenfante ou même défagréable à mes compatriotes bien intentionnés ; car les avertiffemens d'un ami zélé diffèrent autant du fiel d'un ennemi, qu'une fonde falutaire dirigée par un opérateur bienfaifant diffère du ftilet d'un affaffin perfide.

RÉFLEXIONS

SUR

LA NAISSANCE ET LA CHUTE

DES ANCIENNES RÉPUBLIQUES.

CHAPITRE PREMIER.

De la République de Sparte.

Tous les états libres de la Grèce furent d'abord des monarchies (1), & femblent avoir été beaucoup plus redevables de leur liberté aux dangereufes & abfurdes vexations de leurs fouverains, qu'à une difpofition de la part des peuples à changer la forme de leur gouvernement. Mais le fouvenir de ce qu'ils avoient fouffert de l'abus de tous les pouvoirs réunis dans les mains d'un feul

___

(1) Dion. Halicarnaffe, pag. 248, édit. de Robert Etienne, 1546.

homme, les précipita dans l'excès contraire ; c'eſt-à-dire, dans la démocratie, eſpèce de gouvernement plus ſujet que tous les autres aux factions & aux diviſions inteſtines.

Il paroît que de tous les états de la Grèce, celui de Sparte fut le plus malheureux juſqu'à l'époque où les Lacédémoniens reçurent un nouveau code de loix du légiſlateur Lycurgue. Plutarque nous apprend que l'autorité de leurs rois & de leurs anciennes loix étoit également impuiſſante & mépriſée ; rien ne pouvoit arrêter ni calmer la violence d'une multitude opiniâtre & préſomptueuſe. Le gouvernement fut anéanti, & fit place à l'affreuſe confuſion de la plus intolérable anarchie.

De cette déplorable ſituation, la ſageſſe & le génie d'un ſeul homme firent monter les Lacédémoniens à un degré de gloire & de puiſſance, qui inſpira l'envie & la terreur à tous les peuples dont ils étoient environnés. Cette étrange métamorphoſe ſuffiroit pour démontrer l'influence que la ſageſſe & le génie d'un ſeul homme peuvent avoir ſur une multitude violente & corrompue, lorſqu'il a une fois obtenu l'eſtime & la confiance générale. C'eſt ſur ce principe que Lycurgue fonda ſon projet de changer & de refondre totalement la conſtitution de ſon pays.

L'exécution d'un projet fi hardi , dans de pareilles circonftances , eut un fuccès dont l'hiftoire ne fournit point un fecond exemple (1).

A la mort de fon frère aîné , Lycurgue hérita d'une moitié de la couronne de Sparte. Mais la veuve de fon frère s'étant déclarée enceinte ; à la naiffance de l'enfant qui fut un mâle , Lycurgue lui céda la dignité royale, & gouverna comme tuteur & proteéteur de fon neveu durant fa minorité. La conduite généreufe & défintéreffée que Lycurgue tint dans cette occafion augmenta l'affeétion des peuples qui avoient déjà fenti les heureux effets de fa fage & équitable adminiftra-tion. Mais pour éviter les embûches de la reine-mère & de fa faétion, qui l'accufoient du deffein d'ufurper la couronne, il quitta prudemment la régence & le royaume de Sparte. Dans le cours de fes voyages durant cet exil volontaire, il forma & rédigea complétement fon fyftême de réforme. Il parcourut tous les états renommés alors par la fageffe de leurs loix ou de leur conf-titution, & examina foigneufement leurs diffé-rentes inftitutions & les bons ou mauvais effets qu'elles avoient produits fur les mœurs des

(1) Plutarque raconte cet événement d'une manière fort honorable pour Lycurgue dans les commencemens de fa vie.

peuples, écartant avec foin tout ce qu'il jugeoit défectueux, & recueillant avec la même attention tout ce qu'il croyoit propre à rendre les peuples heureux. Le fage Lycurgue forma, avec l'aide de ces matériaux, un plan complet de légiflation qu'il eut bientôt l'occafion de réduire en pratique. Les Lacédémoniens comparant avec regret l'adminiftration de Lycurgue avec celle de leurs fouverains, defiroient ardemment fon retour & lui envoyoient fréquemment des députations pour l'inviter à venir réparer les défordres qui faifoient fouffrir & gémir fa patrie. Le vœu des peuples étant unanime, & les rois n'oppofant point d'obftacle à fon retour, il jugea ce temps de crife propre à l'exécution de fon projet. A fon arrivée, la fituation des affaires fe trouva telle qu'on la lui avoit repréfentée, & le peuple lui parut trèsdifpofé à favorifer des innovations. Lycurgue commença fes réformes par un changement dans la conftitution compofée alors d'un mélange de monarchie héréditaire partagée entre deux familles, & d'une démocratie irrégulière dépourvue de la balance d'un pouvoir intermédiaire fi effentiel à la durée de tous les gouvernemens mixtes. Pour remédier à ce défaut, Lycurgue établit un fénat avec une autorité fuffifante pour qu'il devînt le rempart inexpugnable de la conftitution contre les usurpations des rois & du peuple. La couronne de Sparte étoit depuis long-temps partagée entre deux familles descendues de la même souche. Quoique convaincu qu'une grande partie des désordres de l'état tiroient leur source de cette absurde division de l'autorité royale, Lycurgue crut ne devoir rien changer relativement à la succession des deux familles, dans la crainte qu'une innovation d'une nature si délicate ne produisît des commotions interminables par les prétentions de la branche que le sort auroit exclue. Il leur laissa donc le titre & les marques de la royauté ; mais il fixa les limites de leur autorité, & la borna au soin des objets de la religion & de la guerre. Il donna au peuple le privilège d'élire les sénateurs & de sanctionner les loix que le roi & le sénat auroient approuvées.

Après avoir organisé son nouveau gouvernement, Lycurgue entreprit une tâche plus difficile à exécuter que les travaux fabuleux d'Hercule. Il résolut de régénérer ses compatriotes, de leur donner de nouvelles mœurs, d'extirper leurs passions, & de les élever enfin au-dessus des foiblesses & des infirmités de la nature. La théorie de ce projet avoit exercé la plume d'un grand nombre de philosophes, mais Lycurgue est le seul qui a réussi à le réduire en pratique.

Convaincu que les deux extrêmes de l'opulence & de l'indigence font dans un état libre une source intariffable de défordres, il divifa les terres en portions égales & proportionnées au nombre des habitans. Il inftitua des tables publiques, obligea tous les citoyens, fans exception, d'y venir prendre leurs repas; & impofa fur ceux qui, au mépris de cette loi, mangeroient dans leurs maifons, une amende (1) dont les rois de Sparte ne furent pas exempts. La nourriture très frugale & fixée par la loi, étoit diftribuée par portions égales à tous les convives; chaque membre devoit payer tous les mois fa part des dépenfes pour les provifions de fa table; il n'étoit permis de converfer, durant ces repas publics, que fur des fujets propres à cimenter les principes de fageffe & de vertu dans l'efprit de la jeuneffe. Ces tables étoient, comme l'obferve Xénophon, non-feulement des écoles de fobriété, mais auffi d'inftruction. C'eft ainfi que Lycurgue parvint à introduire parmi fes concitoyens une égalité parfaite. Tous les citoyens, fans exception, étoient logés, nourris, vêtus de même, & fans la

_____

(1) Plutarque, vie de Lycurgue, pag. 46, édit. de Xilandre.

plus légère différence dans la qualité de l'étoffe ou la façon de l'habit.

Après avoir anéanti toute espèce de luxe, Ly-curgue s'occupa d'éloigner la tentation d'acquérir des richesses, source funeste de presque tous les maux qui désoloient les autres pays. Il y réussit en défendant le cours des monnoies d'or & d'argent, en leur substituant une monnoie de fer fort pesante & d'une très-petite valeur, qui fut durant plusieurs siècles la seule monnoie de cours chez les Lacédémoniens.

Pour empêcher que de nouvelles richesses ne s'introduisissent dans la ville de Sparte, & préser-ver ses concitoyens de cette source de corruption, Lycurgue proscrivit la navigation & le commerce, quoique son pays contînt une grande étendue de côtes maritimes & d'excellens ports. Il toléra le moins de relations possibles avec les étrangers, & ne permit à ses concitoyens de visiter les pays voisins que dans le cas où ces voyages auroient pour but l'intérêt public. L'agriculture & les arts méchaniques, indispensables à la subsistance, furent exclusivement abandonnées aux *Ilotes*, & Ly-curgue bannit impérieusement de son pays tous les arts qui tendoient à efféminer l'ame ou à éner-ver le corps. Il encouragea la musique, admit la poésie, mais il soumit l'une & l'autre à l'inspec-

tion des magiftrats (1). Au moyen du partage
egal des terres, & de la profcription des monnoies d'or & d'argent, Lycurgue préferva fon
pays du luxe, de l'avarice, de toutes les calamités qu'entraîne une funefte indulgence pour nos
paffions, de toutes les conteftations & des procès
relatifs aux droits de propriété.

Pour affurer à fes loix l'obéiffance de la poftérité la plus reculée, Lycurgue fit fur l'éducation
des enfans, des réglemens qu'il regardoit comme
le devoir le plus facré d'un légiflateur. Sa grande
maxime étoit : « que les enfans font la propriété
» de l'état, & que leur éducation doit lui être
» exclufivement confiée ». Il défendit févérement
aux nourrices la plus légère indulgence pour la
nourriture ou pour les caprices de leurs élèves
durant leur première enfance. On les accoutumoit à fupporter le froid, la chaleur, la foif &
la faim; à vaincre la timidité qui leur eft naturelle,
en les laiffant fréquemment dans la folitude &
l'obfcurité, afin de les préparer à une difcipline
plus rigoureufe à laquelle on ne tardoit pas long-
temps à les initier.

_____

(1) Lycurgue fut le premier qui recueillit la totalité des ouvrages d'Homère qu'il apporta de l'Afie mineure dans la Grèce.

Lorfqu'ils avoient atteint l'âge de fept ans, on les retiroit des mains des nourrices & on les plaçoit dans des écoles convenables. Ils étoient tous également traités pour le vêtement & la nature ; c'eft-à-dire, qu'on ne leur accordoit ftriftement que ce qui étoit indifpenfable pour les faire fubfifter & pour les défendre de la rigueur des faifons. Ils étoient tous logés dans de vaftes dortoirs, fur des lits de rofeaux, auxquels on ajoutoit durant l'hiver un peu de l'efpèce de duvet que produifent les chardons. Leurs amufemens & leurs exercices étoient tous de nature à rendre leurs membres fouples & leurs corps robuftes. On les accoutumoit à gravir nuds pieds fur les rochers les plus efcarpés ; la nage, la danfe, la chaffe & la lutte étoient leurs amufemens habituels. Dans l'éducation de fes jeunes compatriotes, Lycurgue voulut joindre au courage de l'aftion celui de la patience. On les accoutumoit à méprifer également le danger & la douleur, à fe laiffer fuftiger impitoyablement avec la conftance & l'impaffibilité les plus inconcevables. Se dérober de deffous le fouet, ou laiffer paroître le moindre figne de douleur, paffoit pour une aftion infamante.

On ne cultivoit pas moins foigneufement l'intelligence des Lacédémoniens. Plutarque nous

apprend qu'on les inſtruiſoit de tout ce qui leur
étoit utile de ſavoir ; car Lycurgue avoit proſcrit
tout ce qui n'avoit pas l'utilité pour but. Dès leur
tendre jeuneſſe on inculquoit dans leur ame les devoirs ſacrés de la religion, l'indiſpenſable néceſſité
d'être inviolablement fidèle à ſon ſerment ; enfin,
on leur enſeignoit les ſciences utiles & les principes de ſageſſe & de vertu. L'amour de leur
pays ſembloit preſque être inné chez eux, &
la force de l'éducation leur faiſoit conſidérer
comme très-naturelle la maxime ſuivante : « Que
» tout homme né à Sparte étoit la propriété de
» ſon pays, & n'avoit aucun droit particulier ſur
» ſa propre perſonne ».

Arrivés à l'âge viril, on les enrôloit dans la
milice, & ils étoient admis dans les aſſemblées
publiques ; mais ce privilège ne ſervoit qu'à les
aſſujettir à une diſcipline différente ; car les occu-
pations & la manière de vivre étoient fixées chez
les Lacédémoniens par des réglemens auſſi ſé-
vères que chez les autres peuples pour une
armée campée auprès de l'ennemi. En temps de
guerre, lorſqu'ils entroient en campagne, on re-
lâchoit beaucoup la rigueur de leur diſcipline
relativement à la nourriture & aux ornemens des
habits, de façon que les Lacédémoniens étoient
le ſeul peuple de l'univers qui trouvât dans les

fatigues de la guerre un fupplément de jouiffance
& un adouciffement à leur difcipline ordinaire.
Dans le plan de fon gouvernement civil, Lycurgue
eut évidemment pour but d'affurer l'indépendance & la liberté de fon pays, & de difpofer
l'ame de fes concitoyens à la jouiffance du bonheur qui convient à des hommes fiers & courageux, mais qui ne peut être goûté par l'homme
avili & énervé par les plaifirs des fens, ou abruti
par des paffions violentes. Ses loix militaires
n'étoient pas moins évidemment deftinées à défendre fon pays contre les entreprifes des voifins
ambitieux; car elles ne laiffoient aux Lacédémoniens d'autre alternative que la victoire ou la
mort; & il les força d'obferver fes loix rigoureufes, en fubftituant pour la fûreté de fa ville la
valeur des habitans aux fortifications des murailles.
Si, en méditant fur la nature, nous fommes
forcés de convenir que, dans tous les temps, dans
tous les pays, elle eft toujours la même; nous
concevrons difficilement comment Lycurgue put
faire adopter à un peuple très-corrompu un plan
de difcipline qui exigeoit le facrifice rigoureux &
prefque total de foi-même; qui anéantiffoit brufquement toute efpèce de diftinction; qui forçoit les
riches à l'abandon de leurs propriétés & à fe con-
tenter, comme les plus pauvres, des fimples nécef-

fités de la vie. J'ai déjà obfervé qu'il avoit acquis
précédemment la confiance générale de fes compatriotes, & j'ajouterai ici qu'il fut finguliérement
favorifé par le hafard des circonftances. Les deux
rois manquoient de génie, de courage & d'intelligence ; & les peuples, fatigués de l'anarchie,
foupiroient après une forme de gouvernement
durable qui leur affurât la tranquillité. L'inftitution
d'un fénat, compofé de trente membres à vie, &
revêtu du pouvoir fuprême dans les affaires civiles,
flatta les principaux membres de la nobleffe. Ils
conçurent naturellement l'efpérance d'avoir une
grande influence dans un gouvernement qui fembloit incliner vers l'ariftocratie; & pour conferver
une ombre d'autorité, les deux rois confentirent
à fiéger parmi les fénateurs. En faifant fanctionner
fon plan de gouvernement par l'oracle de Delphes
que les Grecs refpectoient comme divin & infail-
lible, Lycurgue impofa filence au peuple & le fit
adopter fans réfiftance. Mais le principal obftacle
qu'il eut à vaincre fut le partage des terres. La
première propofition de cette mefure odieufe irrita
fi violemment les citoyens riches, qu'il s'enfuivit
un combat dans lequel Lycurgue perdit un œil :
mais à la vue du fang de ce célèbre légiflateur, le
peuple fondit fur les oppofans, fe faifit du jeune
Aleandre qui avoit bleffé Lycurgue, & le lui

livrèrent pour le punir à diſcrétion. La conduite généreuſe du légiſlateur convertit ſubitement Aleandre ; l'ennemi de Lycurgue devint ſon admirateur & ſon plus ardent apôtre auprès du peuple.

Plutarque & les autres hiſtoriens grecs ne nous apprennent point , d'une manière ſatisfaiſante, comment Lycurgue réuſſit à faire conſentir ſes riches concitoyens à un partage qu'ils trouvoient ſi odieux & ſi injuſte. Ils ſe contentent de nous dire qu'il y parvint au moyen des raiſonnemens & de la perſuaſion, réuni à l'impreſſion qu'avoit fait ſur eux l'oracle de Delphes. Mais ces moyens me paroiſſent trop foibles pour produire un ſi grand effet : la vive réſiſtance des riches à la première motion annonce qu'ils ne conſidéroient la réponſe de l'oracle que comme une charlatanerie ſacerdotale qu'ils traitoient alors comme certains *eſprits forts* ont traité depuis la religion ; c'eſt-à-dire , comme des contes propres à endormir la multitude ignorante. Il me paroît beaucoup plus probable qu'ayant réuſſi à changer la forme du gouvernement en diſtribuant les places de ſénateurs aux principaux perſonnages qu'il redoutoit, Lycurgue fit ſervir le partage des terres à attirer le peuple dans ſon parti ; & je croirois plus volontiers qu'il fut redevable de l'obéiſſance des riches à la force des pauvres qui formoient la très-grande majorité.

Dès que Lycurgue eut complétement organisé son nouveau syftême politique, & obtenu pour fes loix un refpect qu'il jugeoit fuffifant pour maintenir la conftitution, il s'occupa des moyens d'en affurer la durée auffi folidement que les bornes de la prudence humaine le permettent. Il eut une feconde fois recours au pieux artifice qu'il avoit d'abord employé avec fuccès. Dans une affemblée générale, il déclara au peuple qu'il ne pouvoit pas fe permettre de mettre la dernière main à l'édifice de fa nouvelle inftitution, avant d'avoir de nouveau confulté l'oracle. Preffé par le peuple d'entreprendre au plutôt ce voyage, il faifit la première occafion de lier par des fermens folemnels les rois & les fénateurs à l'inviolable exécution de fa nouvelle adminiftration & à fa confervation intacte & fans modification, jufqu'à fon retour de Delphes. Satisfait d'avoir complétement rempli fes vues, il dit à fon pays un adieu éternel. Voici la queftion qu'il fit à l'oracle : « Si fes nouvelles loix, telles » qu'il les avoit établies, étoient propres à rendre » fes concitoyens vertueux & à leur affurer un » bonheur durable » ? La réponfe, auffi favorable

qu'il

qu'il pouvoit la défirer, fut : « Que fes loix rem-
» pliroient parfaitement fon but, & que Sparte
» continueroit à être la plus célèbre ville du
» monde, tant que fes citoyens perfifteroient à
» obferver les loix de Lycurgue ». Il fit paffer à
Sparte, par écrit, la demande & la réponfe, &
fe dévoua pour le refte de fa vie à un exil volontaire. L'hiftoire n'offre que des renfeignemens fort
incertains fur la fin de ce grand homme. Plutarque
affirme que, déterminé à ne jamais dégager fes
concitoyens du ferment qu'il leur avoit fait prononcer, il abrégea & termina fa vie à Delphes
par une inanition volontaire. Plutarque fait un
éloge très-pompeux de la mort de Lycurgue, qui
facrifia, dit-il héroïquement fa vie pour perpétuer le bonheur de fes concitoyens ; mais cet hiftorien ne laiffe pas de rapporter fur cet événement
une verfion différente : « Que Lycurgue termina
» fa vie dans l'île de Crête, & exigea en mourant,
» au nom du refpect dû à la dernière volonté
» des morts, qu'on brûlât fon cadavre & que fes
» cendres fuffent jettées dans la mer (1) »; dans
la crainte qu'étant un jour reportées à Sparte, fes
concitoyens ne fe cruffent auffi validement dé-

_____

(1) Plut. vit. Lycurg. ad finem.

C

gagés de leur ferment que s'il y fût retourné en vie.
J'avoue que je préfère cette dernière relation, &
qu'elle me paroît plus conforme à la politique &
au génie de ce fage & généreux légiflateur.

Au rapport de Plutarque, les Lacédémoniens
tinrent durant cinq siècles complets le premier
rang dans la Grèce pour la difcipline & la réputation en obfervant ftrictement les loix de Lycurgue.
Aucun de leurs rois n'entreprit d'y faire aucun
changement durant une fucceffion de quatorze
générations, & elles furent tranfmifes intactes à
leur poftérité jufqu'à l'époque du règne du premier
Agis. Plutarque ne confidère point la création
des éphores comme une innovation dans la conftitution, parce que loin d'être, dit-il, un relâchement de police, cette création n'en fut réellement qu'une extenfion (1) : mais nonobftant la
délicate diftinction de Plutarque, relativement à
la création des éphores, il n'eft pas moins vrai de
dire qu'elle produifit dans le gouvernement de
Sparte des effets auffi funeftes que le tribunat du
peuple, formé fur le même modèle, en entraîna
depuis dans le gouvernement des Romains ; car,
loin d'affermir & de renforcer l'influence de l'arif-

_____

(1) Plut. ibid. p. 58.

C

tocratie, comme Plutarque le suppose, ils s'emparèrent peu-à-peu de toute l'administration & formèrent entr'eux une oligarchie tyrannique & formidable.

Les éphores, mot grec qui signifie inspecteur ou contrôleur, étoient au nombre de cinq; le peuple les choisissoit tous les ans dans son sein. L'époque de leur première institution, & l'autorité annexée à leur office, sont très-imparfaitement connues. Hérodote l'attribue à Lycurgue; Xénophon à Lycurgue, conjointement avec les principaux citoyens de Sparte. Aristote & Plutarque placent la première institution des éphores sous le règne de Théopompe & de Polydore. Ils attribuent expressément cette institution au premier de ces deux princes, environ 130 ans après la mort de Lycurgue. Cette dernière opinion me paroît la plus probable, parce que la première contestation eut lieu à Sparte sous le règne de ces deux rois, lorsque le peuple entreprit d'étendre ses privilèges au-delà des bornes fixées par Lycurgue; mais la résistance des rois & du sénat ayant été également vigoureuse, il paroît que la création de ces magistrats, tirés de la classe du peuple, fut le moyen dont on se servit pour appaiser la fermentation & rétablir la tranquillité

publique. Le fénat Romain en ufa depuis de même,
& confentit à l'inftitution du tribunat, lorfque
le peuple mutiné fortit de Rome & fe retira fur le
Mont-Sacré. Cette opinion paroît confirmée par
le récit qu'Ariftote (1) nous fait d'une conteſta-
tion que Théopompe eut à cette occafion avec
fon époufe. La reine, fort mécontente de la
création des éphores, reprochoit aigrement à fon
mari d'avoir confenti à une fi forte diminution de
l'autorité royale. Elle lui demanda s'il n'étoit pas
honteux de tranfmettre la couronne à fa poftérité,
infiniment plus dégradée qu'elle ne l'étoit lorfqu'il
l'avoit reçue de fon prédécefleur? « Non, lui
» répondit-il ; car je l'ai rendue plus folide ».
Mais l'événement prouva que la princeffe étoit
plus habile en politique & meilleure prophète
que fon mari. A la vérité, la nature de leur
office, les circonftances de leur élection, & l'autorité qu'ils ufurpèrent fuffifent pour démontrer
évidemment que l'inftitution des éphores fut
d'abord arrachée par la force, & que la violence
du peuple très-probablement irrité par les vexations des rois & du fénat, fervit à étendre peu-à-

_____

(1) De rebufpubl. cap. 11, p. 154, vol. 2, édit.
Baril. 1550.

peu l'autorité de ces nouveaux magiſtrats: car, ſoit que leur pouvoir ne s'étendît qu'à décider lorſque les deux rois différoient d'opinion, en faveur de celui qui ſembloit être le plus favorable au bien public, comme le dit Plutarque dans la vie d'Agis; ſoit qu'ils ne fuſſent d'abord que des conſeillers choiſis par les rois pour les remplacer durant leur abſence, lorſqu'ils furent forcés l'un & l'autre de marcher à la tête des armées, durant la longue guerre contre les Meſſéniens, comme le même auteur le fait dire à ſon héros Cléomènes, l'hiſtoire ne nous fournit aucun moyen de décider cette queſtion. Quoi qu'il en ſoit, tous les anciens hiſtoriens conviennent que les éphores s'emparèrent non-ſeulement peu-à-peu de toutes les branches de l'adminiſtration, mais qu'ils s'arrogèrent à la fin le droit d'empriſonner, de dépoſer & de faire périr leurs rois. Ceux-ci, en revanche, foudoyoient, dépoſoient, faiſoient aſſaſſiner les éphores, & employoient tout leur crédit pour revêtir de ces offices des hommes dont ils puſſent diſpoſer. Je n'héſite donc point à dire que l'inſtitution des éphores introduiſit dans la conſtitution des Lacédémoniens un vice qui fut une ſource de factions & de corruption. Ariſtote convient que ces déſordres prirent naiſſance avec l'inſtitution des éphores, & trouve très-impoli-

tique (1) de confier le pouvoir suprême d'un état
à des hommes tirés de la dernière claffe du peuple ;
parce qu'il arrivoit fouvent que des indigens, revêtus d'une fi grande autorité, fuccomboient à la
tentation d'acquérir une fortune en trahiffant l'état
& la juftice. Il affirme qu'avant fon temps les
éphores s'étoient déjà fouvent laiffé corrompre à
prix d'argent ; & qu'à l'époque où il écrivoit, quelques-uns de ces magiftrats, foudoyés à cet effet, employoient aux repas publics toute leur éloquence
pour opérer la deftruction de leur ville. Il ajoute
que leur puiffance étant devenue une véritable
tyrannie, les rois fe trouvoient forcés de leur
faire la cour, & d'employer, pour les féduire, des
expédiens funeftes à la conftitution.

Ces judicieufes obfervations d'Ariftote dé-
montrent jufqu'à l'évidence, que les éphores
avoient complétement anéanti la balance des
pouvoirs établis par Lycurgue. C'eft donc à la
tyrannie de cette magiftrature qu'on doit imputer
les défordres qui défoloient fi fouvent l'état de
Sparte, & qui entraînèrent à la fin fa fubverfion.
Mais quoique l'on puiffe accufer avec raifon les

---

(1) Arift. de rebufpubl. lib. 2, cap. 7, p. 122, lit. I,
vol. 2.

éphores & leurs intrigues de ce funeste changement dans la constitution de Sparte, je crois qu'il n'auroit pas pu s'opérer si l'ancienne pureté des mœurs lacédémoniennes n'avoit pas été précédemment entachée de quelques vices; & on ne peut attribuer ce commencement de corruption qu'à la négligence ou l'oubli de quelques-unes des loix de Lycurgue.

Plutarque & Polybe s'accordent à dire que le légiflateur de Sparte avoit eu principalement en vue de rendre fon pays invincible aux attaques du dehors, & d'affurer pour très-long-temps la liberté & l'indépendance de fes concitoyens. Son plan de difcipline rendit les Lacédémoniens indomptables fur leur territoire. En profcrivant les monnoies d'or & d'argent, le commerce & la navigation, il efpéra de les retenir dans leur patrie. Il fe flatta qu'en leur ôtant tous les moyens de s'agrandir, il anéantiroit chez leur poftérité le defir & l'idée des conquêtes. Mais l'amour de la gloire & de leur patrie qui les rendit fi terribles dans les combats, produifit bientôt l'ambition & la foif de la domination qui furent promptement fuivies de l'avarice & de la corruption. Polybe obferve judicieufement que, tandis que les Lacédémoniens bornèrent leur ambition à la fuprématie fur les peuples les plus voifins d'eux,

C 4

le produit de leur territoire fut suffisant pour
fournir ce dont ils avoient besoin dans ces courtes
excursions. Mais lorsqu'au mépris des loix de
Lycurgue, ils commencèrent à entreprendre par
terre & par mer, des expéditions lointaines, ils
sentirent bientôt qu'il leur falloit des fonds pour
satisfaire à ces dépenses extraordinaires, & que,
dans ces occasions, leur monnoie de fer & les
trocs de productions ou les échanges auxquels
Lycurgue avoit rigoureusement borné leur commerce, devenoient des ressources insuffisantes.
Alors, ajoute le même historien, leur funeste
ambition les réduisit à faire bassement la cour aux
rois de la Perse pour en obtenir des subsides & des
secours pécuniaires, à imposer des taxes énormes
sur les îles dont ils faisoient la conquête, & à
tirer des sommes d'argent des autres villes Grecques, lorsqu'elles leur étoient nécessaires.

Tous les historiens conviennent unanimement
que l'opulence, le luxe & la corruption qui
marchent toujours à sa suite, s'introduisirent à
Sparte sous le règne du premier Agis. Lysandre,
aussi habile politique que grand général, doué de
grands talens & dépourvu de toute probité, avide
des richesses qu'il affectoit de mépriser, fut l'auteur
d'une innovation si funeste aux mœurs de ses concitoyens & à la gloire de sa patrie. Après sa vie-

toire fur les Athéniens, qui rendit Sparte l'arbitre
de toute la Grèce, il y rapporta l'immenfe maffe
de richeffes dont le pillage de tant de villes l'avoit
mis en poffeffion. Les plus fages d'entre les Lacédémoniens redoutèrent la fuite de cette violation
capitale des principes de leur illuftre légiflateur, &
proteftèrent courageufement devant les éphores,
contre l'introduction des matières d'or & d'argent,
fource de toute corruption. Les éphores en firent
le rapport au fénat ; mais les membres de cette
affemblée éblouis par la féduifante vue de l'or,
dont ils n'avoient pas encore eu à fe défendre,
décrétèrent « qu'on pouvoit introduire l'or &
» l'argent pour le fervice de l'état; mais que tout
» citoyen chez lequel on en trouveroit, feroit
» puni de mort ». Plutarque blâme avec grande
raifon la foibleffe & l'abfurdité de ce décret (1).
En effet, ce n'étoit pas feulement la préfence de
l'or que Lycurgue redoutoit, mais l'amour de
l'or qui en réfulte toujours; & qui, loin d'être
anéanti par la loi pénale contre les individus,
s'enflamma au contraire avec violence par la
valeur & le prix que le public attachoit à ce mé-
tal. Ainfi, comme Plutarque l'obferve judicieufe-

---

(1) Plutar. in vit. Lyfandr. p. 442 , litt. E.

ment, tandis qu'on empêchoit par la terreur de la loi les citoyens d'acquérir des espèces d'or & d'argent, on redoubloit naturellement leur tentation de violer la loi, en leur faisant considérer ces espèces comme une propriété d'un prix inestimable. La vérité de cette observation se fait mieux sentir par l'exemple que Plutarque nous présente d'un nommé Thorax, grand ami de Lysandre, que les éphores condamnèrent & firent exécuter, parce qu'on avoit trouvé une somme d'argent cachée dans sa maison.

Dès cette fatale époque, Sparte corrompue, devint vénale & très-avide de tirer des subsides des puissances étrangères. Agésilaus, successeur d'Agis, & l'un de ses plus grands rois, se conduisit, dans les dernières années de sa vie, plutôt en chef de bandits mercenaires qu'en roi de Sparte. Il reçut des subsides considérables de Tachos, alors roi d'Egypte, & s'attacha au service de ce monarque avec un corps de troupes qu'il avoit levées pour cet objet. Mais lorsque Nectanabis révolté contre son oncle Tachos lui eut offert des conditions plus avantageuses, il abandonna l'infortuné Tachos & passa du côté de son neveu (1), &

_____

(1) Plutar. in vit. Agésil. p. 617, lit. C.

donna l'intérêt de son pays pour excuse de cette perfidie. Telle étoit déjà l'odieuse métamorphose que l'introduction des métaux avoit opérée dans les mœurs des Lacédémoniens.

Plutarque date l'origine de la corruption, & conséquemment de la décadence de Sparte, de l'époque où les Lacédémoniens s'étant rendus maîtres d'Athènes, *se gorgèrent*, ce sont ses termes, d'or & d'argent (1). L'amour de l'argent enfanta l'avidité · & tous les vices qui l'accompagnent. Livrés au luxe, à la mollesse & à la dissipation, les citoyens de Sparte déchurent toujours de la gloire & de la réputation de leurs ancêtres, jusqu'au règne d'Agis & de Léonidas (2). Mais comme les anciens lots de terres fixés irrévocablement par une loi de Lycurgue étoient encore en vigueur & s'étoient transmis de père en fils par succession héréditaire, l'ordre & l'égalité subsistoient encore à cet égard, & préservèrent l'état des suites des autres écarts politiques.

Ce fut sous le règne de ces deux rois, que la constitution de Sparte reçut le coup mortel qui en détruisit les bases fondamentales. Epitadeus,

---

(1) Vit. Agid. p. 796, lit. C.
(2) Ibid. p. 797, lit. C.

l'un des éphores, voulant se venger de son fils avec lequel il avoit eu une violente contestation, obtint une loi, qui permettoit à tous les citoyens d'aliéner leurs terres héréditaires durant leur vie, & d'en disposer par testament au moment de leur mort. Cette loi détruisit totalement le système des propriétés territoriales. Léonidas, l'un des rois de Sparte qui avoit vécu long-temps à la cour de Séleucus (1), & s'étoit marié dans ses états, introduisit à son retour dans sa patrie la pompe & le luxe des orientaux. Les antiques institutions de Lycurgue déjà tombées en désuétude furent, à l'exemple de Léonidas, traitées généralement avec le plus grand mépris. Il en résulta que les besoins des hommes fastueux & les extorsions des hommes avides réunirent dans un petit nombre de mains la totalité des propriétés territoriales (2); de façon que dans le nombre de sept cents auquel les anciennes familles de Sparte étoient alors réduites, il s'en trouvoit à peine une centaine qui conservassent encore les lots de terre qu'elles avoient reçus de Lycurgue. Le reste, dit Plutarque, race abjecte & indigente, dépourvue de fortune & d'occupation, menoient dans la ville une vie de fainéans. Soldats lâches

---

(1) Vit. Agid. p. 797, lit. B.
(2) Ibid. lit. C.

& indolens dans les guerres étrangères, & toujours disposés chez eux à fomenter des insurrections, ils saisissoient avidement toutes les occasions de provoquer des désordres, dans l'espoir de profiter d'un changement pour réparer leurs fortunes. Tels font les malheurs que les deux extrêmes de l'opulence & de l'indigence ont toujours entraînés dans les pays libres.

Le jeune Agis, troisième du nom, le plus vertueux & le plus accompli des souverains qui montèrent sur le trône de Sparte depuis le règne du grand Agésilaus, entreprit de réformer l'état & de rétablir l'ancienne constitution de Lycurgue, qu'il jugeoit seule capable de régénérer son pays & de lui rendre son ancien lustre. Dans un temps de corruption si profonde, l'exécution d'un pareil projet ne présentoit pas moins de dangers que d'obstacles (1). Agis commença par essayer l'influence de l'exemple; & quoiqu'élevé dans la mollesse & dans tous les plaisirs que pouvoient lui procurer l'opulence & la vive tendresse d'une mère & d'une grand'mère qui possédoient des fortunes immenses, il renonça sans hésiter à toutes ses habitudes, & se conforma strictement pour la vie & les vêtemens aux réglemens de Lycurgue.

___

(1) Ibid. p. 798, lit. B.

Cette victoire fur fes paffions , plus difficile & plus glorieufe à remporter que celle des
plus célèbres conquérans, produifit un fi grand
effet parmi la jeuneffe de Sparte, qu'elle fe conforma volontairement à fes intentions, & fit preuve
d'un zèle dont il n'avoit pas ofé fe flatter. En-
couragé par ce premier fuccès, Agis attira dans
fon parti quelques-uns des principaux perfonnages
de Sparte, & entr'autres fon propre oncle Agéfilaus, qui obtint auffi le confentement de fa fœur,
mère du jeune Agis ; que fon opulence, le nombre
de fes amis, de fes débiteurs & de fes cliens ren-
doient très-puiffante & d'un grand poids dans une
tranfaction publique.

· La mère d'Agis fut d'abord épouvantée de la
hardieffe de fon fils ; elle repouffa fon projet
comme le fyftême d'une tête ardente & exagérée,
qui vouloit exécuter une entreprife préjudiciable
à l'état, & impraticable. Mais lorfque par des
raifonnemens Agéfilaus l'eût convaincue de fon
erreur ; lorfqu'elle fut bien perfuadée que le peuple trouveroit dans ce changement des avantages
incalculables, & qu'il s'effectueroit avec la plus
grande facilité, elle fe rendit, & confentit à contribuer de fa bourfe & de fon crédit fur fes amis,
au fuccès d'une affaire qui devoit rendre immor-

telles la réputation & la gloire de son fils (1)?
Excitée par ce séduisant espoir, elle invita toutes
ses amies à se réunir avec elle pour concourir à
un dessein si généreux, & à employer pour le faire
réussir tout l'ascendant qu'elles avoient sur leurs
maris. Plutarque ajoute qu'à Sparte , les femmes

---

(1) Il est évident qu'il manque quelque chose à ce
passage qui est infiniment obscur. Il est constant qu'Agis
employa le secours de son oncle pour persuader sa
mère , sœur d'Agésilaus.......

Le roi lui - même conjure sa mère de l'aider ; &
après lui avoir expliqué les avantages qui résulteroient
de la réforme, Plutarque ajoute, & au pluriel, quoiqu'il n'ait précédemment parlé que de la mère d'Agis. Il
paroît donc évident que la grand'mère d'Agis , leurs parentes & leurs amies étoient présentes, quoiqu'on n'en
fasse pas mention , & qu'elles furent les seules femmes
de Sparte qui concoururent volontairement au succès de
cette entreprise ; car lorsqu'ensuite Agis offre au public
la totalité de sa fortune , & assuré le peuple que sa mère
& sa grand'mère, ses parens & ses amis sont disposés
à imiter son exemple ; & ces personnages étoient les plus
opulens de la ville. Comme Agis comprend sans doute
les femmes de ses parens & de ses amis, j'ai pris son
discours pour guide dans le sens que j'ai donné de ce
passage, dont je n'ai trouvé l'explication dans aucun des
commentateurs.

Vit. Agid. p. 798 , lit. D.

avoient, sur leurs maris un ascendant qui leur
donnoit beaucoup plus d'influence sur les affaires
publiques qu'elles n'en accordoient à leurs maris
dans les affaires de leur ménage. Il en étoit déjà
résulté à l'époque dont nous parlons, que presque
toutes les richesses de l'état étoient passées
dans les mains des femmes, & Agis trouva dans
cette circonstance un obstacle presqu'insurmon-
table. Les femmes de Sparte repoussèrent avec
violence un système de réforme qui tendoit, non-
seulement à les priver des jouissances & des vains
ornemens que l'ignorance de ce qui est vraiment
estimable leur faisoit considérer comme le bonheur
suprême, mais même à leur enlever le respect &
l'autorité dont elles étoient redevables à leur
opulence. Celles qui ne voulurent point renoncer
à ces avantages, s'adressèrent à Léonidas, & le
prièrent d'user des droits de la supériorité d'âge &
d'expérience pour détourner son jeune collègue
de son entreprise, ou pour opposer, s'il le falloit,
des obstacles à son exécution. Les citoyens d'un
âge avancé n'étoient pas mieux disposés que leurs
épouses en faveur de la réforme : accoutumés
depuis long-temps aux jouissances du luxe, ils
frémissoient en entendant prononcer le nom de
Lycurgue, comme des esclaves fugitifs à l'aspect

du maître qu'ils ont abandonné. Léonidas étoit
très-difpofé à feconder l'oppofition des riches ,
mais non pas ouvertement , parce qu'il redoutoit
la violence du peuple qui defiroit ardemment cette
révolution. Il s'occupa donc de créer fourdement
des obftacles aux efforts de fon jeune collègue ,
en tâchant de perfuader aux magiftrats , qu'Agis
vifoit à la tyrannie ; & qu'au moyen de l'abolition des dettes & du partage des terres , il fe propofoit de gagner les pauvres en leur diftribuant
la fortune des riches dont il redoutoit la réfiftance.

Agis n'en fuivoit pas moins l'exécution de fon
entreprife ; & fon ami Lyfandre ayant obtenu par
fon crédit une place parmi les éphores , il n'héfita
plus à préfenter fon projet au fénat. Les princ-
cipaux articles de fon plan portoient, que toutes
les dettes feroient abolies ; que la totalité des terres
feroit divifée en lots égaux , & qu'on rétabliroit
l'ancienne difcipline & tous les réglemens de Lycurgue. Après de longues difcuffions & de bruyans
débats , le projet d'Agis fut rejetté par le fénat à
la majorité d'une feule voix (1). Mais Lyfandre
convoqua au même temps une affemblée du peu-

---

(1) Vit. Agid. p. 800 , lit. A.

D

ple (1), dans laquelle, après qu'il eut prononcé fa harangue, Mandroclidas & Agéfilaus conjurèrent les citoyens de ne pas fouffrir plus long-temps que la majefté de Sparte fût avilie, pour l'avantage de quelques vieillards diffolus qui tâchoient de leur en impofer. Ils rappellèrent à l'affemblée, non-feulement les anciens oracles qui avoient recommandé de fe garantir de l'avarice qui feroit la perte de Sparte, mais encore les oracles récens de Pafiphaë (2), qui ordonnoient, dirent-ils, aux Lacédémoniens de rétablir l'ancienne égalité de poffeffion inftituée par les loix de Lycurgue. Agis parla-le dernier dans cette affemblée; &, pour ajouter aux préceptes l'exemple, il leur dit en peu de mots, « qu'il offroit pour fa part une con-
» tribution confidérable au facrifice qu'exigeoit
» la réforme dont il fe faifoit gloire d'être le
» premier promoteur; qu'il abandonnoit la tota-
» lité de fon patrimoine confiftant en pâturages,
» en terres labourables; & en outre, une fomme
» de 600 talens de monnoie d'argent pour être

(1) Ibid. 799, lit. **A.**

(2) Plutarque fait mention de cet oracle, relativement auquel les favans ne font point d'accord. Quoi qu'il en foit, il paroît qu'il rendoit fes réponfes dans des fonges.

» diſtribués dans le partage général. Il ajouta que
» ſa mère, ſa grand'mère, ſes parens & ſes amis
» étoient tous diſpoſés à ſuivre ſon exemple ».

Frappée de cet excès de généroſité, l'aſſemblée
témoigna ſon admiration par de bruyans applaudiſſemens. Elle accepta l'offre d'Agis, & le proclama le ſeul des rois de Sparte, qui depuis trois
fiecles eût été digne d'occuper le trône. Ce ſuccès
imprévu força Léonidas de déclarer ouvertement
ſon oppoſition, par le double motif de l'avarice
& de l'envie ; car il ne ſe diſſimuloit pas que ſi la
réforme s'effectuoit, il ſeroit contraint de s'y conformer ; & que l'abandon de ſes vaſtes domaines,
conſenti trop tard pour être cenſé volontaire,
n'empêcheroit pas que tout l'honneur ne rejaillît
ſur ſon collègue. Lyſandre appercevant que Léonidas & ſon parti l'emporteroient dans le ſénat,
réſolut de s'en débarraſſer au moyen d'une ancienne loi qu'il avoit violée. Cette loi défendoit
à tous les membres de la famille royale de ſe
marier dans des familles étrangères, & d'élever
les enfans qui pourroient provenir d'un tel mariage : elle infligeoit la peine de mort à ceux qui
quitteroient la ville de Sparte pour habiter dans
un pays étranger.

Après avoir pris ſoin que Léonidas fût informé
du crime dont il étoit accuſé, Lyſandre, conjoin-

tement avec les autres éphores de fon parti, dé-
clarèrent qu'ils alloient faire la cérémonie d'obferver le figne dans les aftres (1). Cette charlatanerie parfaitement calculée pour en impofer à
un peuple fuperftitieux, avoit été probablement
inventée anciennement par les éphores pour s'affurer le refpect & la docilité des rois de Sparte.
Lyfandre ne manqua pas d'affirmer qu'il avoit
apperçu le figne qui déclaroit que Léonidas avoit
offenfé les Dieux. Il le fomma de venir fe juftifier,
& fe procura toutes les pièces néceffaires pour le
convaincre de fon infraction à la lói. Il invita
en même temps Cléombrote, gendre de Léonidas
& iffu du fang royal, à réclamer la fucceffion
de fon beau-père. Epouvanté de toutes ces attaques, Léonidas prit la fuite & fe réfugia dans le

----

(1) Le lecteur ne fera peut-être pas fâché de trouver ici la cérémonie obfervée dans ces occafions. Vit.
Agid. p. 800, lit. B. Tous les neuf ans, les éphores choififfoient une nuit bien claire où la lune n'étoit pas vifi-
ble. Ils reftoient affis en filence, & obfervoient les aftres avec beaucoup d'attention. S'il arrivoit qu'ils ap-
perçuffent filer une étoile, ils jugeoient que les rois
avoient offenfé les Dieux ; & ces princes étoient auffi-
tôt fufpendus de toutes fonctions, jufqu'à ce qu'ils euffent obtenu de Delphes un oracle qui leur fût favorable.

fanctuaire du temple de Neptune. Il fut dépofé
faute de comparoir, & Cléombrote fon gendre
obtint fa fortune & fa couronne.

Mais dès que le jour fixé pour le renouvelle-
ment des éphores fut arrivé, on remplaça Lyfandre; & les nouveaux magiftrats, pourvus par
le crédit du parti contraire, entreprirent de venger
Léonidas. Ils fommèrent Lyfandre & fes partifans
de venir rendre compte des décrets relatifs à l'abolition des dettes & au partage des terres qu'ils
traitèrent de violation de la loi & d'innovations
perfides; car c'eft ainfi qu'ils nommoient tout ce
qui tendroit à rétablir l'ancienne conftitution de
Lycurgue. Alarmé à fon tour, Lyfandre perfuada
aux deux rois de fe réunir pour réfifter aux éphores
qui, comme il le démontroit parfaitement, ufur-
poient une autorité à laquelle ils n'avoient aucun droit, tandis que les deux rois agiffoient de
concert. Convaincus par les argumens de Lyfandre,
les deux rois armèrent une jeuneffe nombreufe,
mirent en liberté tous les prifonniers pour dettes;
&, fuivis de ce nombreux cortège, ils fe rendirent
dans le *forum* où ils déposèrent les éphores, &
firent inftaller à leur place des amis fûrs dont un
fut Agéfilaus, l'oncle d'Agis. Le généreux Agis
fe conduifit dans cette occafion avec tant de fageffe,
qu'il n'y eut point de fang répandu. Il protégea

D 3

même son antagoniste Léonidas contre son propre
oncle qui en vouloit à sa vie, & il le fit conduire
à Tégée avec une escorte.

Après cette démarche hardie il n'éprouva plus
de résistance, & tout alloit au gré de ses sou-
haits, lorsque l'avarice du seul Agésilaus, cette
peste maudite qui avoit précédemment corrompu
& détruit l'excellente constitution de Lycurgue,
fit échouer sans retour la généreuse entreprise
d'Agis. D'après le caractère que Plutarque lui
donne, il paroît qu'Agésilaus n'étoit pas moins
artificieux qu'éloquent (1). Egalement efféminé,
avare, corrompu dans ses mœurs & méchant
homme, il ne s'étoit engagé à seconder la révolution, que dans l'espoir de se débarrasser d'une dette
immense qu'il avoit contractée pour subvenir aux
énormes dépenses de son luxe & de ses débauches.
Dès que les deux rois, encore fort jeunes, se furent
coalisés pour obtenir l'abolition des dettes & le
partage des terres, Agésilaus eut l'adresse de leur
persuader qu'il ne falloit pas entreprendre à la
fois ces deux articles, parce qu'il en pourroit
résulter dans la ville une insurrection peut-être
très-difficile à calmer. Il les assura que si les riches

_____

(1) Plut. vit. Agid. p. 798, lit. A.

laiſſoient une fois paſſer la loi pour l'abolition des dettes, le partage des terres ſe feroit à ſon tour ſans la moindre difficulté. Les deux rois ſe rendirent à ſon opinion, & Lyſandre eut la foibleſſe ou l'imprudence d'y conſentir. On fit donc apporter dans le *forum* tous les contrats, billets, & obligations quelconques; ils furent pilés dans des mortiers & brûlés publiquement, au grand regret des capitaliſtes & des uſuriers. Agéſilaus, au comble de la joie, ne put pas ſe défendre de la témoigner par une plaiſanterie (1). Quoique vous en puiſſiez penſer, leur dit-il, cette flamme me paroît raviſſante; & c'eſt le feu de joie le plus réjouiſſant que j'aie vu de ma vie. Il avoit atteint ſon but; & ſa conduite prouve que les Lacédémoniens avoient déjà acquis aſſez de la légéreté de leurs voiſins pour tourner leurs tranſactions publiques en railleries. En vain le peuple réclama le partage des terres; en vain les rois ordonnèrent qu'on y procédât ſur le champ; Agéſilaus réuſſit toujours à y oppoſer de nouveaux obſtacles & à le différer juſqu'au départ d'Agis, qui fut forcé de conduire des troupes auxiliaires au ſecours des Achéens. Agéſilaus, quoique conſidérablement endetté, n'en

_____

(1) Ibid. p. 801, lit. B.

D 4

poſſédoit pas moins un domaine très-conſidérable; & après s'être débarraſſé, au moyen du premier décret, de toutes ſes hypothèques, il étoit fort éloigné de deſirer l'exécution du ſecond qui l'au-roit dépouillé d'un très-gros revenu ſec & liquide.

Les troupes qui partirent pour cette expédition étoient en plus grande partie compoſées de jeunes gens ſans fortune, qui, ſatisfaits de ſe voir déga-gés des mains des uſuriers, & de l'eſpérance de recevoir à leur retour un lot de terres, ſuivirent Agis joyeuſement, & ſe comportèrent ſi bien dans leur marche, qu'ils rappellèrent aux Grecs la diſ-cipline & la tenue qui avoient rendu les Lacédé-moniens ſi fameux, lorſqu'ils marchoient ſous les plus renommés de leurs anciens chefs. Mais tandis qu'Agis alloit aux combats, ſes affaires prenoient à Sparte un tour très-défavorable. La conduite tyrannique d'Agéſilaus qui, ne ſachant rien mé-nager lorſqu'il étoit queſtion d'arracher de l'argent, accabloit le peuple d'impôts & de vexations, pro-duiſit en faveur de Léonidas une nouvelle révolu-tion. Irrité de ſe voir joué relativement au partage des terres; perſuadé que ſes deux rois, Agis & Cléombrote, avoient donné les mains à cette trahiſon, & déteſtant l'inhumaine rapacité d'Agé-ſilaus, le peuple de Sparte ſe joignit ſans héſiter au parti qui vouloit remettre Léonidas ſur le trône. Agis trouvant à son retour les affaires dans cette situation, les jugea désespérées, & se réfugia dans le sanctuaire du temple de Minerve, comme Cléombrote venoit de faire dans celui de Neptune.

Quoique le ressentiment de Léonidas tombât particuliérement sur son gendre Cléombrote, sa fille Chélonis obtint de lui la vie de son époux, qui en fut quitte pour un exil perpétuel. La généreuse Chélonis donna dans cette occasion un grand exemple de la vertueuse fermeté d'ame, pour laquelle les Lacédémoniennes avoient été précédemment si renommées. A l'époque où son père avoit été détrôné par les intrigues de Lysandre, elle le suivit dans son exil, & refusa de partager avec son mari une couronne usurpée. Lorsqu'à son tour, son mari éprouva les revers de la fortune, rien ne put l'empêcher de le suivre. Elle l'avoit abandonné dans une prospérité criminelle, mais elle revola dans ses bras dès qu'il fut malheureux ; & les instances du roi son père ne la détournèrent point d'aller partager ses chagrins & son exil.

Plutarque dit à cette occasion que si Cléombrote avoit su apprécier la valeur des biens de cette vie, il auroit préféré les privations d'un exil, avec une femme comme Chélonis, au trône de Sparte fans elle (1). ·

Après avoir accordé la vie à fon gendre, Léonidas n'en fut que plus irrévocablement déterminé à faire périr Agis qui lui avoit généreufement fauvé la vie dans la première révolution. Après avoir inutilement effayé de plufieurs ftratagêmes pour attirer ce prince infortuné hors de fon afyle, trois de fes intimes amis, dans lefquels il mettoit toute fa confiance, & qui lui fervoient ordinairement d'efcorte pour aller & revenir du bain, le livrèrent à fes implacables ennemis. Ampharès, leur chef & l'auteur du complot, étoit un des nouveaux éphores créés après la dépofition d'Agéfilaus. Ce miférable avoit récemment emprunté à Agéfiftrata, mère d'Agis, une grande quantité d'argenterie & de riches vêtemens qu'il étoit réfolu de s'approprier en faifant périr Agis & toute fa famille. En revenant des bains à l'ordinaire, il arrêta déloyalement Agis, en vertu de fon office; & fes deux perfides compagnons, Démocharès & Arcefilaus, le traînèrent en prifon. Agis fupporta ces indignités avec toute la fermeté dont fa grande ame étoit capable; & lorfque dans fon interrogatoire, les éphores lui demandèrent fi

---

(1) Vit. Agid. p. 803, lit. A.

Agéfilaus & Lyfandre ne l'avoient point forcé
de faire les fautes qu'il avoit commifes, & s'il
n'en avoit point de repentir? il répondit courageufement en prenant le tout fur lui-même, &
en les affurant que, loin de fe repentir, il fe glo-
rifioit d'une entreprife qui n'étoit que le réfultat
de fon émulation à fuivre l'exemple du grand Lycurgue. Les éphores le condamnèrent à la mort, de
leur propre autorité, & ordonnèrent aux officiers de juftice de le conduire au lieu de la prifon
où on étrangloit les malfaiteurs; mais ces officiers,
& même les foldats de Léonidas ayant refufé de
mettre la main fur leur roi, Démocharès irrité
& peut-être effrayé de leur réfiftance, les accabla
d'injures, & traîna lui-même l'infortuné Agis
au lieu de l'exécution où il donna des ordres pour
qu'elle fût promptement terminée. Agis fe foumit
avec réfignation à fa deftinée; & voyant héfiter un
de fes bourreaux qui déploroit fon fort, il l'affura
qu'il le préféroit à celui de fes meurtriers. Le
perfide Ampharès contempla fes derniers foupirs
avec une joie féroce; & dès qu'Agis fut mort, il
admit dans la prifon fa mère & fa grand'mère
qui venoient folliciter pour leur fils la permiffion
de fe défendre devant le peuple. Ampharès, avec
un fourire perfide, répondit à la mère que fon fils
n'avoit plus rien à redouter, & donna auffi-tôt des

ordres d'exécuter Archidamia, sa grand'mère, qui étoit extrêmement âgée. Dès qu'elle fut morte, il fit entrer Agésistrata dans la chambre, où, à la vue des deux cadavres étendus, elle ne put se défendre de se jetter sur le corps de son fils & de déplorer le triste sort que lui avoit valu sa trop grande bonté. Tirant parti de ce cri de douleur, Ampharès lui répondit que puisqu'elle approuvoit les actions de son fils, elle partageroit son châtiment. Elle mourut avec la fermeté des anciennes matrones de Sparte, en priant les Dieux de ne point venger sur son pays les crimes de quelques scélérats.

Telle fut la fin du généreux Agis : il succomba, pour avoir voulu servir son pays & la liberté, sous les coups de ses perfides amis & d'une faction dépravée. J'ai cru devoir inférer ici les détails que Plutarque nous donne de cette affreuse catastrophe, parce qu'ils prouvent évidemment à quel point l'introduction des richesses avoit corrompu les mœurs des Lacédémoniens, détruit leurs vertus & avili leur caractère.

Archidame, frère d'Agis, échappa au massacre de sa famille en fuyant de Sparte. Mais Léonidas contraignit Agiatis (1), sa femme, d'épouser son fils

_____

(1) Agiatis étoit une des beautés de Sparte, & unique héritière d'une très-grande fortune.

Cléomènes, quoiqu'Agiatis fût accouchée très-récemment d'un fils, & que son nouveau mariage fût tout-à-fait contraire à ses inclinations. Cet événement produisit toutefois un effet fort différent de celui que Léonidas en attendoit. Il entraîna après sa mort la ruine de son parti & la vengeance si bien méritée par les meurtriers d'Agis (1). Cléomènes, fort jeune & très-amoureux de son épouse, versoit avec elle des larmes d'attendrissement lorsqu'elle lui racontoit la malheureuse histoire d'Agis. Il la questionnoit souvent sur les intentions & sur les détails du plan de ce prince infortuné. Ces conversations fréquemment répétées déterminèrent Cléomènes à suivre un exemple si glorieux ; mais il résolut de guetter en silence le moment d'une occasion favorable. Convaincu que cette entreprise seroit impraticable durant la vie de son père, qui avoit contracté, comme tous les citoyens âgés de Sparte, l'habitude de la mollesse & d'une vie efféminée, il réfléchit sur le sort d'Agis, & sentit tout le danger que pourroit lui faire courir la proposition de rétablir la frugalité & la simplicité de mœurs exigées par la discipline & les institutions de Lycurgue : mais dès qu'il fut couronné après la mort de son père, & qu'il se

_____

(1) Plut. vit. Cleomen. pag. 805 , lit. B.

vit roi de Sparte, feul & fans collègue, il s'occupa
férieufement d'exécuter la réforme qu'il projettoit
depuis fi long-temps. Il voyoit les mœurs des
Lacédémoniens devenues exceffivement licen-
cieufes & corrompues ; les riches facrifiant l'intérêt public aux fantaifies de leur luxe & de leur
avarice ; les pauvres découragés par l'indigence ,
répugnant aux fatigues de la guerre & dépourvus
de difcipline & d'inftruction ; les éphores ufur-
pant de fait toute l'autorité royale, & ne lui laiffant qu'un vain titre. Toutes ces circonftances
affligeoient fenfiblement un prince jeune, avide
de gloire , & impatient de rendre à fon pays le
luftre & la réputation qu'il avoit perdus. Il commença par fonder , mais avec beaucoup de cir-
confpection, un nommé Xénarès, fon ami intime,
en le queftionnant fur le caractère d'Agis, fur les
moyens dont il s'étoit fervi, & fur ceux qui l'a-
voient aidé ou confeillé dans fon entreprife.
Xénarès n'attribuant ces queftions qu'à la curio-
fité naturelle à un jeune homme, lui raconta tous
les détails de cet événement ; mais s'étant apperçu
que Cléomènes revenoit fouvent à ce fujet, toujours avec plus d'intérêt & toujours avec l'air
d'admirer de plus en plus le courage d'Agis &
fes intentions, il jugea de | fon deffein ; & après
lui avoir fait les plus vifs reproches de ce qu'il

appelloit une folie impardonnable, il ceſſa toute relation avec lui, mais il lui garda fidélement le ſecret ſur cette découverte. Cléomènes ne ſe laiſſa pas décourager par ce petit échec; mais il en conclut que ſon projet ne ſeroit pas mieux accueilli par les autres perſonnages riches ou marquans de Sparte, & réſolut en conſéquence de ne s'en ouvrir à aucun d'eux, & de conduire lui ſeul l'exécution de ſon entrepriſe (1). Convaincu toutefois que cette exécution ſeroit beaucoup plus praticable durant une guerre que dans un temps de profonde paix, il attendit cette occaſion que les Achéens ne tardèrent pas à lui préſenter. Aratus, le grand promoteur de la fameuſe ligue Achéenne, dans laquelle il avoit déjà attiré pluſieurs villes de la Grèce, conſidérant Cléomènes comme un jeune homme ſans expérience, & ſe flattant d'en avoir bon marché, voulut éprouver quel parti les Lacédémoniens prendroient dans cette nouvelle ligue. Aratus, ſans aucun avertiſſement préliminaire, fit une incurſion dans une partie de l'Arcadie, alliée de Sparte, & commit de très-grandes dévaſtations dans le territoire voiſin de l'Achaïe.

Les éphores alarmés de cette attaque impré-

(1) Plut. vit. Cleomen. p. 809, lit. A.

vue, envoyèrent Cléomènes à la tête d'un corps
de troupes pour repouffer cette invafion. Ce jeune
héros fe comporta d'une manière brillante, & dé-
concerta fouvent l'expérience du vieux commandant : mais fes compatriotes, las de la guerre,
ayant refufé de lui fournir les moyens de la continuer, il rappella de fon banniffement Archidame, frère d'Agis, qui avoit un droit héréditaire
à une moitié de la couronne de Sparte, dans l'efpérance que le trône étant rempli conformément
à la loi, & l'autorité royale affermie par l'union
des deux rois, la balance des pouvoirs feroit rétablie & la puiffance des éphores affoiblie ; mais la
faction des meurtriers d'Agis craignant avec raifon
le jufte reffentiment d'Archidame, le firent affaffiner au moment de fon retour.

Cléomènes, plus que jamais déterminé à l'exécution de fa réforme, diftribua des fommes confidérables aux éphores pour qu'ils lui abandonnaffent la conduite & les foins de la guerre (1).
Cratéficlea fa mère ne fe contenta point de lui
fournir les fonds qu'elle poffédoit, elle époufa un
nommé Mégifton qui jouiffoit d'un grand crédit
& d'une grande autorité dans la ville, pour l'at-

---

(1) Plut. vit. Cleomen. p. 807, lit. B.

tirer

tirer dans le parti de fon fils. Cléomènes rentré
en campagne, défit totalemént l'armée d'Aratus
& tua Lydiadas, le général Mégalopolitain. Cette
victoire due à la conduite de Cléomènes, ranima
le courage de fes foldats & leur donna une fi
haute opinion de fes talens militaires, qu'il paroît
que fes ennemis inquiets de l'afcendant qu'il prenoit fur fon armée intriguèrent pour le faire rappeller; car Plutarque (1), qui eft fort peu métho-
dique dans fes relations, nous apprend qu'après
cette victoire, Cléomènes convainquit fon beau-
père Mégifton de la néceffité de fupprimer les
éphores & de réduire les citoyens à leur ancienne
égalité, conformément aux inftitutions de Lycurgue, en lui faifant fentir que cette mefure étoit la
feule qui pût rendre à la ville de Sparte fon ancienne fupériorité fur toutes celles de la Grèce.
Cette conférence eut fans doute lieu à Sparte,
puifque notre hiftorien ajoute que Cléomènes fe
remit en campagne & emmena tous les citoyens
dont il redoutoit la réfiftance. Il s'empara durant
cette campagne de quelques villes appartenant aux
Achéens & fe rendit maître de quelques places
importantes. Mais fes troupes furent fi haraffées

_____

(1) Vit. Cleomen. p. 808, lit. A.

E

des marches & contre-marches, que la plupart des
Lacédémoniens demandèrent à fe repofer dans l'Arcadie, tandis que Cléomènes retournoit à Sparte ,
fuivi de fes bandes mercenaires , & des amis
dans lefquels il avoit le plus de confiance. Il cal-
cula fi adroitement fa route , qu'il arriva juftement
au moment où les éphores étoient à fouper, &
il chargea de l'exécution Euryclides accompagné
de quelques hommes fûrs & fuivi d'un petit nombre
de foldats. Cléomènes n'avoit pas oublié qu'Agis
n'avoit échoué & ne s'étoit perdu lui-même que
par trop de douceur & de modération. Tandis
qu'Euryclides amufoit les éphores d'un prétendu
meffage de Cléomènes, fes compagnons tombèrent
deffus l'épée à la main, en tuèrent quatre fur la
place, & environ dix hommes venus à leur fecours; Agéfilaus, le cinquième éphore, fe laiffa tomber ; on le crut mort, & il parvint à s'échapper. Le
lendemain au point du jour, après avoir profcrit
& banni quatre-vingt citoyens des plus opiniâtres,
Cléomènes fit enlever du *forum* les chaires des
éphores, à l'exception d'une feule qu'il conferva
pour lui fervir de tribunal. Il convoqua enfuite
une affemblée du peuple, & lui rendit compte
des motifs de fa conduite (1). Il leur expliqua,

(1) Vit. Cleomem. p. 809 , lit. A.

dans un difcours adroitement préparé, la nature
& les bornes de l'autorité des éphores, & les fuites
funeftes du droit qu'ils avoient ufurpé de gouverner defpotiquement l'état à leur fantaifie, en
dépofant & faifant exécuter les rois fans leur laiffer
la liberté de faire entendre légalement leurs moyens
de défenfe. Il leur rappella l'exemple de Lycurgue
qui s'étoit rendu armé dans le *forum* lorfqu'il
propofa pour la première fois fes réglemens, &
il conclut qu'il n'étoit pas poffible d'extirper, fans
un peu de fang & de violence, les vices deftructeurs du bien public importés à Sparte avec l'or
& le luxe des pays étrangers. Cléomènes ajouta
qu'il auroit defiré pouvoir opérer avec douceur
cette cure importante; mais qu'il avoit été contraint d'en agir ainfi pour pouvoir exécuter le
partage des terres, l'abolition des dettes, & com-
pléter l'ancien nombre des citoyens par les plus
braves de fes foldats étrangers, afin que la république de Sparte ne fût plus expofée à fouffrir les
infultes & les déprédations de fes ennemis faute
de défenfeurs.

Pour convaincre le peuple de la fincérité de fes
intentions, il abandonna toute fa fortune pour
être comprife dans le fonds commun du partage
général; Mégifton fon beau-père, fes autres amis
& tous les citoyens fuivirent fon exemple. Dans

le partage des terres, il mit généreufement à part
les lods des citoyens qu'il avoit bannis, & promit de les rappeller dès que la tranquillité publique
feroit confolidée. Cléomènes s'occupa enfuite de
rétablir l'ancienne éducation publique, les exercices gymnaftiques, les repas publics, & toutes les
autres inftitutions de Lycurgue. Dans la crainte
que le peuple ne prît ombrage de voir un roi
occuper feul le trône & ne le foupçonnât de vifer
à la tyrannie, il affocia fon frère Euclidas à la
royauté. Au moyen de la vieille difcipline qu'il
rétablit, & d'une armure nouvelle & plus avantageufe qu'il donna aux foldats, Cléomènes rendit
à la milice Lacédémonienne fon ancienne réputation, & porta fi haut la gloire de fon pays, que
la Grèce vit bientôt la république de Sparte devenir l'arbitre de tout le Péloponnèfe (1). Les
Achéens humiliés & découragés par de nombreufes
défaites, demandèrent la paix à Cléomènes & le
laiffèrent maître des conditions. Ce généreux vainqueur fe contenta de demander qu'on le nommât
le général en chef de la ligue, & promit à cette
condition de leur rendre toutes leurs villes & tous

(1) Parallel. inter Agid. & Cleomen. & T. & C.
Gracch. p. 844, lit. D.

leurs prifonniers. Les Achéens y ayant confenti avec
joie, Cléomènes délivra & renvoya chez eux tous
les prifonniers d'un rang diftingué; mais une ma-
ladie l'obligea de différer la fignature du traité
jufqu'à fon retour de Sparte (1) : ce malheureux
délai fut fatal à la Grèce. Après avoir été durant
trente-trois ans le chef de la ligue, Aratus ne put
pas fupporter l'idée de fe voir dépouillé de cet
honneur par un jeune prince dont il envioit la
gloire autant qu'il redoutoit fa valeur. Faute d'autre expédient pour éviter cette humiliation, il
appella les Macédoniens à fon fecours, & facrifia
baffement à fa jaloufie la liberté de fon pays &
de toute la Grèce. Ce fut pour ce motif méprifable que le plus ardent défenfeur de la liberté,
le plus implacable ennemi des tyrans, rappella
dans le cœur de la Grèce ceux qu'il en avoit
chaffés fans autre motif que fa haine pour la tyrannie, & ce fut ainfi qu'il imprima fur une vie
glorieufe une tache ineffaçable : trifte preuve, dit
Plutarque, de la foibleffe de la nature humaine
qui avec un affemblage d'excellentes qualités n'a
jamais rien pu produire de parfait. Cette judicieufe
réflexion devroit nous rendre indulgens pour les

_____

(1) Vit. Cleomen. p. 811, lit. C.

E 3

foibleſſes ou les défauts que nous rencontrons inévitablement dans les plus excellens caractères &
chez les hommes les plus dignes de notre eſtime
& de notre admiration.

Cléomènes continua de ſoutenir avec la plus
grande vigueur la guerre contre les Achéens &
contre toutes les forces de la Macédoine. Ses
longs ſuccès fournirent fréquemment des preuves
de ſon habileté ; mais à la bataille décifive de
Sallafie il ſuccomba ſous la ſupériorité du nombre de ſes ennemis , victime de la perfidie de
Damotèle, officier de ſon armée, qui jouiſſoit de
toute ſa confiance , & qui eut la baſſeſſe de ſe
laiſſer gagner par Antigonus. De ſix mille Lacédémoniens deux cents ſeulement échappèrent à la
mort , les autres avec leur roi Euclidas reſtèrent
ſur le champ de bataille. Cléomènes revint à
Sparte d'où il paſſa chez Ptolomée Evergète, roi
d'Egypte , avec lequel il avoit contracté une
alliance , & de qui il ſe promettoit de tirer des
ſecours. Mais la mort de ce ſouverain fit promptement évanouir toutes ſes eſpérances. Les mœurs
des Lacédémoniens n'étoient pas moins odieuſes
à Ptolomée Philopater, ſon ſucceſſeur, prince foible & corrompu , que leur valeur paroiſſoit redoutable à ſes mépriſables courtiſans. Lorſqu'ils
appercevoient Cléomènes à la cour , on ſe diſoit

tout bas qu'il se présentoit comme un lion furieux au milieu d'agneaux timides ; & c'est effectivement l'impression que doit produire la contenance d'un homme intrépide sur des lâches sans cœur. Il fut enfin mis en prison par la jalousie de Ptolomée, & les perfides insinuations de son ministre Sosybe. Résolu de mourir ou de reprendre sa liberté, il força la prison à l'aide de douze de ses braves amis qui y étoient détenus avec lui. En errant dans les rues, ils firent la rencontre d'un nommé Ptolomée, favori du roi, & leur ennemi secret. Il fut leur première victime. Le gouverneur de la ville étant accouru au premier bruit de leur évasion, ils repoussèrent ses gardes, l'arrachèrent de son char, & l'immolèrent à leur ressentiment : delà ils parcoururent au hasard les rues d'Alexandrie ; les habitans fuyoient partout devant eux, sans qu'aucun osât les attaquer ou les secourir ; tant étoit grande la terreur dont treize hommes avoient rempli la ville la plus peuplée de l'univers, où les citoyens vivoient dans la mollesse, & abandonnoient à des étrangers le métier des armes ! Cléomènes désespérant d'être secouru par des lâches qu'il avoit invités inutilement à reprendre leur liberté, les déclara dignes d'être gouvernés par des femmes ; & ne voulant pas périr par les mains méprisables d'un Egyptien , Cléomènes & ses compagnons se débarraffèrent de la vie avec leurs épées , suivant l'usage des braves de ce temps (1).

Le bonheur & la liberté de Sparte expirèrent avec Cléomènes (2). Après la mort de ce grand homme, l'hiftoire de sa patrie ne préfente plus que sa misère, ses calamités & ses divisions inteftines. A l'aide d'une des factions qui la déchiroient , Machanidas usurpa le trône & établit une tyrannie abfolue. Nabis , exécrable tyran , en comparaifon de qui Néron paroîtroit un prince bienfaifant , fut le fuccefleur de Machanidas tué dans une bataille, de la main du grand Philopœmen. Les Etoliens affaffinèrent Nabis, & voulurent s'emparer du gouvernement de Sparte ; mais Philopœmen les en empêcha; &, moitié par force , moitié par perfuafion, il décida les Lacédémoniens à entrer dans la ligue des Achéens, & abolit peu de temps après toutes les inftitutions de Lycurgue (3). Cette perfide action d'iniquité fuffit, dit Plutarque, pour imprimer fur le caractère de ce héros une tache d'infamie ineffaçable.

---

(1) Plut. vit. Cleomen. p. 822 , lit. E.
(2) Polyb. lib. 4, p. 479.
(3) Plut. vit. Philopœm. p. 365 , lit. E.

Il femble, en effet, que ce général craignoit de ne pouvoir dompter irrévocablement les habitans de Sparte & les foumettre à une domination étrangère, s'il laiffoit fubfifter la difcipline & les inftitutions de Lycurgue. Fatigués d'être perpétuellement vexés par de nouveaux oppreffeurs, les Lacédémoniens eurent recours aux Romains ; & leurs plaintes occafionnèrent la guerre qui fut terminée par la diffolution de la ligue achéenne & la foumiffion de la Grèce au joug des Romains.

Je fuis entré dans de plus grands détails fur la conftitution de Sparte que je ne me l'étois d'abord propofé, parce que les maximes de Lycurgue, leur célèbre légiflateur, font directement oppofées à celles que nos politiques modernes prennent tous pour les bafes fondamentales de la puiffance & de la profpérité d'une nation.

Lycurgue trouva fon pays dans l'anarchie & la confufion la plus affreufe. Le riche infolent opprimoit impunément le pauvre ; celui-ci accablé de dettes & livré au défefpoir, étoit toujours prêt à fe révolter & à maffacrer fes voraces oppreffeurs. Pour parvenir à faire ceffer ces défordres, que fit ce célèbre légiflateur ? Encouragea-t-il la navigation, inventa-t-il de nouvelles branches de commerce, conftruifit-il de nouveaux ports & chercha-t-il à tirer parti des côtes maritimes de fon pays , introduifit-il ou encouragea-t-il les arts & les fciences , afin de confolider , comme le prétendent nos écrivains politiques , la puiffance & la profpérité de fes concitoyens , en acquérant & répandant parmi eux de nouvelles richeffes ? Il ne fit rien de tout cela , mais précifément le contraire. Après avoir rédigé un nouveau plan de conftitution & calculé une jufte balance entre les différens pouvoirs du gouvernement , il abolit toutes les dettes , partagea également la totalité des terres à tous fes concitoyens , & mit fin à toutes les querelles relatives aux propriétés en introduifant une égalité parfaite. En profcrivant l'ufage des monnoies d'or & d'argent, il extirpa le luxe & l'amour des richeffes qu'il confidéroit comme la perte d'un pays libre. En profcrivant la navigation , le commerce & tous les arts de luxe , il ferma irrévocablement l'entrée de fon pays aux métaux qu'il en avoit bannis. Convaincu que la juftice & les bonnes mœurs font les bafes les plus folides de la paix intérieure & de la véritable profpérité d'un état , il établit un excellent fyftême d'éducation pour élever fes concitoyens depuis leur plus tendre enfance dans la plus ftricte obfervance de la religion de leur pays & de fes loix , & dans la pratique des vertus qui font feules

capables d'affurer la jouiffance de la liberté &
d'en perpétuer la durée. Pour défendre fon pays
des invafions étrangères, il forma de la maffe entière du peuple fans diftinction une milice nationale bien armée & bien difciplinée, dont le
principe inviolable étoit l'amour de la patrie, &
qui confidéroit l'honneur de mourir pour fa défenfe, comme le plus haut degré de gloire à laquelle un Lacédémonien pût afpirer. Ces fentimens généreux n'étoient pas même le partage ex-
clufif des hommes : les femmes le partageoient &
l'emportoient quelquefois fur eux par leur zèle
ardent pour la patrie. Lorfque leurs guerriers alloient au combat, le dernier adieu des mères &
des époufes étoit de rapporter fon bouclier, ou
d'être rapporté dedans fans vie (1).

Telle fut la méthode dont Lycurgue fit choix
pour affurer la profpérité de fon pays & fon
indépendance ; & l'expérience démontra que fes
inftitutions étoient fondées fur des maximes politiques de la plus grande jufteffe & de la plus par-

___

(1) Rapporter fon bouclier fignifioit revenir victorieux ; être rapporté dedans étoit une mort glorieufe
pour la défenfe de fon pays. Les Lacédémoniens avoient
coutume de rapporter tous leurs morts, autant qu'il leur
étoit poffible, pour les enterrer dans leur pays.

faite vérité; & je ne puis me défendre d'obferver à cette occafion, que, depuis le temps de Lycur- gue jufqu'à l'introduction des richeffes par Ly- fandre fous le règne du premier Agis, c'eft-à-dire, durant un laps de cinq cents ans, l'hiftoire de Sparte ne fait mention d'aucune plainte du peuple contre la févérité de la difcipline, mais au con- traire, de la plus religieufe vénération & de la foumiffion la plus volontaire aux loix établies par ce légiflateur. On ne peut pas révoquer en doute la fageffe de fes inftitutions militaires, lorfqu'on voit la milice nationale de Sparte, dont le territoire fitué dans un coin de la Morée avoit fort peu d'étendue, faire la loi, non-feule- ment à toute la Grèce, mais faire trembler les monarques de la Perfe, quoiqu'ils fuffent maîtres abfolus du plus riche & du plus vafte empire dont on eût alors connoiffance.

J'obferve encore qu'en introduifant les richeffes à Sparte après fa victoire fur Athènes, Lyfandre y ramena tous les vices & tous les défordres que la prohibition des monnoies d'or & d'argent en avoit précédemment bannis; & que tous les hif- toriens préfentent unanimement cette violation des loix de Lycurgue comme la véritable époque d'où l'on doit dater la décadence de Sparte ou Lacédémone. J'obferve enfin que, quoique l'in-

troduction des richeffes eût exceffivement corrompu les mœurs des Lacédémoniens , cependant le fyftême territorial qui fubfifta toujours
tant que les lots de terres diftribués par Lycurgue furent inaliénables, préferva l'état malgré les
nombreux abus qui défiguroient d'autres parts la
conftitution. Mais du moment où les terres devinrent légalement aliénables, le fyftême financier
ou des finances prévalut ; & tous les hiftoriens
conviennent qu'il fit à l'état une plaie incurable
& mortelle. Les citoyens , dépouillés de leurs propriétés, perdirent en grande partie leur valeur
guerrière ; leur nombre diminua fenfiblement, &
la puiffance & la confidération de' Sparte dimi-
nuèrent en proportion (1). Dans fon examen de
la république de Sparte, Ariftote , qui écrivoit
environ foixante ans après la mort de Lyfandre ,
blâme fortement la loi qui permettoit l'aliénation
des terres ; & il affirme que la même quantité
de terres qui , dans les temps du partage égal,
fourniffoit une armée nationale de quinze cents
chevaux & de trente mille hommes d'infanterie pefante, ne pouvoit pas de fon temps en

---

(1) Ariftot. de Rebufpubl. lib. 2, cap. 7, fol. 122;
lit. O.

fournir mille (1), & que l'état obéré manquoit d'hommes pour fa défenfe. Sous le règne d'Agis, troifième du nom, environ cent ans après la mort d'Ariftote, le nombre des anciennes familles de Sparte fe trouvoit, comme je l'ai déjà obfervé, réduit à fept cents, dont environ une centaine poffédoient toutes les terres de Sparte que Lycurgue avoit anciennement divifées en trente-neuf mille lots pour la fubfiftance d'autant de familles. Tant il eft vrai que l'intérêt territorial que tout un peuple partage, eft non-feulement la véritable force d'un état libre, mais le plus inexpugnable boulevard de fa liberté & de fon indépendance.

La mort tragique du troifième Agis nous démontre que lorfqu'on a laiffé les abus de la corruption s'enraciner profondément dans une conftitution, ceux qui trouvent leur intérêt à maintenir ces abus prétendent qu'ils font une partie effentielle de la conftitution qu'ils défigurent, & jettent les hauts cris lorfqu'on entreprend de les extirper. L'exemple de Cléomènes nous apprend auffi que les vertus publiques d'un grand homme peuvent non-feulement arrêter la chûte d'un état déclinant, mais lui rendre fon premier

_____

(1) Arift. ibid.

éclat en le ramenant aux principes de fa conftitution primitive. J'obferverai toutefois qu'on ne
doit avoir recours aux mefures violentes dont
Cléomènes s'eft fervi, que dans des circonftances
où tous les autres moyens feroient infuffifans.

Je tâcherai de démontrer dans le cours de cet
ouvrage, que la conftitution établie par Lycurgue, admirée par Polybe (1) comme le chef-
d'œuvre de la fageffe humaine, & célébrée par
tous les philofophes de l'antiquité, eft très-infé-
rieure à la conftitution dont l'Angleterre jouit
depuis la révolution. Mais je n'abandonnerai point
ce fujet fans recommander l'excellente mefure de
Lycurgue, relativement à l'éducation nationale de
tous les enfans fans diftinction. Il feroit à fouhaiter
que l'Angleterre imitât cet exemple, en le modi-
fiant par des réglemens convenables. Cet expédient feroit fans contredit le plus propre à déraci-
ner les vices & les ridicules de notre fiècle, à
épurer les mœurs & à former la génération
naiffante aux indifpenfables principes de la religion
& de la vertu. Quand un peuple a de bonnes
mœurs, il lui faut peu de loix ; mais lorfque fes
mœurs font dépravées, les meilleures loix pof-

_____

(1) Polyb. lib. 6, p. 683.

fibles deviennent infuffifantes pour arrêter la violation & l'excès de fes paffions déréglées ; &
Horace a bien raifon de dire :

Quid leges fine moribus
Vanæ proficiunt.

Od. 24, lib. 3.

CHAPITRE

CHAPITRE II.

De la République d'Athènes.

LA république d'Athènes, autrefois la réfidence chérie de l'éloquence, l'école des fciences & des arts, le centre de la gaîté, de l'efprit & de la politeffe, préfente un contrafte frappant avec la république de Sparte, relativement au génie, aux mœurs, & à la forme du gouvernement.

Depuis l'abolition de la monarchie, le gouvernement d'Athènes étoit complétement démocratique, & fi fujet aux diffenfions civiles, inévitables fous cette forme de gouvernement, qu'aucune des villes de la Grèce n'a eu autant de droits à être nommée le féjour ordinaire des factions. Jufqu'au temps de Solon, l'hiftoire de cette célèbre république n'eft ni fort claire, ni fort intéreffante.

Dracon, premier légiflateur des Athéniens, qui leur donna des loix écrites, avoit également infligé la peine de mort aux crimes les plus odieux & aux fautes les plus excufables. Un code pénal fi extraordinaire annonce, ou dans le caractère du légiflateur une auftérité barbare, ou

F

dans les mœurs du peuple une dépravation fi
exceffive, que tous les autres moyens auroient
été infuffifans. Comme les hiftoriens, n'ont point
décidé cette queftion, je me contenterai d'obferver
que cette exceffive rigueur révoltoit le fentiment
naturel à tous les hommes, & qu'elle fut caufe
que la loi n'eût point fon exécution. Cette circonftance prouve non-feulement que les punitions
trop rigoureufes ne font point admiffibles dans
un état libre, mais' qu'elles répugnent à la nature humaine. Le fentiment d'équité naturelle
fuffit pour diftinguer la nature & le degré des
crimes ; & le fentiment de l'humanité fe révoltera
toujours lorfque les loix attacheront à un foible
délit une peine trop rigoureufe. Telle eft la raifon
qui fait échapper en Angleterre tant de coupables
à la punition qu'ils ont méritée, faute de parties
qui veuillent les pourfuivre en juftice ; parce que,
relativement à la punition, nos loix ne font aucune différence entre le voleur de grand chemin,
qui a arraché quelques écus à un voyageur, &
l'homme féroce qui a commis de fang-froid un
meurtre prémédité.

L'expédient de Dracon paroiffant plus odieux
que les défordres qu'on vouloit faire ceffer, les
Athéniens eurent recours à Solon, qu'ils jugèrent
le feul homme capable de leur donner de bonnes

loix, & de vaincre les difficultés qu'y oppofoient les circonftances. Neuf magiftrats, fous la déno- mination d'archontes, exerçoient alors le pouvoir fuprême. Ils étoient tirés du corps de la nobleffe & élus annuellement par le peuple; mais la ville étoit divifée en trois factions qui prétendoient également faire adopter la forme de gouverne- ment la plus conforme à leur intérêt ou à leur fan- taifie. Plutarque nous apprend que les plus fenfés des Athéniens, redoutant les fuites de ces divifions, vouloient inveftir Solon du pouvoir abfolu (1); mais ce philofophe défintéreffé & dépouillé de toute ambition, préféra le bonheur & la liberté de fon pays à l'éclat d'une couronne. Il laiffa fubfifter les archontes, mais en limitant leur au- torité par l'inftitution d'un fénat compofé de quatre cents membres élus par le peuple à la bal- lotte, & tirés des quatre tribus qui compofoient toute la population de la ville. Solon reftaura & augmenta l'ancien aréopage, le plus refpectable tribunal, non-feulement de la Grèce, mais de tous ceux dont il eft fait mention dans les faftes de l'hiftoire (2). La fageffe & l'équité de ce tribu-

---

(1) Vit. Solon. p. 85, lit. D.

(2) L'époque de la première inftitution de cette cour,

nal célèbre étoient fi connues, que non - feulement toute la Grèce, mais même quelquefois les
Romains, foumettoient à fon jugement les caufes
qu'ils trouvoient trop captieufes pour les décider
eux-mêmes. Pour prévenir tout foupçon de partialité en faveur du demandeur ou du défendeur,
ils écoutoient toutes les caufes & prononçoient
toutes leurs fentences dans l'obfcurité. Les plai-
deurs pour & contre étoient ftrictement tenus de
fe borner à déclarer la vérité du fait fans y rien
ajouter, foit pour l'aggraver ou pour l'excufer.
Toutes les fleurs de rhétorique & les ornemens de
l'éloquence, qui ne tendent qu'à émouvoir les
paffions des juges ou à rendre leurs jugemens
incertains, étoient rigoureufement défendus.
Puiffions-nous imiter un jour cet exemple dans nos
cours de judicature, où l'eloquence & les grands
talens oratoires font trop fouvent employés à confondre la vérité & à foutenir l'impofture !

----

nommée ainfi du mont de Mars où ils tenoient toujours
leurs affemblées, eft fort incertaine. La plupart des hiftoriens ne font pas même d'accord fur le nombre. de
fes membres. Quoi qu'il en foit, cette cour fuprême
jugeoit les meurtres volontaires, & toutes les caufes qui
préfentoient un grand intérêt public ou particulier. Saint
Paul nous apprend que fa jurifdiction s'étendoit auffi fur
les affaires de religion.

L'hiſtoire atteſte que Solon propoſa d'abord
aux Athéniens de prendre les inſtitutions de Lycurgue pour le modèle de leur nouveau gouvernement ; mais la réſiſtance qu'éprouva l'abolition des
dettes lui démontra qu'il lui feroit impoſſible de
parvenir à établir une parfaite égalité, & il en
abandonna tout-à-fait l'entrepriſe. Les loix d'A-
thènes donnoient au créancier un pouvoir ſi abſolu
ſur ſon débiteur inſolvable, qu'il étoit non-ſeulement
autoriſé à l'employer aux œuvres les plus ſerviles,
mais même à le vendre, à défaut de paiement, lui &
ſes enfans, comme eſclaves. Les créanciers avoient
uſé de leurs droits avec tant de barbarie, que
beaucoup de citoyens ſe trouvoient forcés de
vendre leurs enfans pour s'acquitter ; & d'autres,
pour ſe mettre à l'abri de leur inhmanité, s'é-
toient bannis volontairement de leur pays en ſi
grand nombre, que, ſi nous en croyons le rapport de
Plutarque (1) , les extorſions des uſuriers avoient
rendu la ville preſque déſerte. Solon redoutant
une inſurrection de la claſſe indigente qui menaçoit de changer le gouvernement, & de forcer un
partage égal de toutes les terres, crut que le
meilleur expédient pour éviter cette violence,

_____

(1) Plut. 85 , lit. A.

étoit d'abolir toutes les dettes, comme Lycurgue l'avoit précédemment fait à Sparte. Mais quelques amis auxquels il avoit confidemment fait part de fon projet, en les affurant qu'il ne fe propofoit point de toucher à la propriété territoriale, profitèrent indécemment de cette ouverture pour s'affurer d'immenfes fortunes. Ils empruntèrent de toutes parts, & à tout prix, toutes les fommes qu'ils purent fe procurer, & acquirent fans délai des terres. La publication de l'édit qui aboliffoit les dettes décela la tricherie; mais Solon fut feul chargé de l'odieux de cette infigne fripponnerie.

Le nouvel édit déplut également aux riches & aux indigens. Les riches fe voyoient arracher violemment la portion de leurs propriétés qui confiftoient en contrats, & les pauvres fe voyoient fruftrés de l'efpoir qu'ils avoient eu de partager les terres. L'hiftoire ne nous dit point comment Solon parvint à fe tirer de cet embarras; mais elle nous apprend que le décret eut enfin fon exécution, & que Solon, continué dans fon office, y conferva fa précédente autorité.

Cette expérience apprit à Solon à mieux évaluer le caractère de fes compatriotes, & le décida probablement à conformer pour l'avenir fes réglemens aux mœurs & aux préjugés du peuple auquel il les deftinoit. Ne jouiffant point comme Lycurgue de l'autorité que donne toujours une naiffance royale, & n'ayant point acquis d'avance, comme ce célèbre légiflateur, la confiance illimitée de fes compatriotes, il fe trouva réduit à préférer ce qui paroiffoit praticable à ce qu'il jugeoit plus avantageux, & à concilier autant qu'il le pouvoit tous les partis. Cette obfervation eft juftifiée par la réponfe qu'il fit (1) à celui qui lui demanda, fi dans fon opinion il avoit donné aux Athéniens les meilleures loix poffibles? « Elles font, lui dit-il, les meilleures que les Athéniens puiffent fupporter ». Solon confia exclufivement aux riches citoyens, les magiftratures qui difpofoient du pouvoir exécutif; mais il réferva le pouvoir fuprême à la claffe indigente; car quoique tout citoyen libre qui ne poffédoit pas une fortune d'une valeur fixée, fût exclus de tous les emplois publics, il confervoit cependant le droit de dire fon opinion & de donner fon fuffrage dans l'affemblée du peuple prefqu'entiérement compofée de la dernière claffe; & comme la majorité des voix de cette affemblée difpofoit de toutes les élections; comme on appelloit à elle de tous les jugemens des

---

(1) Plut. in vit. Solon. p. 86, lit. C.

cours fupérieures; comme elle exerçoit le droit de cenfure jufques fur les premiers officiers de la république, & qu'une loi ne pouvoit pas paffer fans fon approbation, cette affemblée devint le grand reffort de l'adminiftration dans toutes fes parties, & ce gouvernement populaire fut la principale caufe de la ruine de leur république. Anacharfis de Scythie qui vivoit alors avec Solon, blâma avec raifon le pouvoir exceffif qu'il confioit au peuple (1): & après avoir entendu juger par l'affemblée du peuple des objets qui avoient été difcutés par le fénat, il dit en plaifantant: « à Athènes les fages » délibèrent & les fous décident ». Solon fentoit auffi bien qu'Anacharfis ce grand défaut de fa conftitution; mais il connoiffoit trop le caractère emporté & turbulent des Athéniens pour les dépouiller d'un pouvoir qu'ils n'auroient pas manqué de reprendre à la première occafion par la violence. Il eut donc recours à fes deux fénats dont il fit les deux ancres de fa conftitution (2); celui des quatre cents (3) pour défendre l'état des violences du peuple, & celui de l'aréopage (4)

---

(1) Plut. in vit. Solon. p. 81, lit. B.

(2) Plut. in vit. Solon. p. 88, lit. D.

(3) Le nouveau fénat inftitué par Solon.

(4) Qu'il reftaura. Voyez la note précédente.

pour arrêter les ufurpations des grands & dés
riches. Il fupprima toutes les loix de Dracon, à
l'exception de celle contre le meurtre. Il jugea
avec raifon, dit Plutarque (1), qu'il étoit odieux,
abfurde & injufte, d'infliger la même peine à celui
qui franchiffoit les murs d'un jardin pour y prendre une pomme ou un chou, & à celui qui com-
mettoit de fang-froid un facrilège ou un meurtre
prémédité. Comme l'hiftoire ne nous rend qu'un
compte très-fuccinct & très-imparfait des loix
établies par Solon, je me contenterai de citer ici
le farcafme d'Anacharfis à leur occafion, comme
une preuve de leur infuffifance pour remplir le
but que le légiflateur s'étoit propofé. En comparant les mœurs dépravées des Athéniens avec
les mefures coërcitives de Solon, Anacharfis difoit
que ces dernières reffembloient à des toiles (2)
d'araignées qui arrêtent les petites mouches foibles,
mais que les groffes traverfent facilement. On affure
que Solon lui répondit : (3) « que les hommes
» obfervoient volontiers des conventions qu'ils
» avoient tous également intérêt de ne pas vio-

_____

(1) Ibid. p. 87, lit. E.
(2) Ibid. p. 81, lit. A.
(3) Ibid. p. 81.

» ler, & qu'il avoit affez bien adapté fes loix à
» la raifon de fes compatriotes, pour les convaincre
» qu'ils trouveroient beaucoup plus d'avantage à
» obferver qu'à violer la juftice ». Plutarque
obferve judicieufement que l'événement juftifia
mieux l'opinion d'Anacharfis que les efpérances
de Solon; car Pififtrate, proche parent de Solon,
s'étant formé un parti nombreux dans la claffe
indigente , en leur diftribuant des fecours pécuniaires fous le prétexte de les aider à fubfifter, fe
procura une garde compofée de cinquante hommes
armés de gros bâtons (1); avec l'aide de fes fatellites, il s'empara de la citadelle, abolit la démocratie, & établit la tyrannie d'un feul malgré les
efforts de Solon.

Cette ufurpation devint une fource intariffable
de factions & de calamités publiques. Pififtrate
fut chaffé plufieurs fois par le parti oppofé, &
ramené autant de fois en triomphe par la faction
dominante. A fa mort il laiffa le royaume à fes
deux fils Hipparque & Hippias. Le premier fut
affaffiné par Harmodius & Ariftogiton pour venger un affront fait à leur fœur (2) , & Hippias

(1) Solon prétend qu'ils étoient 400 ; ce qui paroît
plus probable. Diogène Laërce.
(2) Thucydide.

fut bientôt après chaffé d'Athènes par les Lacédémoniens, à la follicitation du parti des mécontens. Au défaut d'autres expédiens pour recouvrer
fa couronne, Hippias demanda des fecours à
Darius, & ce fut à cette occafion que les Perfes
firent leur première invafion dans la Grèce. Hippias reçut la mort dans la célèbre plaine de Ma-
rathon, en combattant contre fa patrie. Mais le
mal vraiment funefte qu'enfanta l'ufurpation de
Pififtrate, fut la crainte perpétuelle de voir paffer
de nouveau le pouvoir fuprême entre les mains
d'un feul (1). Cette terreur tint conftamment la
jaloufie du peuple en alarmes, & le livra aux
fougueufes factions des démagogues. Un mérite
fupérieur devint un crime impardonnable & une
forte de haute-trahifon contre la république (2).
Les meilleurs patriotes devenoient fufpects dès
qu'ils étoient dénoncés aux démagogues par
l'envie ou par le reffentiment d'un ennemi perfonnel; quelquefois même lorfqu'ils étoient foudoyés par un ambitieux qui tendoit au but dont
on accufoit injuftement les autres. L'hiftoire d'A-

---

(1) Thucydid. lib. 6, p. 415, fect. 60.

(2) Xénoph. de rebufpubl. Athen. p. 55, edit. Lu-
venel. Baf. 1572.

thènes eſt remplie de ces exemples qui atteſtent l'inconſtance & le légéreté de ce peuple frivole. On y voit fréquemment empriſonner & bannir les citoyens les plus eſtimables & les plus diſtingués par leur mérite (1), peu de temps après leur avoir élevé des ſtatues; & d'autres fois élever des ſtatues à l'honneur de ceux qu'ils avoient fait illégalement & injuſtement périr, pour ſervir à la fois de monument à leur regret & à leur injuſtice (2). Ces déſordres étoient les ſuites naturelles du vice capital du ſyſtême politique de Solon, qui avoit remis le pouvoir ſuprême entre les mains d'une multitude turbulente & irréfléchie. Ce vice funeſte fut, comme je l'ai obſervé précédemment, la principale cauſe qui dépouilla le peuple de la liberté dont il avoit tant abuſé. La perte de tous les citoyens vertueux, tantôt bannis & tantôt aſſaſſinés, frayoit le chemin à l'uſurpation & à la tyrannie; & c'eſt la méthode dont ſe ſervirent, dans les états démocratiques de la Grèce, tous les ambitieux qui voulurent ſoumettre leur pays à leur domination. Thucydide démontre ſi clairement cette vérité, qu'en liſant les annales de cet excellent hiſtorien,

___

(1) Miltiade, Thémiſtocles, Ariſtide, Cimon, l'hiſtorien Thucydide, &c.

(2) Socrate, Phocion, &c.

je ne puis pas me défendre de gémir fur les pages
effrayantes où il nous préfente un fi grand nombre de patriotes inhumainement facrifiés aux fureurs des factions & à leur perfidie. Ses détails
fur l'affreufe fituation des républiques Grecques
durant la guerre du Péloponnèfe , font frémir
toutes les ames fenfibles. Après fa defcription de
la fédition arrivée à Corcyre, on voit que toutes
fes expreffions lui paroiffent trop foibles pour
peindre pathétiquement les calamités qu'entraînent
les factions. Le mépris de toutes les religions, la
violation ouverte des obligations & des conventions les plus facrées ; des dévaftations , des maffacres , & toutes les barbares horreurs des difcordes
civiles [enflammées jufqu'au délire , font perpétuellement les fujets de fon hiftoire inftructive,
Témoin oculaire de ces calamités effrayantes ,
Thucydide a voulu les tranfmettre fidélement
lui-même à la poftérité.

Il attribue avec raifon (1) cette guerre deftructive à la jaloufie qui régnoit alors entre Sparte
& Athènes (2). Les Lacédémoniens faififfoient avec
avidité les plus légers prétextes, & les Athéniens les

_____

(1) Thucydid. edit. Duker, lib. 1, p. 58, fect. 88,
(2) Thucydid. lib. 1 , p. 82, fect. 127,128.

repouffoient avec la même opiniâtreté. Ces deux
états feignoient toujours den'avoir en vue dansleurs
altercations, que la défenfe ou la vengeance de
leurs alliés, tandis que le véritable but de l'un &
de l'autre étoit de réduire toutes les villes Grecques fous fa puiffance. Un événement que ces deux
républiques fembloient également defirer, rendit
bientôt à leur jaloufie fon ancienne activité, &
occafionna un violent incendie (1). Les Thébains
s'emparèrent pendant la nuit de la ville de Platée,
petit état, allié d'Athènes, qu'une faction ennemie des Athéniens leur avoit livrée; mais la partie faine des Platéens revenus de leur première
furprife, & informés du petit nombre des Thébains, reprirent leur ville après avoir maffacré
prefque tous les affaillans (2). Ils envoyèrent
auffi-tôt demander des fecours aux Athéniens, &
les Thébains en demandèrent aux Lacédémoniens.
Ces deux états réfolurent de foutenir vivement
leurs alliés, & s'engagèrent dans la guerre funefte
où toutes les villes de la Grèce furent à la fin
entraînées. Par-tout où la fortune fecondoit les
efforts des Lacédémoniens, ils établiffoient une

---

(1) Thucydid. lib. 2, p. 98, fect. 2-3-4, & fequent.
(2) Thucydid. lib. 2, p. 101, &c. fect. 6.

ariftocratie oligarchique, & égorgeoient ou ban-
niffoient les partifans du gouvernement populaire : lorfqu'au contraire les Athéniens étoient
victorieux, ils établiffoient ou reftauroient la
démocratie, & livroient la nobleffe au peuple, qui
fe baignoit dans fon fang. Les révoltes, les trê-
ves auffi-tôt violées que convenues, les maffacres,
les profcriptions & les confifcations étoient
perpétuellement dans toutes ces petites républiques les fuites alternatives du bon ou du
mauvais fuccès de ces deux rivales opiniâtres &
préfomptueufes : en un mot, toute la Grèce fembloit être faifie d'une démence épidémique; & les
Grecs civilifés, humains, doux & polis, fe traitèrent réciproquement, durant tout le cours de
cette guerre abfurde, avec une férocité inconnue
aux fauvages les plus barbares. Thucydide prétend que la véritable fource de ces calamités étoit
la foif de la domination née de l'ambition & de
l'avarice (1). En effet, dans tous les états, les
chefs des différens partis, foit ariftocratique ou
démocratique, affectoient extérieurement le plus
grand intérêt pour la liberté de leur pays que
dans la réalité chacun d'eux fe propofoit de ty-

_____

(1) Thucydid. lib. 3, p, 218, fect. 82,

tannifer en renverfant fon adverfaire; & pour y
parvenir , les deux partis commettoient fans
fcrupule tous les crimes & les iniquités dont ils
croyoient pouvoir tirer quelque avantage (1);
tandis que les citoyens modérés qui refufoient
de fe réunir à une faction, devenoient les objets
de la haine & les victimes dévouées de tous les
partis.

Tous les hiftoriens atteftent que Périclès pro-
voqua les Athéniens à cette guerre funefte. Thucydide qui étoit non-feulement le contemporain
de Périclès, mais qui eut un commandement dans
cette guerre , rend un témoignage honorable
pour le caractère de ce grand homme. Son deffein (2) étoit, dit-il, d'humilier la république de
Sparte , & ce deffein lui fut dicté par fon zèle
pour fa patrie. Mais comme les ennuyeux détails
de cette loi même font étrangers au plan que je
me fuis propofé dans cet ouvrage , je me bornerai à obferver que fi jamais l'ordre & l'union font
néceffaires à la confervation d'un état , c'eft fur-
tout lorfqu'il eft engagé dans une guerre dou-
teufe contre un ennemi redoutable. On ne peut

(1) Idem. ibid. p. 219.
(2) Ibid. lib. 1 , p. 91 , fect. 140.

imputer

imputer la durée & l'événement de cette longue
guerre si fatale aux Athéniens, qu'à la défunion
de leurs conseils & à la fluctuation perpétuelle
de leurs mesures, occasionnées par l'influence de
leurs ambitieux & factieux démagogues. Ni les
calamités de la guerre, ni celles de la peste la plus
destructive dont l'histoire ait jamais fait mention, ne purent calmer ni tempérer le génie
fougueux & volage de ce peuple frivole (1).
Préfomptueux à l'excès lorsqu'il obtenoit le
moindre avantage, il devenoit sourd aux
ouvertures de paix les plus raisonnables ; il re-
poussoit dédaigneusement toutes les propositions
de ses ennemis, & ne mettoit plus de bornes à
ses prétentions ; mais au moindre échec il perdoit courage ; & croyant déjà voir l'ennemi à
ses portes, il se vengeoit de ses terreurs sur les
commandans, & les traitoit en criminels dès qu'ils
n'étoient plus suivis de la victoire. Les démagogues qui guettoient attentivement tous les caprices de ce peuple volage, faisoient tourner habilement toutes ces circonstances au profit de leurs
vues ambitieuses, en prenant ou conservant
dans l'état un ascendant qui perpétuoit la fureur
des factions dans cette malheureuse république.

_____

(1) Thucydid. lib. 2, p. 127, sect. 47, & sequent.

C'eft ainfi que dans les commencemens de la
guerre du Péloponnèfe, Cléon, démagogue
féditieux & bruyant (1), déclama violemment
contre Périclès, & s'oppofa conftamment à toutes fes mefures ; mais les talens fupérieurs & la
fermeté de ce grand homme lui fournirent les
moyens de confondre tous fes adverfaires. Lorfque Périclès fut enlevé par la pefte qui rendit
Athènes prefque déferte, la nobleffe, jaloufe
de l'afcendant que Cléon avoit acquis fur le
peuple, lui donna Nicias (2) pour antagonifte.
Nicias, homme d'honneur & fort zélé pour fa
patrie, n'avoit que des talens médiocres, quoiqu'il eût une très-grande expérience militaire.
Il paroiffoit toujours incertain, & on auroit pu
prendre pour de la timidité l'excès de fa circonf-
pection. Nicias étoit d'un caractère doux, humain, fenfible, ennemi du défordre & du fang.
Il vouloit arrêter le cours d'une guerre fi funefte ; mais le turbulent Cléon rendit tous fes efforts inutiles, en perfuadant aux Athéniens d'exiger des conditions fi déraifonnables, qu'elles firent
ceffer les négociations & recommencer la guerre

---

(1) Plut. vit. Pericl. p. 171, lit. E.
(2) Plut. in vitâ Nic. p. 524, lit. B.

avec plus de fureur. L'incendiaire Cléon ayant été tué dans la dixième campagne, on reprit les négociations, & Nicias parvint à faire conclure une paix de cinquante ans entre les habitans de Sparte & ceux d'Athènes (1) ; mais au moment où Nicias efpéroit jouir du repos qu'il avoit procuré à fa patrie, il vit paroître un adverfaire beaucoup plus redoutable que Cléon. Athènes & toutes les villes de la Grèce furent replongées de nouveau dans toutes les calamités d'une guerre générale par l'infatiable ambition de ce nouvel antagonifte.

On vit paroître fur la fcène le célèbre Alcibiade (2) dont la compofition offroit un fi rare mélange de bonnes & de mauvaifes qualités, de vices & de vertus, que pour parvenir à fon but, il favoit prendre l'extérieur des caractères les plus oppofés avec autant de facilité qu'un caméléon change de couleur. L'influence & la confidération dont Nicias commençoit à jouir, excitèrent violemment la jaloufie de ce nouveau Protée (3).

---

(1) Plutarque nous apprend qu'on appella cette paix *la paix Nicienne.*

(2) Plut. in vit. Alcib. p. 20, lit. B.

(3) Plut. vit. Alcib. p. 197, lit. C.

G 2

Son ambition étoit trop haute pour souffrir un
supérieur ou même un égal. Il résolut donc de
supplanter Nicias, sans s'embarrasser de l'équité
des moyens qu'il faudroit employer, ni des suites
qu'ils pourroient avoir relativement à la république. Les Athéniens étoient fort mécontens des
Lacédémoniens qui n'avoient pas rempli fort
ponctuellement les conditions du dernier (1) traité.
Alcibiade jugeant cette disposition très-favorable
au succès de son entreprise, excita les ressentimens
du peuple contre Nicias, & l'accusa publiquement
d'être en secret l'ami & le partisan de la république de Sparte. Nicias essaya de détourner l'orage
& d'empêcher ses compatriotes d'en venir à une
rupture, mais les intrigues d'Alcibiade l'empor-
tèrent; il se fit nommer général & commença les
hostilités contre les alliés de Sparte (2).

La dix-septième année de cette guerre est mémorable par la fatale expédition contre la Sicile,
qui donna un échec irréparable à la puissance
d'Athènes, & fournit un grand exemple du funeste
danger des factions. Les Egestiens, petit état de
Sicile, demandèrent des secours aux Athéniens

---

(1) Thucydid. lib. 5, p. 339, sect. 35—42.
(2) Thucydid. lib. 5, p. 350, sect. 52.

contre l'oppreſſion des habitans de Syracuſe. Alcibiade conſidérant cette occaſion comme un moyen
d'acquérir de la gloire, plaida la cauſe des Egeſtiens avec ſon éloquence ordinaire, & ſut ſi bien
flatter la vanité dé ſes compatriotes, qu'ils lui
fournirent un armement conſidérable (1). Nicias,
Alcibiade, & Lamachus, officier habile & entreprenant, en furent nommés les généraux. Nicias
eut ſeul la candeur & le courage de blâmer une
expédition qu'il jugeoit dangereuſe & très-impolitique; les Athéniens furent ſourds à toutes ſes
obſervations. Le projet de ſecourir les Egeſtiens
n'étoit qu'un prétexte. Thucydide (2) nous aſſure
qu'en ordonnant cet armement redoutable, on
avoit pour véritable objet la conquête de toute
la Sicile. Alcibiade n'avoit point héſité à promettre qu'il s'empareroit facilement de cette île,
& il ne conſidéroit cette expédition que comme
le prélude de plus grandes entrepriſes. Aveuglés
par ſa magie, les crédules Athéniens ſe croyoient
déjà les maîtres de Carthage, de toute l'Afrique
& de toute l'Italie (3). Les deux factions con-

---

(1) Thucydid. lib. 6, p. 383, ſect. 8.
(2) Thucyd. lib. 6, p. 381, ſect. 6.
(3) Plut. in vit. Alcibiad. Item. Thucydid. in orationi
Alcib. ad Lacedem. lib. 6, p. 436, ſect. 90.

coururent par des motifs très-différens à l'exécution de ce projet abfurde; les partifans d'Alcibiade
efpéroient augmenter l'influence de leur chef par
un fupplément de gloire & de richeffes acquifes
dans cette expédition (1); fes ennemis fe propofoient de le fupplanter durant fon abfence & de
s'emparer de l'adminiftration publique. Les deux
actions facrifioient également le véritable intérêt
de l'état aux vues intéreffées de leur ambition
perfonnelle. Mais tandis qu'on s'occupoit des préparatifs indifpenfables pour une fi grande expédition, un fingulier accident mit toute la ville en
rumeur & alarma à la fois la fuperftition & la jaloufie de la multitude. Les *termes* ou les ftatues
de Mercure furent toutes défigurées dans une
feule nuit par des perfonnes inconnues, & les
Athéniens cherchèrent inutilement à découvrir
les auteurs d'une violation confidérée comme un
facrilège (2). On publia des proclamations, on
promit le pardon & des récompenfes aux complices qui découvriroient les particularités du

---

(1) Thucyd. lib. 6, p. 395-396, fect. 28-29.
(2) Thucyd. Les termes étoient des ftatues de Mercure faites de pierres carrées, d'une forme cubique, &
placées aux portes des maifons.

complot, on admit le témoignage des étrangers
& des efclaves, mais les auteurs du fait reftèrent
toujours inconnus ; & ce myftère ne me paroît
point du tout digne d'étonnement, car c'étoit
très-probablement un tour d'adreffe des ennemis
d'Alcibiade, qui favoient qu'une infulte à la religion établie ébranleroit violemment le principal
reffort des paffions de leurs compatriotes (1).
Quelques efclaves, à la vérité, & d'autres citoyens
òbfcurs, fubornés, à ce que dit Plutarque (2), déposèrent que depuis long-temps une partie des
ftatues avoient été mutilées, & les plus facrés myftères de la religion profanés par une troupe de
jeunes hommes ivres, du nombre defquels étoit
Alcibiade. Androclès, fameux démagogue, étoit à
la tête de cette dépofition (3). Ce rapport que
Plutarque regarde comme une perfidie palpable
des ennemis d'Alcibiade, leur facilita les moyens
de faire tomber fur lui tout l'odieux de la violation récente (4). Les démagogues de la faction

---

(1) On ufa du même expédient vers la fin du règne
de la reine Anne.

(2) Plut. vit. Alcib. p. 200, lit. D.

(3) Thucyd. lib. 6, p. 395, fect. 28.

(4) Thucyd. ibid.

ppofée firent grand bruit, & l'accusèrent du deffein de renverfer le gouvernement populaire. Ils
arguèrent de fon mépris pour les myftères facrés,
de la première mutilation des ftatues de Mercure
& de la vie ouvertement débauchée d'Alcibiade,
pour prouver qu'il étoit l'auteur des derniers
outrages faits à la religion de la république (1).
Alcibiade nia non-feulement le fait, mais demanda
avec inftances qu'on inftruisît fur le champ fon
procès, & déclara qu'il étoit prêt à fubir la peine
infligée par la loi, fi on pouvoit prouver qu'il
fût coupable. Il pria le peuple de ne point recevoir d'informations contre lui durant fon abfence,
mais de le faire périr fans délai s'il le jugeoit criminel. Il ajouta qu'il feroit impolitique de lui confier le commandement d'une fi puiffante armée,
tandis qu'il étoit foupçonné d'un crime de cette
nature, & avant que le peuple en eût pris connoiffance. Mais fes accufateurs, inquiets du parti
que pourroient prendre l'armée & les troupes
alliées, fi l'on commençoit dans cette circonftance
le procès d'un général qu'ils fuivoient dans l'expédition projettée par attachement pour fa perfonne, employèrent l'éloquence des démagogues

_____

(1) Thucyd. ibid. fect. 29, paffim.

de leur parti à diffuader le peuple d'une mefuré
qui déconcertoit toutes leurs difpofitions.. Ces
orateurs voyant le danger qu'occafionneroient les
longueurs de la procédure dans une expédition
importante dont le fuccès exigeoit de la célérité,
proposèrent de faire mettre immédiatement la
flotte à la voile (1), & de faire jurer Alcibiade
de revenir auffi-tôt que le jour de fon interrogatoire feroit fixé. Thucydide obferve que leur
intention étoit de ne rappeller & juger Alcibiade
qu'après avoir profité de fon abfence pour agiter
l'efprit du peuple & l'enflammer vifiblement contre
l'ennemi dont ils machinoient la deftruction. Ils
obtinrent un décret qui ordonnoit à Alcibiade de
partir immédiatement pour fon expédition.

(2) Ce formidable armement, compofé de toute
la fleur de la jeuneffe athénienne, étoit le plus
brillant, le mieux équipé & le plus difpendieux
qui fût encore forti d'un des ports de la Grèce ;
mais le premier embarras facile à prévoir dans cette
expédition, vint de la méfintelligence des trois
généraux fur la manière de la commencer (3).

---

(1) Thucyd. lib. 6, p. 395, fect. 23, ad fin.
(2) Thucyd. lib. 6, p. 396, fect. 31.
(3) Thucyd. lib. 6, p. 408, fect. 47. 48, 49.

Cependant Alcibiade eut le talent de ramener à
son opinion ses deux collègues; mais tandis qu'il
disputoit avec eux en Sicile, ses ennemis ne restoient
point oisifs à Athènes. Ils reprirent en considération
l'affaire des statues & la profanation des sacrés
mystères.... Le peuple, naturellement crédule (1),
ne fit aucune réflexion sur la réputation des accu-
sateurs ni sur la validité des preuves. Il les admit
toutes sans distinction; & sur la foi des plus vils
misérables, il fit arrêter & mettre en prison les
citoyens les plus distingués. Un d'entr'eux (2)
persuada à un autre de ses co-accusés qui paroif-
soit le plus chargé, de confesser le crime & de
dénoncer quelques complices. Il lui observa que
soit que sa confession fût vraie ou fausse, il ob-
tiendroit sûrement sa grace, & mettroit fin aux
soupçons & aux vexations du peuple. Ces argumens déterminèrent cet homme, que Plutarque
nomme Audocidès (3), & dont Thucydide ne
parle pas, à s'avouer coupable d'avoir défiguré
les statues, & à en dénoncer d'autres comme complices de cet acte d'impiété. Sur cette déclaration,

---

(1) Ibid. lib. 6, p. 411, sect. 53.
(2) Ibid. p. 415, sect. 60.
(3) Plut. vit. Alcib. p. 202.

le dénonciateur obtint sa grace (1), & tous ceux
qu'il n'avoit point nommés obtinrent leur liberté; mais on suivit le procès de tous les citoyens qu'il avoit chargés; ceux qu'on put arrêter
furent jugés & exécutés sur sa seule dénoncia-
tion. On condamna à mort ceux qui prirent la
fuite, & leurs têtes furent mises à prix par des
proclamations. Thucydide prétend qu'on n'avoit
pas plus de preuves du crime des citoyens exécutés que de leur innocence ; & Plutarque nous
apprend que les connoissances & les amis d'Alcibiade furent traités dans cette occasion avec la
plus odieuse rigueur (2). Thucydide ajoute qu'à
l'instigation des mêmes ennemis qui avoient ac-
cusé Alcibiade avant son départ, le peuple reçut
contre lui les informations les plus suspectes avec
toute la fureur de la partialité (3); & que, ne
doutant plus qu'il n'eût coopéré à la mutilation
des statues, les Athéniens demeurèrent convaincus qu'il avoit également profané les sacrés
mystères; & que ces deux crimes, son ouvrage
& celui de ses associés, avoient pour but de dé-

---

(1) Thucyd. p. 416, sect. 60.
(2) Plut. vit. Alcib. p. 201, lit. C.
(3) Thucyd. lib. 6, p. 416, sect. 61.

truire le gouvernement populaire. Il arriva par
hafard qu'une troupe de Lacédémoniens fit dans
cette circonftance une incurfion jufqu'à l'ifthme,
dans l'intention de commettre quelques hoftilités
contre les Béotiens (1). Le peuple vit dans cet
incident un prétexte pour exécuter le plan formé
d'avance avec Alcibiade, fi le complot n'eût pas
été heureufement découvert à temps (2), & fon
exécution prévenue par la mort des confpirateurs.
Il prétendit que l'intention avoit été de livrer
Athènes aux Lacédémoniens : ainfi, de toutes
parts, les foupçons fe réuniffoient pour tomber fur
Alcibiade. Le peuple, déterminé à le faire périr,
envoya en Sicile des officiers chargés de le ramener avec tous ceux de fes amis qui fe trouvoient
compris dans l'information. Ils partirent dans une
galère de Salamine (3), & firent part, en arrivant,
de leur meffage à Alcibiade. Mais on leur avoit fortement recommandé de ne point entreprendre de
l'arrêter, dans la crainte que les troupes athéniennes
ne fe mutinaffent, & que les alliés qui avoient

---

(1) Ibid.
(2) Ibid.
(3) On peut nommer ce bâtiment, le meffager d'état
d'Athènes. On ne l'expédioit que dans des occafions
importantes. Plutarque.

entrepris l'expédition , à la follicitation d'Alcibiade, ne l'abandonnaffent. Alcibiade ne fit point
difficulté de les fuivre avec tous fes amis accufés.
Il s'embarqua dans fon propre vaiffeau , partit
avec eux de Sicile , & feignit de retourner à
Athènes (1). Mais foit qu'il foupçonnât, ou plutôt qu'on l'eût averti des menées de fes ennemis
durant fon abfence, il prit terre avec fes amis à
Thuria ou Sybaris, ne voulant point s'expofer à
devenir la victime d'une fentence injufte , ou à
périr par les mains des factieux. Les officiers de
la galère de Salamine dont il s'étoit éloigné ,
voyant toutes leurs recherches inutiles , rega-
gnèrent fans lui à Athènes. Le peuple prononça
fon arrêt de mort & celui de tous fes compagnons (2) , dont les biens furent confifqués pour
avoir défobéi à l'ordre de comparoître. Ainfi , au
lieu de réunir tous leurs efforts pour le fuccès d'une
expédition fur laquelle ils fondoient tout leur
efpoir , les infenfés Athéniens ne s'occupant
que de cabales , d'intrigues, de factions, & des
caprices de la multitude abufée par les ambitieux démagogues , privèrent leur pays du feul

---

(1) Thucyd. lib. 6, p. 417, fect. 61.
(2) Thucyd. ibid.

commandant dont ils pouvoient raifonnablement attendre le fuccès de leur entreprife hafardeufe. Cette imprudence entraîna la ruine de la flotte & de l'armée, & fit effuyer un violent échec à la république (1). Les foldats furent découragés par la perte d'un chef dont les talens leur donnoient la plus grande confiance; & Alcibiade voulant venger fon injure, prit fon afyle à Sparte, & détermina les Lacédémoniens à envoyer à Syracufe des forces qui détruifirent complétement tout l'armement d'Athènes. Nicias fut pris & mis à mort par les ennemis ; pas un feul vaiffeau ne fe fauva , & très-peu d'hommes échappèrent à l'alternative de la mort ou de la captivité (2). La nouvelle de cette défaite jetta les Athéniens dans la confternation (3) ; ils perdirent tout efpoir , & crurent qu'ils alloient bientôt voir la flotte victorieufe entrer dans le port de Pyrée. Cependant il réfulta quelques avantages de ce preffant danger (4) : la multitude, devenue plus traitable, confentit à feconder fes magiftrats dans toutes les

----

(1) Plutarq. vit. Alcib. p. 202.
(2) Thucyd. lib. 7, p. 505 , ad fin.
(3) Id. lib. 8 , p. 506 , &c.
(4) Ibid. p. 507.

mefures qu'ils crurent néceffaires à la fûreté
commune. Et en effet, le zèle & l'union pouvoient feuls défendre efficacement Athènes du
grand nombre d'ennemis dont elle fe voyoit
environnée; car la récente défaite des Athéniens
à Syracufe avoit prodigieufement ranimé le
courage des plus minces états de la Grèce (1).
Ceux qui avoient jufqu'alors confervé la neutra-
lité , fe réunirent promptement contr'eux , &
prirent volontiers part à une guerre qui ne fembloit pas devoir être de longue durée. Les alliés
de Sparte avoient plus que jamais l'efpoir d'être
délivrés des calamités d'une guerre dont ils étoient
depuis fi long-temps les victimes; & les petits
états, qui avoient jufques-là reçu la loi d'A-
thènes, faifoient des efforts au-deffus de leurs
forces pour reprendre leur ancienne indépendance.
Aveuglés par la paffion fur la véritable fituation des
affaires, ils fe flattoient que la campagne fuivante
termineroit la deftruction d'Athènes. Les Lacédémoniens, perfuadés que la conquête d'Athènes leur
vaudroit celle de toute la Grèce, firent des préparatifs immenfes (2) ; leurs alliés les fecondèrent

_____

(1) Ibid. p. 508 , fect. 2.
(2) Thucyd. ibid. fect. 2-3.

de toutes leurs forces, & tout fut difpofé pour
ouvrir la campagne dès l'entrée du printemps.

Les Athéniens (1) ayant impofé filence aux
factions, remirent l'ordre dans l'état, reprirent
courage & commencèrent à agir avec vigueur. Ils
s'occupèrent du rétabliffement de leur marine &
de la réparation de leurs fortifications; les maga-
fins furent approvifionnés avec autant de diligence
que d'économie, & toutes les dépenfes inutiles
ou fuperflues furent foigneufement retranchées.
On s'apperçut des bons effets de cette union dès
l'ouverture de la campagne; les Athéniens fe
virent en état de faire face à leurs nombreux ennemis; & malgré les fecours d'argent fournis par
les Perfes, ils remportèrent plufieurs avantages.
Un incident vint auffi fort heureufement déconcerter les mefures de leurs ennemis. Alcibiade,
parfait débauché, capable des actions les plus
noires lorfqu'il s'agiffoit de fatisfaire fes paffions (2), féduifit Tymœa, l'époufe d'Agis, roi
de Sparte, fon ami & fon protecteur (3). Redoutant la vengeance d'un fi odieux abus de

_____

(1) Ibid. fect. 4.
(2) Plut. vit. Alcib. p. 203.
(3) Thucyd. lib. 8, p. 531, fect. 45.

l'hofpitalité,

l'hospitalité, & la jalousie des Péloponnésiens, qui l'avoient envoyé secrétement à Astiochus, l'amiral lacédémonien, des ordres de lui couper la retraite, il s'enfuit chez Tiffapherne, alors gouverneur, pour le roi de Perse, des provinces de l'Asie mineure. Alcibiade (1), maître consommé dans l'art de la féduction, captiva facilement ses bonnes graces, & lui fit connoître les véritables intérêts du monarque perfan, relativement aux républiques de la Grèce. Il lui démontra la mauvaise politique de procurer à un de ces états la fupériorité sur tous les autres, de priver son maître de ses alliés par cette imprudence, & de le réduire à combattre feul contre les forces réunies de toute la Grèce. Alcibiade lui confeilla de laiffer jouir chacun de ces petits états de leur indépendance, & lui fit concevoir qu'en les tenant ainfi divifés, fon maître pourroit facilement les mettre aux prifes enfemble, les affoiblir l'un par l'autre, & les envahir à la fin tous fans peine & fans danger. Il ajouta encore qu'une alliance avec Athènes feroit plus avantageufe & préférable pour le roi de Perfe à celle des Lacédémoniens. Le gouverneur perfan étoit

---

(1) Thucyd. ibid. fect. 46.

H

trop habile en politique pour ne pas sentir tout
le prix de ce conseil. Il paya le subside des Péloponnésiens avec si peu d'exactitude, & différa
si long-temps un combat naval, sous prétexte
d'attendre la flotte phénicienne (1), qu'il con-
suma les forces de leur marine, fort supérieure à
celle des Athéniens, & qu'il rendit toutes leurs
dispositions inutiles.

Tandis qu'Alcibiade retiré chez Tissapherne,
enseignoit aux Persans la conduite qu'ils devoient
garder à l'avenir (2), il formoit aussi le projet de
faire révoquer sa sentence, & d'obtenir la per-
mission de retourner sans danger dans sa patrie. Il
jugea que le meilleur moyen de réussir, seroit
de convaincre les Athéniens de son intimité
avec Tissapherne. Pour remplir ce but, il écri-
vit aux principaux commandans des forces athéniennes, alors à Samos, & les invita à informer
tous les personnages qui avoient quelque influence, de son desir de revoir Athènes, lorsque le
gouvernement ne seroit confié qu'à un petit nombre des principaux citoyens; ajoutant qu'il ne
pourroit jamais s'y résoudre, tandis que la démo-

---

(1) Thucyd. ibid.
(2) Ibid. sect. 4

cratie fubfifteroit, & que l'état feroit gouverné par
l'atroce bande de fcélérats qui l'avoient fi injuftement banni de fa patrie. Sous cette condition, Alcibiade promit de leur procurer le fecours de Tiffapherne, & déclara qu'il étoit difpofé à partager avec
eux les foins de l'adminiftration. L'événement répondit à fon attente ; car les commandans & les
autres officiers de · terre & de mer qui étoient à
Samos, defiroient vivement la fubverfion de la
démocratie. Le traité (1) & le plan du nouveau gouvernement furent rédigés à Samos. Les
principaux confédérés fe flattoient d'avoir une part
dans le gouvernement, & les inférieurs y confentirent, dans l'efpérance de recevoir des Per-
fans des fubfides confidérables.

Phrynicus , un des généraux, fut le feul qui
s'y oppofa, jugeant qu'Alcibiade n'étoit pas plus
attaché au gouvernement ariftocratique qu'à la
démocratie, & qu'il n'avoit d'autre objet, comme Thucydide(2) l'avoue, que d'opérer dans l'adminiftration un changement qui facilitât à fes
amis les moyens d'obtenir fon rappel. Ses conditions, quoi qu'il en foit, furent acceptées par

(1) Thucyd. ibid. fect. 48.
(2) Thucyd. ibid. fect. 49.

tous les autres chefs , & Pisandre alla négocier
cette affaire à Athènes.

Pisandre (1) éprouva d'abord de grands obstacles dans la vive résistance du peuple, & particuliérement des ennemis d'Alcibiade qui s'oppo-
sèrent avec fureur à la violation des loix ; lorsqu'on proposa son rappel qu'ils redoutoient principalement ; mais Pisandre (2) tira si bon parti
des terreurs du peuple , & leur démontra si clairement qu'il ne leur restoit pas d'autre ressource
pour sauver l'état ; qu'ils y consentirent ; quoiqu'avec beaucoup de répugnance. En conséquence,
on le chargea lui & dix autres d'aller terminer la
convention avec Tissapherne & Alcibiade , de la
manière qu'ils jugeroient la plus avantageuse pour
les intérêts de la république. Mais Tissapherne (3) qui redoutoit la puissance des Péloponnésiens, n'étoit pas si empressé de traiter avec
les Athéniens qu'on le leur avoit fait croire. Pour
sauver son crédit & cacher aux Athéniens l'embarras où le jettoit la difficulté de tenir ses promesses ,
Alcibiade insista au nom de Tissapherne sur des

---

(1) Thucyd. ibid. sect. 53.
(2) Thucyd. ibid. sect. 54.
(3) Thucyd. ibid. sect. 56.

conditions fi dures, que le traité fut rompu ; &
les députés retournèrent à Samos très-irrités contre Alcibiade qu'ils accufoient du mauvais fuccès
de leur voyage. Déterminés toutefois à pourfuivre à tout événement leur projet , Pifandre partit avec quelques-uns des députés pour Athènes ,
où leurs partifans faifoient déjà des progrès confidérables (1). Ils avoient fecrétement affaffiné les
principaux chefs du parti contraire à l'ariftocratie ; & quoiqu'ils permiffent encore au fénat &
au peuple de s'affembler & de voter à l'ordinaire ,
les décrets ne paffoient jamais à moins qu'ils ne
leur convinffent (2). D'ailleurs , les membres de
leur faction étoient les feuls qui ofaffent haran-
güer le peuple ; & fi quelqu'un fe hafardoit de
leur répondre , il étoit fûr d'être immolé à la
première occafion , fans qu'on fît aucune recherche contre les affaffins, ou qu'on inftruisît le procès de ceux qui étoient fortement foupçonnés
d'avoir commis ces meurtres : ces fanglantes exécu-
tions épouvantèrent le peuple. Il confentit à tout
fans examen ; & les particuliers les plus paifibles
fe crurent heureux , lorfqu'ils n'éprouvoient point

---

(1) Thucyd. ibid. 65.
(2) Ibid. fect. 66.

de violences perſonnelles. Ils n'oſoient pas même
ſe communiquer l'un à l'autre leur opinion ſur
les calamités de leur patrie; car la faction domi‑
nante avoit ſemé une méfiance ſi univerſelle,
qu'on craignoit de ſe confier à ſon voiſin, ou
même à ſon ami, & qu'on ſe ſoupçonnoit réci‑
proquement d'être les complices des horreurs jour‑
nellement commiſes (1).

Telle étoit la ſituation dans laquelle Piſandre
trouva la ville d'Athènes à ſon arrivée, & il ſe
hâta de finir promptement ce que ſes amis avoient ſi
bien commencé. Après avoir convoqué une aſſem‑
blée du peuple, la faction ariſtocratique déclara
ouvertement ſa réſolution de rétablir l'ancienne for‑
me du gouvernement, & de remettre le pouvoir
ſuprême entre les mains de quatre cents membres
de la nobleſſe qui régiroient l'état de la manière
qui leur ſembleroit la plus avantageuſe, avec le
pouvoir d'aſſembler, quand ils le jugeroient à pro‑
pos, cinq mille citoyens pour les conſulter dans
les occaſions importantes (2). Piſandre ſe chargea
de déclarer au peuple cette réſolution définitive.
Mais le plan avoit été formé par Antiphon; &

_____

(1) Thucyd. ibid. 67.
(2) Thucyd. ibid. 68.

ce fut lui qui en conduifit l'exécution. Thucydide affure qu'il étoit doué de grands talens & d'une nerveufe éloquence fort fupérieure à celle de tous fes contemporains. L'oligarchie fut enfin établie, & les Athéniens fe virent dépouiller de la liberté dont ils avoient joui durant un fiècle depuis l'expulfion d'Hippias (1). Ce décret ayant paffé dans l'affemblée fans oppofition, les chefs de la confpiration permirent adroitement aux citoyens de fervice, qui n'étoient point initiés dans ce complot, de fe retirer chez eux. Mais ils tinrent leurs partifans fous les armes, & ils les difposèrent de la manière la plus favorable aux fuccès de leur entreprife. Dans ces circonftances, les Athéniens gardoient conftamment leurs remparts, parce que l'armée lacédémonienne campoit dans fon voifinage. Lorfque toutes leurs difpofitions furent faites, les quatre cents nobles armés de poignards cachés fous leurs habits, & fuivis de cent vingt jeunes hommes intrépides qui avoient exécuté les meurtres préliminaires (2), environnèrent les fénateurs; & après avoir acquitté ce qui reftoit dû de leurs

_____

(1) Thucyd. ibid. 69.

(2) Nouveau fénat de Solon compofé de quatre cents membres.

H 4

falaires, ils leur ordonnèrent de fe retirer. Les fénateurs obéirent docilement (1) , & le peuple
n'ayant pas fait le moindre mouvement, ils pro-
cédèrent à l'élection des magiftrats tirés de leurs
corps, & n'omirent aucune des cérémonies religieufes qu'on avoit coutume de pratiquer dans ces
occafions. Après avoir pris ainfi poffeffion du gouvernement, ils ne jugèrent pas à propos de rappeller ceux qui avoient été bannis par la faction
populaire, dans la crainte d'être forcés d'y com-
prendre Alcibiade dont ils redoutoient le génie
entreprenant. Mais ils exercèrent fur tous les citoyens la plus cruelle tyrannie ; les uns furent
exécutés , d'autres mis en prifon, & les autres
condamnés au banniffement.

  Mais l'amour de la liberté n'eft pas toutefois
fi facile à éteindre ; Pifandre (2) avoit amené avec
lui des troupes mércenaires tirées des villes où il
avoit paffé en revenant à Athènes. Elles fecondèrent parfaitement l'entreprife des nouveaux gouverneurs ; mais les forces reftées à Samos étoient
toutes compofées de citoyens d'Athènes exceffivement jaloux de la liberté de leur pays , & les

-----

(1) Thucyd. ibid. 79.
(2) Thucyd. lib. 8, p. 543 , fect. 63.

implacables ennemis de toute efpèce de tyrannie: La première nouvelle que ces braves foldats reçurent de la révolution, leur préfenta des relations fi exagérées de l'infolence & de la barbarie des quatre cents, qu'on les empêcha difficilément de maffacrer tous les partifans de l'oligarchie. Ils deftituèrent toutefois leurs anciens généraux, ils mirent en fûreté tous les officiers fufpefts & les remplacèrent (1). Thrafibule ou Thrafille fut nommé leur chef; ils rappellèrent unanimement Alcibiade (2), & en firent le commandant général de toutes leurs forces de terre & de mer. Cette démarche changea brufquement les difpofitions des citoyens d'Athènes; ils déposèrent les quatre cents malgré tous leurs efforts pour fe maintenir en place, & la tranquillité publique fut encore une fois rétablie.

Le peuple confirma le commandement d'Alcibiade (3), & lui confia la conduite de la guerre. Mais il avoit l'ame trop haute (4) pour accepter fon rappel & fon nouveau pofte comme des fa-

(1) Thucyd. lib. 8, p. 551, feft. 76.
(2) Thucyd. ibid. p. 553, feft. 81.
(3) Thucyd. ibid. p. 567, feft. 97.
(4) Plut. vit. Alcib. p. 206.

yeurs. Il réfolut de mériter l'un & l'autre par
des fervices fignalés, & de ne revoir Athènes que
lorfqu'il pourroit y rentrer avec gloire.

(1) Suivi de fes fuccès ordinaires, il fembloit
porter par-tout avec lui la victoire. Les Péloponnéfiens conftamment défaits fur terre & fur mer,
furent réduits à la plus grande détreffe, & Alcibiade rentra triomphant dans fa patrie, après
lui avoir rendu l'empire de la mer. Sa brillante
entrée dans Athènes fut décorée des trophées
de deux cents vaiffeaux de guerre qu'il avoit pris
ou brûlés, & d'un très-grand nombre de prifonniers (2). Ses concitoyens le reçurent avec les applaudiffemens & les honneurs qu'il avoit mérités.
Le peuple éclairé par la nouvelle face que les
affaires prenoient fous l'adminiftration d'Alcibiade,
déplorèrent la défaite de la Sicile & fes fuites malheureufes qu'il imputa toutes à l'injufte & funefte
méfiance qui avoit empêché de confier le commandement général à un chef fi habile & fi fortuné.

Cependant la fortune de ce grand homme
toujours flottante, fembloit ne vouloir lui

---

(1) Plut. ibid. p. 207, 208.
(2) Plut. ibid. p. 209.

donner de place qu'aux deux extrémités de fa
roue (1) ; & Plutarque obferve que fi jamais un
homme dut fa perte à l'excès de fa gloire, ce fut
Alcibiade; car les Athéniens avoient conçu une
fi grande idée de fes talens & de fa valeur qu'ils
le croyoient abfolument invincible. Il en réfultoit
que, perfuadés qu'il n'y avoit rien de fi difficile
qu'il ne pût furmonter, ils imputoient tous les
manques de fuccès à fa mauvaife volonté ou à fa
négligence. Ainfi, lorfque dans cette même campagne il défit près d'Andros les flottes réunies
des habitans de cette île & des Lacédémoniens,
fes ennemis profitant de ce qu'il n'avoit pas pris
la ville, renouvellèrent leurs anciennes accufations, & le peuple y prêta l'oreille, parce qu'il
fe croyoit déjà maître de Chios & de la totalité
de l'Ionie. Les Athéniens fembloient perfuadés
que les conquêtes d'Alcibiade devoient marcher
de front avec les élans de leur imagination. Ils
ne firent pas la moindre réflexion à l'état délabré
de leurs finances qui réduifoit fouvent le général
à quitter fon armée pour fe procurer de l'argent
& des provifions, tandis que les ennemis trouvoient toutes ces reffources dans le tréfor de la

_____

(1) Ibid. p. 211.

Perſe. Ce fut une de ces excurſions néceſſitée par le beſoin d'argent qui perdit Alcibiade. Il confia le commandement de ſa flotte à Antiochus, habile marin, mais trop préſomptueux & fort incapable à tous les autres égards de remplacer ſon commandant. Alcibiade lui défendit poſitivement de combattre les ennemis, ſous quelque prétexte que ce fût, durant ſon abſence ; mais l'imprudent Antiochus en tint ſi peu de compte, qu'il ſortit avec un petit nombre de vaiſſeaux pour braver Lyſandre, l'amiral des Lacédémoniens ; & cette faute entraîna une affaire générale dont l'événement fut la mort d'Antiochus tué dans le combat, la défaite des Athéniens qui perdirent un grand nombre de vaiſſeaux, & un monument élevé par les Lacédémoniens en l'honneur de leur victoire. Alcibiade informé de ce malheur, revint précipitamment à Samos, & tâcha de rengager une action déciſive ; mais le général lacédémonien connoiſſoit trop l'homme qu'il avoit en tête pour haſarder un ſecond combat.

Dans ces circonſtances, un nommé Thraſibule (1), ennemi mortel d'Alcibiade, revint prompte-

_____

(1) Thraſibule étoit fils de Thraſon. Thucydide, l'autre du même nom, l'appelloit le fils de Lycus. Thucyd. lib. 8, p. 549, ſect. 75.

ment à Athènes, & l'accusa d'être la cause de la
dernière défaite; il affirma qu'Alcibiade avoit confié
le fort de sa flotte à ses compagnons de débauche,
tandis qu'il rodoit, pour son plaisir, dans les provinces dont il tiroit d'énormes contributions pour
les dissiper au jeu, ou avec des femmes, dans ses
orgies.

Qn l'accusa en outre, au même instant, d'avoir
fortifié Bysanthe (1), pour lui servir d'asyle dans
l'occasion; & ses ennemis en conclurent, qu'il
ne pouvoit pas ou ne vouloit pas se fixer dans sa
patrie.

L'inconstance & la jalousie étoient les principaux traits caractéristiques du peuple d'Athènes.
Il donna aveuglément confiance aux suggestions
des ennemis d'Alcibiade, & le destitua de son
commandement.

Thucydide (2), en parlant de la manière dont
ses compatriotes avoient traité Alcibiade, relativement à la mutilation des statues, impute la
ruine de sa patrie à l'envie qui poursuivit cons-
tamment ce grand général dans ses succès, comme
dans ses revers. Les grands services qu'il rendit à

_____

(1) Ville de la Thrace.
(2) Thucyd. lib. 6, p. 387, sect. 15.

fon pays , ne purent pas lui faire pardonner les vices éclatans de fa vie obfcène. La haine de ceux qu'il avoit offenfés lui enleva le commandement , pour le confier à des mains inhabiles , & la république ne tarda pas à être la victime de leur incapacité.

(1) Tydée, Ménandre & Adimante, les nouveaux généraux de la flotte athénienne , alors dans la rivière d'Enos , avoient l'imprudence d'appareiller tous les matins dès le point du jour , pour défier Lyfandre qui croifoit dans le voifinage de Lampfaque. A leur retour de cette courfe préfomptueufe , ils paffoient le refte du jour fans ordre , fans difcipline , & fans s'occuper de ce que pouvoit faire un ennemi qu'ils méprifoient. Alcibiade alors à portée d'eux , & convaincu du danger de leur conduite , vint les avertir des inconvéniens du lieu où ils tenoient leur flotte , & du danger de laiffer leurs équipages s'écarter. Il ajouta que Lyfandre étoit un ennemi expérimenté & vigilant qui favoit profiter de tous fes avantages ; mais l'aveugle vanité fit méprifer fes confeils ; fes fucceffeurs le traitèrent avec arrogance. Tydée, l'un

_____

(1) Plut. vit, Alcib. p. 211, 212.

d'eux (1), lui ordonna durement de se retirer ; & lui dit insolemment qu'il étoit commandant, & n'avoit pas besoin de ses conseils. Les craintes d'Alcibiade furent bientôt justifiées : tandis que leurs soldats & leurs matelots éloignés, se livroient à la joie, Lysandre attaqua brusquement la flotte des Athéniens, & remporta une victoire si complette, qu'il ne s'en échappa que huit vaisseaux qui prirent la fuite dès les commencemens de l'action. Lysandre, qui savoit également vaincre & profiter de la victoire, força peu de temps après Athènes de se rendre à discrétion.

Maître de la ville, il brûla tous les vaisseaux ; mit une garnison dans la citadelle, & démolit tout ce qui restoit des fortifications. Quand il eut dépouillé les Athéniens de tous leurs moyens de défense, il abolit leur constitution, & les abandonna à la merci de trente gouverneurs de son choix, & très-connus dans l'histoire, sous la dénomination des trente tyrans.

Cette tyrannie fut de courte durée, mais d'une barbarie qui fait frémir d'horreur. Les tyrans sacrifièrent à leur terreur tous ceux qui leur

(1) Plut. in vit. Lysand. p. 441.

paroissoient suspects , & tous les riches.à leur
avarice ; & si on peut en croire Xénophon (1) ,
les trente firent périr plus d'Athéniens que toutes
les forces du Péloponnèse n'en avoient moisson-
nés dans les combats , durant dix années de
guerre : mais le patriotisme ardent de Thrasibule
ne lui permit pas de supporter long-temps (2) le
spectacle de sa patrie sanglante & asservie par des
monstres féroces. Suivi de soixante & dix citoyens déterminés , qui s'étoient réfugiés avec
lui , il s'empara de Phyle (3), forteresse voisine
d'Athènes ; & y ayant été joint par un grand
nombre de ses compatriotes qui accouroient à lui
de toutes parts , il se saisit du Pyrée (4). Les
trente tyrans firent en vain tous leurs efforts pour
l'en déloger. Deux d'entr'eux (5), Cretias &

_____

(1) Xenophon , Hellenie. lib. 2 , p. 370 , edit. Le-
wenel. Basil.

(2) Probablement le fils de Lycus , dont Thucydide
fait mention , qui eut si grande part à la destitution
des quatre cents , & à la restauration de l'ancienne constitution.

(3) Xenoph. ibid. p. 367.

(4) Xenoph. ibid. p. 368.

(5) Ibid. p. 370.

Hippomache,

Hippomache, périrent dans ce combat opiniâtre.
Le peuple reprit courage , chaffa les tyrans de
la ville (1), & choifit dans chacune des tribus ,
des magiftrats pour les remplacer. Les tyrans demandèrent du fecours à Lyfandre , qui vint avec
une flotte inveftir le Pyrée, & réduifit Thrafibule &
fes compagnons à une extrême difette de fubfiftances. Ils étoient refferrés dans le Pyrée ; &
quoique le peuple eût chaffé les tyrans , il refufoit encore de recevoir fes libérateurs dans la ville.
Mais Paufanias (2), un des rois de Sparte qui
commandoit l'armée de terre dans cette expédition, jaloux de la réputation que Lyfandre avoit
acquife , gagna deux des éphores qui l'accom-
pagnoient , & accorda, malgré lui , la paix aux
Athéniens.

Paufanias reconduifit à Sparte fon armée ; & les
tyrans (3) perdant tout efpoir de fecours, prirent
à leur folde des troupes étrangères , & réfolurent
de reprendre par la force le pouvoir dont on les
avoit récemment dépouillés. Informé de leur
deffein , Thrafibule fortit avec toutes fes forces,
& s'étant approché des tyrans fous le prétexte

_____

(1) Ibid. p. 371.
(2) Ibid. p. 372-373.
(3) Ibid. p. 375.

d'entrer en pourparler, il s'en faifit & leur fit donner la mort qu'ils avoient fi bien méritée. Après leur exécution, Thrafibule fit proclamer une amniftie générale. Cette mefure falutaire arrêta l'effufion du fang & rendit à fon pays la paix & la liberté.

La fin de la guerre du Péloponnèfe peut être auffi confidérée comme la fin de la gloire d'Athènes ; car, quoique par le fecours des Perfes cette république ait encore confervé quelqu'influence, elle n'eut cependant qu'une très-courte durée. Les mœurs du peuple étoient confidérablement dégénérées ; & l'extrême rareté des grands hommes, fi remarquable dans le refte de leur hiftoire, attefte, à la fois, les progrès & le degré de leur dépravation. Conon, qui s'étoit échappé avec huit vaiffeaux de la bataille où Lyfandre avoit fi complétement détruit la flotte des Athéniens, avoit fait fentir au monarque Perfan combien il étoit intéreffé à foutenir les Athéniens. Il obtint en leur faveur le commandement d'un armement confidérable ; & l'artificieux Tithrauftes, (1) général des forces perfanes en Afie, excita contre les Lacédémoniens une confédération for-

---

(1) Xenoph. lib. 3 , p. 392.

midable, en diſtribuant à propos de fortes ſommes
d'argent aux principaux chefs des républiques de
la Grèce. Çonon (1) défit totalement la flotte
lacédémonienne commandée par Piſandre, & re-
bâtit avec l'argent des Perſans, les murs (2) &
les fortifications d'Athènes que Lyſandre avoit fait
démolir. Les Lacédémoniens (3) jaloux de la puiſſance renaiſſante des Athéniens, qui ſembloient
aſpirer à rétablir leur ancienne grandeur, firent
aux Perſans des offres ſi avantageuſes par l'entre-
miſe d'Antalcidas, leur amiral, qu'ils les attirèrent
de nouveau dans leur parti. Conon (4) fut rappellé & empriſonné d'après les ſuggeſtions d'Antalcidas qui l'accuſoit d'être ſecrétement l'ennemi
des Perſans, & d'avoir dilapidé ou tourné à ſon
profit l'argent deſtiné au rétabliſſement des fortifications d'Athènes. Les Athéniens envoyèrent
Thraſibule leur libérateur avec une flotte de quarante voiles pour en impoſer aux Lacédémoniens;
il réduiſit quelques villes qui s'étoient livrées à
l'ennemi; mais il périt par la main des Rhodiens,

---

(1) Xenoph. lib. 4, p. 404.
(2) Ibid. p. 420.
(3) Ibid.
(4) Ibid. p. 421.

dans une entreprise malheureuse qu'il fit contre
leur île. Justin prétend que Conon (1) fut exécuté par les Perses, dans la ville de Suze. Xénophon son contemporain n'en parle point ; mais
quelqu'ait été le fort de Conon, il est certain
qu'on ne trouve plus son nom dans l'histoire.
Après la mort de ces deux grands hommes, on
ne rencontre plus jusqu'au temps de Démosthènes
(2) & de Phocion, qu'Iphicrate & Timothée,
le fils de Conon, dont les caractères soient dignes
de notre estime. L'esprit militaire des Athéniens
s'anéantit à mesure qu'ils se livrèrent au luxe &
à la corruption. L'amour des jouissances & l'insatiable avidité des plaisirs remplacèrent les sentimens généreux qui ne connoissoient point d'autre
objet que la gloire & la liberté de la patrie. En
suivant l'origine des vertus publiques jusqu'à leur
première source ; en examinant avec attention les
différens effets produits successivement par l'influence des différentes passions, nous pourrions
facilement rendre compte de la funeste métamorphose d'une république autrefois si glorieuse ; &

_____

(1) Just. in vit. Conon.
(2) Persius, satyr. 1.

une courte digreſſion ſur ce ſujet ne paroîtra
peut-être ni inutile ni faſtidieuſe.

De toutes les paſſions humaines, l'ambition eſt
ſans contredit celle qui peut produire le plus de
bien ou le plus de mal dans ce monde. Le deſir
d'être admiré & applaudi ſemble être inné chez les
hommes, & les accompagne depuis le berceau juſ-
ques dans la tombe. Tous les hommes ſont jaloux
des diſtinctions, & voudroient s'aſſurer dans ce
monde une ſorte d'immortalité. Lorſque le deſir
d'être admiré & applaudi eſt la ſeule fin que l'ambition ſe propoſe, il devient la paſſion dominante.
Toutes les autres paſſions ſont forcées de la ſeconder & de s'occuper excluſivement des moyens
qui peuvent conduire à la fin qu'elle ſe propoſe.
Mais cette paſſion pour la renommée & pour une
vie imaginaire qui ne peut exiſter que dans l'opinion des autres, eſt-elle eſtimable ou criminelle,
utile ou frivole? c'eſt ce qu'on ne peut juger
que par l'examen des moyens dont elle ſe ſert,
& ces moyens ſeront toujours dirigés vers les
objets qui ſont en poſſeſſion d'obtenir pour le
moment les applaudiſſemens généraux. D'après
ce principe, quelque différence qu'il y ait entre
les moyens, l'effet ſera toujours le même depuis
le héros juſqu'au danſeur de corde, depuis le
fondateur d'une conſtitution juſqu'à l'inventeur

d'une nouvelle coupe de robes ou d'habits ; & c'eſt bien certainement le même principe dirigeant vers la même fin qui fit incendier le temple de Diane par Eroſtrate , & le monde entier par Alexandre.

Rien ne peut indiquer plus ſûrement les mœurs régnantes d'un peuple à des époques différentes , que les objets ou qualités qui obtiennent par préférence l'admiration générale à ces époques différentes. Car comme ces objets de l'admiration générale conſtituent évidemment le goût général du peuple ou de la nation , & comme ce ſont. toujours les grands ou les citoyens marquans qui donnent la première impulſion au goût général du peuple ; ſi les qualités ou objets ſuivis d'applaudiſſemens méritent réellement l'eſtime , l'exemple des grands ou des hommes en place influera néceſſairement ſur la claſſe inférieure : ſi , au contraire, ils ſont vicieux ou frivoles, ils ſeront également adoptés, aveuglément par la multitude qui ſera promptement imbue de la même contagion.

Or , pour fixer notre jugement ſur la vertu ou ſur la corruption d'un peuple à différentes époques de ſon exiſtence, il ne peut exiſter de meſure plus juſte que l'examen du caractère des hommes qui ont joui de l'admiration générale

à ces époques différentes. L'analyse de ces principaux caractères, l'examen fuivi de leurs vues
dans toutes leurs actions; le développement des
refforts qu'ils mettoient fecrétement en ufage pour
parvenir à leurs fins, eft, dans mon opinion, la
plus utile partie de l'hiftoire. Comme la nature
des qualités ou objets en faveur dépend toujours
des mœurs du peuple, elle dirige néceffairement
l'opinion générale, & continue d'influer fur celle
des générations fuivantes, jufqu'à ce que quelques
objets nouveaux faffent oublier peu-à-peu les anciens
en obtenant à leur tour la préférence. On connoîtra
donc fans beaucoup de difficulté les mœurs régnantes d'un peuple ou d'une nation, fi l'on examine avec attention le grand ou petit nombre
d'hommes vertueux ou corrompus que l'on rencontre dans les différentes périodes de fon hiftoire;
car le plus grand nombre fait naturellement des
efforts pour fe diftinguer par les qualités ou
moyens admirés de fon temps par préférence.
Cette étude peut auffi fervir à obferver l'ordre de
progreffion dans laquelle les mœurs d'un peuple
ont frayé le chemin à une grande révolution
dans fon gouvernement ; car une grande innovation ne peut s'opérer dans un gouvernement que
par la violence ou par des forces étrangères, à
moins que les mœurs régnantes du peuple & fes

I 4

opinions ne foient mûres pour un pareil changement. En conféquence, comme les mêmes caufes
produifent toujours les mêmes effets; lorfque nous
voyons prévaloir parmi nos compatriotes des mœurs
femblables à celles qui précédèrent la deftruction du
gouvernement d'un peuple libre, nous pouvons
facilement prévoir le fort prochain de notre conftitution. Dans les premiers temps des républiques
de la Grèce, lorfque la néceffité d'une défenfe
continuelle eut imprimé au caractère du peuple
une fermeté & une intrépidité inébranlables, &
que la durée de cette même néceffité en eut formé
une habitude, l'amour de la patrie devint bientôt
l'objet régnant des applaudiffemens & de l'admiration générale ; & comme tous ceux qui
étoient jaloux d'obtenir cette admiration eurent
naturellement le defir d'employer les moyens les
plus fûrs pour y parvenir, l'amour de la patrie,
ou les actions qui annonçoient cet amour, fe
multiplièrent de toutes parts. Tout le peuple de
ces états pratiqua avec enthoufiafme les généreux
principes des vertus publiques. Les richeffes n'a-
voient alors aucun prix ; les jouiffances du luxe
étoient inconnues ou méprifées ; & des peuples
courageux recherchoient & embraffoient les fatigues, les dangers, & même la mort avec joie,
pour obtenir l'objet exclufivement chéri de leur

ambition glorieufe. Il en réfulta que les générations de ces temps produifirent une race de légiflateurs & de héros patriotes. Ce généreux principe donna naiffance à des féminaires de bravoure & d'émulation, fous la dénomination de jeux olympiques, ifthmiens, & où une fimple olive, ou une couronne de lauriers accordée au vainqueur, le flattoit plus que les titres & les plus brillantes décorations de notre ambition moderne. J'ajouterai auffi que comme les premiers étoient invariablement le prix du mérite perfonnel, ils donnoient un luftre fort différent à ceux qui en étoient décorés. Les honneurs obtenus dans ces jeux devinrent bientôt le fujet de toutes les poéfies, & les charmes de la mufique vinrent embellir ces poëmes. Des panégyriques, ornés de tout l'art de l'éloquence, furent les fupplémens flatteurs de la fidélité de l'hiftoire; la peinture, la fculpture & tous les arts concoururent à perpétuer le fouvenir des vainqueurs. Ces grands motifs d'émulation excitèrent la jeuneffe de la Grèce à fuivre les traces des héros inftituteurs de ces jeux célèbres, & firent naître ce goût rafiné des fciences & des arts, qui produifit les chef-d'œuvres dont les reftes inimitables frappent encore nos yeux d'étonnement & d'admiration.

Le goût des arts obtint auffi les applaudiffe-

mens, & fupplanta bientôt les objets qui l'avoient
fait naître. La poéſie, l'éloquence & la muſique
devinrent également des ſujets d'émulation dans
les jeux publics ; elles obtinrent des couronnes,
& frayèrent une nouvelle route à l'immortalité.
Chacun étoit conduit par le deſir de la renommée.

Celui qui déſeſpéroit d'y arriver à travers les
dangereux ſentiers de la gloire militaire (1),
donnoit la préférence aux chemins récemment
ouverts, & fut bientôt ſuivi d'une nombreuſe foule
d'imitateurs. Des rois (2) eurent recours à la
poéſie, & d'autres princes à des inſtrumens de
muſique. On commença à faire uſage de l'or pour
corrompre les juges des jeux publics, & faire
proſtituer à des hommes ſans mérite les couronnes
deſtinées à récompenſer les talens ſupérieurs. Ce
nouveau goût prévalut plus ou moins dans toutes
les républiques de la Grèce, à l'exception de
Sparte ; mais il fit ſes plus rapides progrès à Athènes, où les muſes & les graces ſembloient vouloir
fixer leur réſidence.

---

(1) Lucien, p. 328, édit. Bourd. 1615.

(2) Denis, tyran de Syracuſe. Diodor. de Sicile,
liv. 14, p. 318-319.

Ainſi un nouveau goût introduit par de nouveaux objets d'émulation produiſit dans les mœurs
des Athéniens une métamorphoſe funeſte qui con-
courut fortement à la ruine de leur république ;
car les mœurs athéniennes, devenues plus polies,
devinrent auſſi beaucoup plus vicieuſes ; & les
vertus publiques ceſſèrent peu-à-peu d'être les
objets de l'admiration & de l'émulation générales.

Les Athéniens ayant donné la préférence à la
poéſie dramatique, elle devint un objet d'émulation ſi violente, qu'Eſchyle ſe trouvant en rivalité avec Sophocle, mourut de douleur d'avoir vu
accorder le prix à ſon compétiteur(1).Quoique nous
ſoyons redevables d'une infinité de chef-d'œuvres
de ce genre encore exiſtans, à la paſſion des
Athéniens pour les pièces de théâtre, il n'eſt pas
moins vrai de dire que ce nouveau goût contribua beaucoup à la ruine de leur république.

Juſtin (2) nous apprend que les vertus publiques
des Athéniens commencèrent à décliner immédiatement après la mort d'Epaminondas. N'étant
plus réveillés par la vertu de ce grand homme

---

(1) Plut. vit. Cim. p. 483.
(2) Juſtin, p. 67, édit. Elzevir.

qui avoit aiguillonné long-temps leur ambition ;
ils tombèrent dans une forte de léthargie & fe
livrèrent à une indolence efféminée. Les revenus
publics, deftinés aux befoins de la flotte & de
l'armée, furent diffipés en fêtes & en réjouiffances.
Les théâtres devinrent le principal objet de l'attention , & le peuple déferta les camps pour
s'y porter en foule. Ce n'étoit plus le brave
amiral ou le général habile que les louanges du
peuple portoient aux nues, mais le compofiteur
d'un drame admiré, ou l'acteur qui y avoit joué
un rôle à la fatisfaction de l'affemblée. Tandis
qu'on proftituoit aux poëtes & aux hiftrions les
honneurs rendus précédemment aux héros & aux
patriotes, la valeur & les talens militaires n'obtenoient qu'une foible confidération ; & la paie
du matelot & du foldat fervoit à engourdir les
citoyens dans les plaifirs efféminés de leur indolence. Il en réfulta, dit Juftin, que l'habile Philippe, profitant de l'apathie des Athéniens dont
l'intrépide activité avoit fi long-temps fervi de
rempart à la Grèce, tira fon royaume autrefois
impuiffant de fon ancienne obfcurité, & finit par
dépouiller toutes les villes de la Grèce de leur
indépendance.

En examinant fi les Athéniens fe diftinguèrent
plus dans les arts pacifiques que dans celui de la

guerre, Plutarque (1) blâme févérement leur infatiable avidité pour les fêtes & les réjouiffances.
Il affure que les repréfentations des feules tragédies
de Sophocle & d'Euripide coûtèrent plus d'argent à leur république que toutes les guerres
qu'elle foutint contre la Perfe, pour la défenfe
de la liberté & de la fûreté communes. Il cite, à
la honte des citoyens d'Athènes, la judicieufe réflexion d'un Lacédémonien qui fe trouvoit préfent à ce fpectacle. Elevé dans un pays où la vertu
publique étoit encore confidérée comme la vertu
par excellence, & ne pouvant pas contempler
fans indignation la ridicule affiduité des magiftrats
qui préfidoient aux fpectacles, & les frais immenfes qu'exigeoient les décorations d'une nouvelle tragédie, il dit franchement aux Athéniens
qui l'environnoient (2) : « qu'il étoit honteux de
» proftituer ainfi fon temps & fon attention à des
» bagatelles, tandis qu'on devoit réferver l'un &
» l'autre pour les foins intéreffans de la chofe pu-
» blique ; & qu'il n'étoit pas moins criminel de
» diffiper pour des décorations & d'autres ba-
» bioles, des fommes fuffifantes pour équiper

---

(1) Plut. de Glor. Athen. p. 349, vol. 2.
(2) Plut. Sympofiac. p. 710.

» une flotte ou approviſionner une armée. Il
.» ajouta que des paſſe-temps devoient être traités
» comme tels; mais qu'il ne concèvoit pas com-
» ment des hommes de bon ſens pouvoient en
» faire leur affaire principale, & y ſacrifier les
» choſes les plus néceſſaires à la ſûreté de leur
» pays ».

Si ce vénérable philoſophe, ſortant de ſa tombe,
pouvoit venir jetter un coup-d'œil ſur les mœurs
régnantes de mes compatriotes (1), il les trouveroit exaɛtement ſemblables à celles des Athéniens
dans les temps qui précédèrent immédiatement
leur ſoumiſſion à la Macédoine. S'il a cru devoir
blâmer les Athéniens du temps & de l'attention
qu'ils donnoient aux drames mâles & décens de
Sophocle & d'Euripide, que ne diroit-il pas de
nos nombreux ſpeɛtacles efféminés & obſcènes, de
nos farces & nos pantomimes ridicules & dégoûtantes? Ne prononceroit-il pas avec vérité que
nous ſurpaſſons de beaucoup les Athéniens dans
tous les genres de folie & de corruption? La cenſure de Plutarque ne tomboit point ſur leur goût
pour les incomparables produɛtions de leurs
poëtes, mais ſur l'excès de leur paſſion pour les

---

(1) Les Anglois.

fpectacles en général; fur la petiteffe & la ridicu-
lité de mettre plus d'importance au fort d'une
nouvelle pièce de théâtre, ou aux prétentions de
deux acteurs, qu'aux plus preffans dangers de
leur patrie; & que penferoit-il des premiers citoyens de notre pays, s'il les avoit vus, au lieu
de ranimer dans ces dangers preffans, par leur
exemple, l'efprit abattu de leurs compatriotes,
aller fredonner tranquillement une ariétte à l'o-
péra; s'il étoit informé que ce fpectacle eft fi peu
convenable au peuple & au climat de notre pays;
qu'on eft toujours réduit à recruter très-difpen-
dieufement le rebut des chanteurs de l'Italie; tandis que de toutes parts on n'entend ici que les
gémiffemens de l'indigence, les lamentations fur le
poids intolérable des impôts, fur la décadence du
commerce, fur la difficulté de lever les taxes indifpenfables aux befoins publics, fur la dette publique,
immenfe & toujours croiffante, qui nous menace
d'une banqueroute prefque inévitable, & fur le
luxe & le fafte infolent que des hommes infoucians
ofent afficher dans ces circonftances ?

Cette étrange métamorphofe dans les mœurs
athéniennes commença, dit Plutarque (1),

─────────────────────────

(1) Plut. in vit. Pericl. p. 156.

à se faire appercevoir sous l'administration de Périclès. Il résolut de supplanter Cimon considéré par ses victoires & les services rendus à sa patrie, comme le premier citoyen de la république. Sa fortune le mettoit à portée de faire au peuple des distributions pécuniaires, au moyen desquelles il maintenoit son influence & sa popularité. Périclès, fort inférieur à lui pour l'opulence, ne pouvoit point rivaliser sa magnificence & ses libéralités; mais il inventa un autre expédient pour gagner le peuple. Une loi qu'il obtint accordoit à tous les citoyens une gratification du fisc pour son droit de présence, non-seulement aux cours de judicature & aux assemblées des états, mais même aux spectacles des théâtres, des jeux publics, & des sacrifices. Périclès eut ainsi l'adresse d'acheter le peuple avec son propre argent. Un grand nombre d'ambitieux & d'hommes d'état ont imité depuis cet exemple avec le même succès; & c'est moins à leurs talens qu'à cette ressource perfide que plusieurs de nos ministres modernes ont été redevables d'une longue administration qui leur a facilité les moyens de réduire la corruption en système. Démosthènes nous apprend que cette corruption métamorphosa totalement les Athéniens en très-peu d'années. Les fonds de la marine & de la guerre furent exclusivement appliqués aux

frais

frais des théâtres & des fpectac!es. Les officiers
ne calculant plus que leur rang & leur paie,
devinrent proprement dits des mercenaires (1).
L'émulation ne confiftoit plus à favoir celui qui
ferviroit le mieux fa patrie, mais celui qui ob-
tiendroit l'emploi le plus lucratif. Le peuple accoutumé aux douceurs de la corruption, & énervé
par les jouiffances & les vices d'une ville où prefque tous les jours étoient des jours de fêtes,
prit en averfion les fatigues & les dangers
de la guerre qu'il ne confidéra plus que comme
un efclavage infupportable & aviliffant pour
la dignité d'un peuple libre. La défenfe de
l'état fut confiée à des mercenaires étrangers qui
fe comportèrent avec la plus grande lâcheté. De
tous les chefs ou magiftrats de la république, Démofthènes & Phocion étoient les feuls qui réfif-
taffent à l'or de la Macédoine; les autres ne rougiffoient pas même d'être connus publiquement
pour les penfionnaires de Philippe , & d'avouer
leur turpitude. Dans ces circonftances alarmantes,
Démofthènes informa fans ménagement le peuple
des vues ambitieufes de Philippe , & des dangers

_____

(1) Plut. in vit. Phocion. p. 744. Item Demofthen;
Olynth. 2. p. 25, edit. Wolf. 1604.

K

de fa fituation (1). Il emploýa toute la magie de fa vigoureufe éloquence pour tirer les Athéniens de l'indolente apathie où les jouiffances du luxe & les louanges perfides de leurs démagogues les avoient plongés.

Il leur démontra que le généreux principe qui avoit maintenu la liberté de la Grèce & triom-phé fi long-temps des forces & de l'or des Per-fans, confiftoit dans la haine & le mépris de leurs ancêtres pour toute efpèce de corruption ; que dans ces temps de vertus publiques on auroit confidéré comme un crime capital de recevoir un préfent d'une puiffance étrangère ; que fi on eût convaincu un citoyen de cet excès de baffeffe, & fur-tout d'être vendu à un prince qui méditoit la ruine de la Grèce, il auroit été exécuté fans rémiffion, & fon nom dévoué à une éternelle infamie : mais que les hommes d'état & les généraux de ces heu-reux temps n'avoient pas même l'idée de ce trafic infame, & devenu fi commun, que la renom-mée, la réputation, la liberté & la fûreté de la patrie fe vendoient publiquement tous les jours au plus offrant & dernier enchériffeur (2). Dé-

_____

(1) Demofth. orat. in Philipp. 3. p. 85 - 92.
(2) Demofth. ibid.

mofthènes déploya enfuite toute fon éloquence; aidée de la force des argumens, pour perfuader au peuple de céder les fonds, dont il s'étoit emparé, à l'entretien de la marine & de l'armée, auquel ils avoient été primitivement deftinés, & qu'on employoit depuis le temps de Périclès à défrayer la dépenfe des théâtres. Il fit fentir le danger de confier le falut de l'état à des troupes mercenaires qui l'avoient toujours fi mal fervi. Il ajouta que les Olynthiens, leurs alliés, exigeoient que les forces envoyées à leur fecours, ne fuffent point compofées de fatellites foudoyés, mais de citoyens nés à Athènes, attachés à la gloire de leur pays & à la caufe commune. Le parti vendu à Philippe combattit ces deux motions avec chaleur; & comme le peuple étoit peu difpofé à céder, même pour les befoins les plus urgens de la république, les fonds qui fervoient à l'entretien de fes plaifirs, la première motion fut écartée; & quoique les efforts de Démofthènes euffent fait admettre la feconde, les démagogues foudoyés par Philippe firent réduire les fecours accordés aux Olynthiens à un très-petit nombre, & nommer pour chef de l'expédition (1) Charès, leur créa-

---

(1) Plut. in vit. Phocion. p. 747.

K 2

ture, afin de prouver au roi de Macédoine qu'ils ne négligeoient point l'occafion de gagner leur argent. La petite troupe envoyée à Olynthe ne laiffa pas d'y avoir des fuccès ; mais l'éloquence de Démofthènes n'ayant pas pu faire confentir fes compatriotes à faire des efforts plus vigoureux,en faveur de leurs alliés, Olynthe fut vendue l'année fuivante au roi Philippe (1), par la perfidie de Lafthènes & d'Euthycrates, deux des principaux chefs de cette république. Philippe continua fes ufurpations fur les alliés d'Athènes ; tantôt cajolant, & tantôt menaçant les Athéniens, felon les circonftances, & toujours par les démagogues, fes penfionnaires. Mais enfin la double attaque qu'il fit.à la fois fur Perynthe & fur Byzance dont les territoires fournifloient aux Athéniens leurs principales fubfiftances, leur ouvrit les yeux & les tira de leur léthargie. Ils équipèrent promptement un armement très - confidérable ; mais la faction de Philippe eut encore affez d'influence fur le peuple pour obtenir à Charès la place de commandant.

Charès, vain, préfomptueux, également voluptueux & fordide, fans capacité comme fans cou-

_____

(1) Diodore de Sicile, liv. 16, p. 450.

tage, & uniquement occupé des moyens de s'enrichir, n'importe aux dépens de qui, ne fut point admis dans Byſance. Les habitans qui connoiſſoient
ſes diſpoſitions lui fermèrent leurs portes. Irrité
d'un affront auquel il ne s'attendoit pas, il employa
ſon temps à parcourir les côtes, déteſté de ſes
alliés qu'il pilloit, & mépriſé des ennemis dont
il n'avoit le courage de s'approcher. Les Athéniens convaincus de leur mauvais choix, deſti-
tuèrent Charès & lui donnèrent Phocion pour
ſucceſſeur. Le brave & habile Phocion fut reçu
à bras ouverts par les Byſantins, & prouva bientôt à ſes compatriotes la ſupériorité de ſes talens
ſur ceux de Philippe. Il chaſſa non-ſeulement le
Macédonien du territoire de tous leurs alliés;
mais après lui avoir fait eſſuyer de très-grands
échecs, il l'obligea de ſe retirer précipitamment
dans ſon royaume, où Phocion fit avec ſuccès
pluſieurs incurſions glorieuſes. Philippe réſolu d'humilier un peuple qui mettoit le principal obſtacle
à ſes vues ambitieuſes, jetta le maſque, & conduiſit une armée droit ſur Athènes. Démoſthènes
reprit heureuſement dans cette occaſion ſon ancienne influence, & décida ſes compatriotes à joindre aux Thébains toutes les forces qu'ils pourroient
raſſembler. Philippe, déconcerté par cette confédération redoutable, envoya un ambaſſadeur porter

K 3

des paroles de paix aux Athéniens, & les affurer qu'il vouloit vivre avec eux en bonne intelligence. Phocion, inquiet du fort d'une guerre qu'il favoit que fes compatriotes n'auroient pas la conftance de foutenir, & où la perte d'une feule batail'e pouvoit devenir funefte, les preffa vivement de conclure la paix. Mais le zèle véhément de Démofthènes emporta la balance. Phocion fut non-feulement infulté par le peuple, mais même deftitué de fon commandement. On nomma pour le remplacer Lyricles, homme hardi, mais ignorant & préfomptueux, & ce même Charès dont on avoit récemment éprouvé l'incapacité & le défaut de courage (1). Comme Démofthènes avoit été le principal promoteur de cette guerre, & qu'il conduifoit alors l'adminiftration publique, on ne peut imputer ce changement funefte qu'à fon defir de fe venger de Phocion, pour s'être oppofé à fes mefures. Phocion, qui avoit fouvent battu Philippe avec des forces inférieures, étoit fans contredit le plus grand général de fon fiècle & le feul que Philippe redoutoit. La conduite de Démofthènes dans cette occafion paroît fi inexplicable à Plutarque (2), qu'il impute ces évé-

(1) Diodor. Sicul. lib. 16, p. 476.
(2) Plut. in vit. Demofth. p. 854.

nemens & leurs fuites à la fatalité qui conduit
toutes les affaires de ce monde, & qui avoit fixé
un terme à la liberté de la Grèce (1). La bataille
de Chéronée prouva bientôt aux Athéniens la
fageffe de Phocion & leur propre folie dans le
choix de leurs généraux. On combattit de part &
d'autre avec une bravoure opiniâtre, & les confédérés firent tout ce qu'on pouvoit attendre d'eux
dans cette occafion; mais malgré les plus grands
efforts, l'incapacité des généraux athéniens entraîna
la défaite de l'armée. Philippe s'appercevant d'une,
faute importante que (2) Lyricles commit au fort
de l'action, fe tourna froidement vers fes officiers,
leur fit remarquer que les Athéniens ne favoient
plus vaincre, & donna promptement les ordres
néceffaires pour profiter de cet avantage. Les
Athéniens furent totalement défaits,& cette journée
mit un terme à l'indépendance & à la liberté de la
Grèce (3).

Telle fut la fin de la république d'Athènes dont

---

(1) Polyœn. Stratagem. lib. 4, c. 3, p. 311.

(2) Polyœnus nomme ce général Stratocles.

(3) Hic dies univerfæ Græciæ, & gloriam domina-
tionis & vetuftiffimam libertatem finivit. Juftin. lib. 9,
p. 79, edit. Elzevir.

la deſtruction entraîna la ruine de toutes les républiques de la Grèce. Sa décadence commença ſous
l'adminiſtration de Périclès qui introduiſit la vénalité parmi le peuple à l'appui de ſon luxe funeſte. Elle fut perpétuée par des orateurs corrompus
qui encouragèrent la corruption pour maintenir
leur influence ; & elle. finit par la rivalité & la
déſunion des deux ſeuls hommes dont les talens
& les vertus pouvoient encore ſauver la république,

La chûte d'Athènes nous préſente toutefois d'u-
tiles inſtructions. Elle nous apprend que l'expédient
le plus efficace dont un miniſtre pervers puiſſe ſe
ſervir pour dompter un peuple brave & libre, eſt
d'encourager le luxe & de propager chez le peuple la paſſion pour les plaiſirs & les réjouiſſances ;
que les excès du luxe & de l'amour des fêtes publiques ſont inévitablement les avant-coureurs de
l'oiſiveté, des vices & de la dépravation. Qu'aucun ſymptôme n'annonce auſſi inconteſtablement
la prochaine ruine d'un état, que lorſque le zèle
aveugle pour un certain parti tient lieu de mérite
& de talens pour parvenir à tous les emplois ;
que ces funeſtes abus ſe propagent & prennent
imperceptiblement des racines dans les temps de
paix & de proſpérité ; & que ſi on en tolère long-
temps les effets naturels, ils mineront & détrui-

ront inévitablement la conftitution la plus floriffante & la plus folide ; que dans les temps de paix
& de profpérité, les jouiffances du luxe & la paffion des plaifirs fe décorent du nom de politeffe,
de goût & de magnificence ; la corruption fe cou-
vrira de différens mafques ; les corrupteurs lui
donneront le nom de politique fage, d'encoura-
gemens pour les partifans de l'adminiftration &
pour l'union mutuelle qui doit régner entre les
trois différens pouvoirs du gouvernement (1).
Les hommes corrompus l'appelleront loyauté,
zèle pour le gouvernement, & prudence pour
pouffer fa propre famille. Dans de pareilles circonftances les effets du mal en propageront naturellement la caufe ; car la corruption multipliera la
circulation des fonds publics, & les jouiffances
du luxe fourniffant quelques bénéfices au commerce intérieur, feront paffer légérement fur les
vices qui les accompagnent toujours (2) ; & lorfque dans cette fituation, un état fe trouve engagé
dans une guerre contre quelque voifin formidable,

_____

(1) C'eft ainfi que Demades appelloit les gratifica-
tions que le fifc accordoit au peuple, la glue ou le
ciment qui réuniffoit toutes les parties de la république. Plut. Quæft. Platon. p. 1011.
(2) La fable des abeilles,

alors, & feulement alors, tous ces maux funeftes paroiffent ce qu'ils font & produifent leurs effets naturels. Les confeils d'un pareil état feront foibles & pufillanimes, parce que l'efprit de parti éloigne de toutes les places de l'adminiftration les citoyens recommandables par leurs talens & leurs vertus, qui n'ont en vue que la profpérité publique.

Si, dans ces circonftances, la voix unanime d'un peuple épuifé par les oppreffions d'une ad-miniftration foible & inique, appelle au gouvernail un patriote habile & vertueux, il verra iné-vitablement fe réunir contre lui les cabales des anciens adminiftrateurs & les clameurs de leur faction corrompue. Plutarque nous donne un exemple frappant de cette vérité dans la vie d'Ariftide.

Lorfqu'Ariftide fut nommé quefteur ou grand tréforier d'Athènes (1), il fit connoître complé-tement aux Athéniens les immenfes fommes volées au fifc par fes anciens tréforiers, & notamment par Thémiftocle qui avoit pouffé fes concuffions plus loin que tous fes confrères. Cette franche dé-nonciation produifit une fi puiffante coalition des anciens déprédateurs, qu'Ariftide s'étant préfenté à

_____

(1) Plut. in vit. Ariftid. p. 320.

la fin de l'année pour rendre les comptes de fon
emploi électif & annuel, Thémiftocle l'accufa publiquement du crime qu'il avoit dénoncé en entrant
en place ; & parvint, au moyen des cabales d'une
faction corrompue, à le faire condamner à une
amende. Mais la partie faine des citoyens d'A-
thènes honteufe d'une iniquité fi évidente, fe raf-
fembla, & remit non-feulement à Ariftide fon
amende après l'avoir acquitté honorablement de
toute inculpation, mais le nomma quefteur pour
l'année fuivante. Dans le cours de cette feconde
adminiftration, Ariftide feignit de changer d'opinion, & changea en effet de conduite. Il laiffa un
libre cours aux fraudes de fes officiers fubalternes,
& ces fangfues ayant commis impunément toutes
leurs déprédations, furent fi fatisfaits d'Ariftide,
qu'ils employèrent tout leur crédit pour le faire
continuer en place une troifième année. Au jour
de l'élection toutes les voix s'étant réunies en fa
faveur, cet honnête homme fe leva avec indignation, & fit au peuple cette réprimande jufte &
févère. « Pour avoir rempli cet office durant la
» première année avec tout le zèle & la fidélité
» d'un homme de probité, j'ai été infulté, ac-
» cufé & condamné; pour avoir laiffé, dans la
» feconde, pleine liberté à tous les voleurs
» ici préfens, de piller impunément le tré-

» for public & de diffiper vos finances; on me
» déclare aujourd'hui miniftre habile & excellent
» citoyen. O Athéniens! je fuis plus honteux des
» honneurs que vous me proftituez aujourd'hui,
» que de la fentence injufte prononcée contre
» moi l'année dernière; & je vois avec douleur
» qu'il eft plus facile de gagner votre faveur en
» vous flattant & en connivant à des infamies,
» qu'en adminiftrant vos revenus avec fageffe &
» fidélité ».

Ariftide préfenta auffi-tôt un état très-circonf-
tancié de toutes les rapines qui avoient été commifes durant la dernière année. Les coupables
qui, quelques inftans plutôt, chantoient fes
louanges, reftèrent muets de honte & de confufion; mais il reçut de tous les bons citoyens les
témoignages d'eftime & d'admiration que méri-
toient fon courage & fon intégrité. Il eft évident,
d'après la relation de Plutarque, qu'Ariftide auroit pu facilement faire aux dépens du public une
fortune égale à celle des adminiftrateurs qui l'a-
voient précédé, comme le font aujourd'hui un fi
grand nombre de miniftres dans nos états modernes. Les officiers fubalternes, qui ne penfoient
qu'à tirer de leur emploi tout le profit poffible,
étoient toujours difpofés à diffimuler les concuffions de leur chef, dont ils avoient par ce moyen

ie droit de réclamer la même indulgence; & cette obfervation n'eft pas feulement applicable à Athènes, mais à tous les gouvernemens dont l'adminiftration eft dans des mains corrompues. L'hiftoire ancienne & moderne fourmille des exemples de cette vérité; & la poftérité fera fans doute les mêmes remarques fur notre fiècle lorfque l'hiftoire lui préfentera le tableau véridique de certaines adminiftrations récentes.

Comment pourroit - on s'étonner du degré de dépravation où la république d'Athènes étoit parvenue du temps de Démofthènes, puifqu'elle étoit déjà fi corrompue du temps d'Ariftide ! Si au moment de fa ruine il eût encore été poffible de la différer, le zèle ardent de Démofthènes, la ftricte économie, l'inflexible intégrité & les grands talens de Phocion auroient pu peut-être lui rendre une partie de fon ancien luftre; mais l'événement a démontré que le luxe, la corruption & les factions qui ont entraîné fa ruine, avoient pouffé des racines trop fortes pour qu'on pût déformais les détruire. L'hiftoire de la Grèce nous fournit à la vérité plufieurs exemples d'une république opprimée par une faction ou par une puiffance étrangère, & rétablie dans fon premier degré de gloire & d'indépendance par le courage & la vertu d'un ou de plufieurs de fes citoyens. Mais en examinant avec attention les moyens dont on s'eſt ſervi pour exécuter ces grandes entrepriſes, nous appercevrons toujours que le peuple conſervoit encore un fonds de vertus ſuffiſantes pour ſeconder les efforts de leurs chefs. Chez un peuple libre, l'eſprit de liberté peut être paſſagérement réduit au ſilence par la violence & la terreur; mais il eſt preſqu'impoſſible de l'anéantir ſans retour. Nous n'avons pas beſoin d'aller chercher dans l'hiſtoire de l'antiquité des preuves de cette vérité importante ; la nôtre n'eſt qu'une ſcène preſque continuelle de luttes & d'efforts entre des princes qui tendoient au pouvoir abſolu, & des peuples courageux réſolus de conſerver leur liberté (1).

Dans tous ces combats, le génie de la liberté a juſqu'à préſent remporté la victoire & redoublé de forces en proportion des obſtacles. Puiſſe-t-il continuer à prévaloir toujours! L'exemple des Provinces - Unies ſuffiroit pour démontrer que l'eſprit de liberté, animé & conduit par les vertus publiques, eſt invincible. De pauvres villages, foiblement peuplés par un petit nombre de pêcheurs, aidés du courage & des vertus d'un grand homme, réſiſtèrent à toutes les forces de la puiſ-

(1) L'Angleterre.

fante maifon d'Autriche, réuffirent à fecouer fa domination & à fe faire bientôt compter parmi les puiffances de l'Europe. Tous les états de cette contrée, fondés par nos barbares ancêtres, furent originairement libres; ils ont tous autant de droit que nous à la liberté ; & foit qu'ils en aient été dépouillés par la rufe ou par la violence, leur droit fubfifte & fubfiftera toujours. Un gouvernement defpotique ne fe maintiendra jamais qu'au moyen d'une armée toujours fubfiftante & toujours aux ordres de la tyrannie ; car on ne peut conferver un pouvoir illégal que par les mêmes moyens qui ont fervi à l'ufurper. La France ne fut foumife à l'efclavage que fous l'infame adminiftration du cardinal de Richelieu; mais la loyauté & le zèle pour la gloire de leur prince femblent être l'efprit public de la nation françoife. Cependant, l'honorable & ferme réfiftance que le parlement de Paris oppofe fouvent aux actes arbitraires de leur monarque, annonce que les François ne s'y foumettent qu'avec beaucoup de peine, & qu'ils parviendront peut-être quelque jour à s'y fouftraire irrévocablement. Le luxe eft l'implacable ennemi des vertus publiques, & par conféquent de la liberté, dont l'efprit s'éteint en proportion de la molleffe & de la corruption des mœurs. Lorfqu'il eft enfin totalement anéanti, le peuple n'eft plus qu'une maffe engourdie, incapable d'être ranimée, & toujours prête à fupporter le joug de celui ou de ceux qui veulent le lui impofer. Thrafibule, Pélopidas, Philopœmen, Aratus, Dion, &c. rétablirent la puiffance & la liberté de leur patrie; parce que dans ces différens états l'efprit public fubfiftoit encore , & que l'oppreffion lui avoit donné une nouvelle vigueur.

Depuis le temps de Phocion, l'hiftoire d'Athènes ne préfente plus qu'une fuite de décrets odieux & des exemples fréquens de la légéreté méprifable & de la fervile adulation de ce peuple abject. Soumife enfin à la domination des Romains, Athènes contribua par fon goût pour les arts & les fciences à civilifer fes vainqueurs ; mais elle ne contribua pas moins à corrompre leurs mœurs par fon infatiable paffion pour les pièces de théâtre.

CHAPITRE III.

CHAPITRE III.

De la République de Thèbes.

LES foibles notions qui nous ont été tranſmiſes ſur les commencemens de cette république, ſont ſi enveloppées de fables qu'elles ſemblent convenir plutôt à la poéſie qu'à l'hiſtoire. Pauſanias (1) nous a laiſſé une liſte de ſeize rois de Thèbes, depuis Cadmus incluſivement; & ce perſonnage doit évidemment être compris dans le nombre des héros fabuleux (2). Pauſanias ſemble en convenir; car il avoue que n'ayant rien pu découvrir de plus authentique ſur leur origine, il s'eſt vu forcé d'avoir recours à la fable. Le même auteur nous apprend qu'après la mort de Xanthus, le dernier de ces rois, les Thébains, dégoûtés de la monarchie, changèrent la forme de leur nouveau gouvernement & ſe conſtituèrent en république. Mais ni Pauſanias, ni aucun autre

---

(1) Pauſani. Græc. deſcript. lib. 9, c. 5, p. 718, edit. Kechnii.

(2) Id. ibid.

hiftorien, ne nous informent de la caufe de cette
révolution, ni de la manière dont elle fut exécutée. Les minces détails relatifs aux Thébains ou
Béotiens, fe bornent à dire qu'ils étoient remar-
quables par leur taciturnité qu'on traitoit de ftupidité, & qui étoit paffée en proverbe (1) ; que
jufqu'au temps de Pélopidas & d'Epaminondas (2),
ils firent peu de progrès dans l'art de la guerre &
dans les fciences ; que la forme de leur gouvernement étoit démocratique, & qu'ils étoient divifés
en factions, comme cela eft inévitable dans tous
les gouvernemens de cette efpèce.

Après la fameufe paix d'Antalcidas, où l'honneur & le véritable intérêt furent facrifiés à l'ambition des Lacédémoniens, tous les états qui refufèrent de concourir à leurs mefures éprouvèrent
les effets de leur reffentiment. Ils avoient forcé
les Thébains d'accéder à ce traité, quoiqu'il les
privât de leur domination fur la Béotie ; & par la
perfidie de la faction ariftocratique, ils s'emparèrent même de la citadelle de Thèbes, & mirent
complétement les Thébains fous leur dépen-

_____

(1) Bœotum in craffo jurares aëre natum. Hor. epift.
1, lib. 2, p. 244.
(2) Plut. in vit. Pelopid. p. 287.

dance. Telle fut leur honteuſe ſituation juſqu'à l'époque où ils ſe déiivrèrent de la tyrannie
intérieure & étrangère, & où les vertus de Pélopidas & d'Epaminondas élevèrent leur patrie à
un degré de gloire & de puiſſance fort ſupérieur à
celui de tous les autres états de la Grèce. J'ai
choiſi cette révolution comme la plus intéreſſante
& la plus digne d'attention, parce qu'elle peut
ſervir à prouver qu'un peuple brave & belli-
queux n'eſt point excluſivement le produit d'un
canton particulier, mais de tous les pays du
monde, lorſque les hommes y ſont élevés dès leur
enfance dans des principes d'horreur pour les vices
& pour toutes les actions baſſes ou honteuſes, &
qu'on leur a inſpiré de bonne heure la fermeté
de courage que donne une vertueuſe émulation
pour tout ce qui eſt juſte & honorable.

Les Thébains, par une erreur très-impolitique,
avoient choiſi pour leurs ſuprêmes magiſtrats
annuels Iſmenias & Léontidas, les chefs des deux
factions oppoſées. Iſmenias, zélé pour la liberté
de ſon pays & pour les juſtes droits du peuple,
tâchoit de maintenir la balance entre les pouvoirs
de la conſtitution; Léontidas, au contraire, faiſoit tous ſes efforts pour réunir tous les pouvoirs
entre ſes mains, & gouverner ſeul avec le ſecours
d'un petit nombre de ſes créatures. Il étoit im-

poſſible que l'union ſubſiſtât entre deux hommes
qui avoient des vues ſi diamétralement oppoſées. Léontidas ſentant ſon parti le plus foible,
conclut ſecrétement une convention avec Phœbidas, général des Lacédémoniens, & s'engagea
de leur livrer ſon pays, à condition qu'ils lui en
laiſſeroient le gouvernement, & qu'il ſeroit le
maître d'en choiſir & d'en régler la forme.
Le traité étant terminé, Léontidas introduiſit
Phœbidas ſuivi d'un corps de troupes dans
la citadelle, au moment où les Thébains,
croyant n'avoir rien à redouter des Lacédémoniens avec leſquels ils avoient récemment fait la
paix, célébroient tranquillement une fête reli-
gieuſe. Léontidas, ſeul gouverneur & maître de
l'état, donna l'eſſor à toutes ſes paſſions & ſes
vengeances. Il ſe ſaiſit d'Iſmenias, ſon collègue ;
& avec le ſecours des Lacédémoniens, il le fit
juger, condamner & exécuter *pour avoir cabalé
contre l'état :* accuſation vague, & le plus ſouvent
injuſte, dont toutes les adminiſtrations iniques
ſe ſervent depuis des ſiècles contre ceux qui ont
le courage de s'oppoſer à leurs vexations. A
la première nouvelle de l'arreſtation de leur chef,
les partiſans d'Iſmenias ſortirent précipitamment
de la ville, & en furent bannis par un décret.
Cette hiſtoire nous apprend à quels excès peut ſe

porter une faction compofée de fcélérats qui n'ont jamais en vue que leur intérêt perfonnel. Cependant, dans tous les états libres, les factions de cette efpèce font ordinairement les plus nombreufes & les plus puiffantes, lorfque le luxe & la corruption y ont été introduits. Athènes avoit récemment été livrée de même aux Lacédémoniens, & traitée avec la même infamie par une faction de fes citoyens les plus pervers, Elle gémit de même fous la tyrannie des trente jufqu'au moment où elle fut délivrée par Thrafibule.

Les Thébains qui s'étoient réfugiés à Athènes, voyoient avec douleur leur pays dépouillé de fa liberté par une perfidie, & réduit à la plus ignominieufe fervitude. Ils réfolurent de délivrer leur patrie ou de périr glorieufement dans cette entreprife. Le plan fut fagement concerté, & non moins audacieufement exécuté par Pélopidas. Il entra dans la ville avec un petit nombre des plus déterminés de fon parti qu'il avoit déguifés ; après s'être défait d'abord de Léontidas, d'Archias fon collègue, & de tous les principaux membres de leur faction, avec le fecours d'Epaminondas, de fes amis (1), & d'un corps de

---

(1) Diodor. Sicul. lib. 15, p. 450.

troupes athéniennes, ils reprirent la citadelle.
A la première nouvelle de cet étrange événement (1), les Lacédémoniens entrèrent fur le
territoire de Thèbes avec une puissante armée,
dans l'intention de tirer une éclatante vengeance
de ce qu'ils appelloient une révolte, & de remettre
Thèbes sous leur dépendance. Les Athéniens sen-
tant leur foiblesse & le danger d'attirer contre eux
la redoutable colère des Lacédémoniens, renon-
cèrent à toute relation avec les Thébains, &
traitèrent avec la plus grande sévérité ceux de
leurs citoyens qui les avoient secourus. Les Thébains abandonnés de leurs alliés, & n'ayant point
d'amis, sembloient destinés à une destruction
prochaine & inévitable ; mais cette situation dé-
sespérée ne servit qu'à augmenter la gloire &
l'éclat des vertus & du génie des deux grands
hommes qui avoient chassé les oppresseurs de
leur patrie. Ils commencèrent par exercer leurs
concitoyens aux armes, autant que la briéveté du
temps pouvoit le permettre ; à leur inspirer la
haine de la servitude & la généreuse résolution
de mourir pour défendre la liberté & la gloire de
la patrie. Convaincus qu'ils ne devoient point

_____

(1) Plut. in vit. Pelopid. p. 284, & sequent.

hafarder une bataille décifive contre les meilleures troupes de l'univers , ils haraffèrent jour-
nellement les Lacédémoniens par des efcarmou-
ches qui fervoient à aguerrir & former leurs foldats. De petits avantages adroitement ménagés
enflammèrent leur çourage , & ils defirèrent bientôt qu'on leur permît d'en chercher de plus confi-
fidérables ; leurs habiles & braves généraux con-
tinrent long-temps leur ardeur ; mais y laiffèrent
enfin un libre cours à la bataille de Platée , dont
les Thébains remportèrent toute la gloire & l'a-
vantage. Elle fut fuivie de celle de Thefpie , où
les Thébains victorieux immolèrent le traître Phœbidas qui avoit eu la perfidie de livrer leur citadelle. Les Thébains battirent encore les Lacédémoniens à Ténagre où Pélopidas tua de fa main
leur général (1). Fiers de ces fuccès , les Thébains attaquèrent par-tout hardiment leurs ennemis , fans s'embarraffer de la fupériorité du nombre ; & la victoire qu'ils remportèrent encore à
Tégyre (2) porta au plus haut degré la réputation de leur valeur. Dans cette dernière action, le
brave Pélopidas fuivi d'un petit corps de cava-

---

(1) Plut. in vit. Pelopid. p. 285.
(2) Id. p. 286-287.

ſerie & d'environ trois cents ſoldats d'infanterie, renverſa & diſperſa un corps de Lacédémoniens trois fois plus nombreux. Il en tua un grand
nombre, & leurs deux généraux reſtèrent ſur le
champ de bataille. Pélopidas fit dépouiller les
morts, éleva un monument de ſa victoire, & re-
conduiſit à Thèbes ſa petite armée triomphante.
Toute la Grèce, ſaiſie du plus grand étonnement, ne pouvoit pas concevoir comment des
Lacédémoniens, la terreur de tous leurs voiſins,
avoient été vaincus par un ennemi inférieur en
nombre, & pour lequel ils avoient toujours montré
le plus grand mépris. Juſques-là les Lacédémoniens n'avoient jamais cédé à un nombre égal, &
rarement à la ſupériorité du nombre; enfin, avant
cet événement, on les croyoit preſqu'invincibles.
Mais le combat de Tégyre n'étoit que le prélude
de la bataille déciſive de Leuctres, qui dépouilla
les Lacédémoniens de la ſuprématie dont ils jouiſ-
ſoient depuis ſi long-temps ſur toute la Grèce :
leurs nombreuſes défaites & les étonnans ſuccès
des Thébains ne ſervirent toutefois qu'à exciter
leur courage. Les Athéniens, jaloux du pouvoir
naiſſant de Thèbes, firent la paix avec leurs anciens
rivaux; & ce traité fut ſigné de toutes les villes de
la Grèce, à l'exception de Thèbes, qu'on ſembloit vouloir livrer à la vengeance des Lacédé-

moniens. Cléombrote & Agéfilaûs, leurs deux
rois, entrèrent dans la Béotie, fuivis de l'armée la
plus brillante & la plus nombreufe que les Lacédémoniens euffent jamais raffemblée. Epaminondas les attaqua à Leuêtres, avec un corps de fix
mille Thébains. Les ennemis étoient trois fois
plus nombreux ; mais les excellentes difpofitions
d'Epaminondas, l'intelligence & l'aêtivité de Pélopidas, & la valeur des Thébains y fuppléèrent.
Cléombrote fut tué fur le champ de bataille ; les
Lacédémoniens furent totalement défaits, & laifsèrent plus de leurs citoyens morts fur la place
qu'ils n'en avoient jamais perdus dans aucune
autre aêtion. Les Thébains ne perdirent que trois
cents des leurs. (1) Diodore de Sicile donne de
cette affaire, en peu de mots, la relation fuivante :
« Epaminondas, réduit à combattre toutes les
» forces des Lacédémoniens réunies à celles de
» leurs alliés, avec une poignée de fes milices
» thébaines, remporta une viêtoire fi complette
» fur ces guerriers jufqu'alors invincibles, que
» Cléombrote leur roi fut tué, & la divifion des
» Lacédémoniens, oppofée à Epaminondas, tail-

---

(1) Diodor. Sicul, lib. 15, p. 477, edit. Henr. Ste-
phan.

» lée en pièces presque jusqu'au dernier homme».

Cette victoire des Thébains changea totalement la face de leurs affaires ; ceux qui méprisoient & rejettoient leur alliance la recherchèrent avec empressement, & les Arcadiens leur firent demander des secours contre les Lacédémoniens.

Les Thébains leur envoyèrent Pélopidas & Epaminondas à la tête d'une armée choisie. Ces deux grands hommes entrèrent dans la Laconie, & s'approchèrent des portes de Sparte avec leur armée. C'étoit pour la première fois que ses ennemis osoient venir la braver de si près. La conduite ferme & sage d'Agésilaus & l'intrépidité des Lacédémoniens sauvèrent la ville ; mais ne purent pas empêcher les généraux thébains de ravager leur territoire, de rétablir le gouvernement libre des Messéniens que les Lacédémoniens tenoient sous leur joug depuis trois siècles, de battre les Athéniens qui venoient à leur secours, & de retourner glorieusement dans leur patrie.

Les armes des Thébains & la puissance de leur république devinrent si redoutables, que tandis qu'une partie des villes de la Grèce sollicitoit son alliance & l'autre ses secours, les Macédoniens soumirent à leur décision une contestation relative à l'hérédité de leur couronne, & leur envoyèrent des ôtages pour cautions de leur obéissance au

décret de leurs juges. Le plus diftingué de ces
ôtages étoit Philippe, le père du grand Alexandre, qui profita fi bien de fon temps à l'école de
Pélopidas & d'Epaminondas, qu'il y acquit la
théorie militaire, dont il rendit depuis la pratique fi funefte à touté la Grèce. Ce fut ainfi que
les vertus publiques de deux fimples citoyens rendirent à Thèbes fa liberté, & lui donnèrent une
prépondérance politique à laquelle elle n'avoit
pas encore pu prétendre.

Mais ce nouvel & brillant éclat ne fut pas de
longue durée. Pélopidas avoit délivré les Theffaliens des infultes d'Alexandre de Pharès; mais
ayant eu quelque temps après avec ce tyran une
entrevue où il ne s'étoit fait accompagner que
d'Ifmenias, dans l'intention de pacifier quelques
nouveaux différends, il fut arrêté, jetté dans une
prifon & traité avec la plus grande barbarie. Les
Thébains irrités de cette trahifon, envoyèrent
contre le tyran une armée commandée par deux
nouveaux chefs qui revinrent de cette expédition
fans fuccès & fans gloire. On leur donna pour
fuccefleur Epaminondas, & la terreur de fon nom
fuffit pour rendre le tyran plus traitable. Pélopidas
& Ifmenias recouvrèrent la liberté. Mais Alexandre
ayant renouvellé fes brigandages fur le territoire
des Theffaliens, Pélopidas fut une feconde fois

envoyé à leur fecours. Tandis que les deux armées
en étoient aux mains, Pélopidas aveuglé par le
reffentiment & le defir de la vengeance s'élança
fur l'aile droite que le tyran commandoit & tomba
percé de coups au milieu de fes ennemis. Sa mort
ne refta pas fans vengeance : fes foldats furieux
d'avoir perdu leur général, fondirent fur les ennemis & en facrifièrent plufieurs milliers à fes
manes. Quoique la mort de ce grand homme fût
une perte irréparable pour fa patrie, Epaminondas exiftoit encore, & tandis qu'il vécut, Thèbes
conferva fa gloire & fa puiffance. De nouvelles querelles ayant éclaté, Epaminondas, à la
tête des Thébains, entra dans le Péloponnèfe,
éluda la vigilance d'Agéfilaus, & s'avança jufques
dans les fauxbourgs de Sparte. Les Lacédémoniens
avertis à temps par Agéfilaus, fe mirent en état
de défenfe & firent fi bonne contenance, qu'E-
paminondas jugea à propos de fe retirer près de
Mantinée, où il fut malheureufement atteint par
toutes les forces lacédémoniennes réunies à celles
de leurs alliés. Ses difpofitions dans cette journée
font confidérées comme un chef-d'œuvre de tac-
tique militaire, & il n'y fit pas moins preuve de
valeur que d'intelligence. Il mit les Lacédémoniens
en fuite & en joncha le champ de bataille ; mais
en fe livrant à leur pourfuite avec trop d'ardeur,

il reçut un coup mortel & fut porté mourant
dans fa tente. Dès qu'il eut repris connoiffance,
& qu'après lui avoir préfenté fon bouclier, on
lui eut appris que les Thébains étoient vainqueurs,
il fit arracher le fer qui reftoit dans fa plaie, &
mourut en fe félicitant du triomphe de fa patrie.
Ainfi finit l'illuftre & célèbre Epaminondas. Dans
fon examen fur les différentes conftitutions des
anciennes républiques, Plutarque obferve (1)
que la floriffante profpérité de Thèbes fut peu durable ; & qu'il n'y eut point de gradation dans fa
décadence, parce que fon élévation n'avoit pas
été fondée fur les principes convenables. Il affirme
que les Thébains n'attaquèrent les Lacédémoniens,
qu'à l'époque où leur imprudent orgueil les rendoit odieux à tous leurs alliés ; que les Thébains
ne furent redevables de leur haute réputation dans
la Grèce qu'aux vertus & aux talens de deux
grands hommes, qui tirèrent habilement parti de
tous les événemens favorables que la fortune leur
préfenta. Il ajoute que leur fubite métamorphofe, après la mort de ces deux grands hommes,
démontra que le fyftême de leur gouvernement
n'avoit point contribué à leurs étonnans fuccès ;

_____

(1) Polyb. lib. 6, p. 678-79.

mais qu'ils avoient été exclufivement l'ouvrage
des deux chefs qui conduifoient alors leur adminiftration ; & il eft en effet inconteftable, que la
gloire & la puiffance de Thèbes prirent naiffance
& fleurirent fous le gouvernement de Pélopidas
& d'Epaminondas, & qu'elles difparurent fubitement avec le dernier de ces deux grands hommes.

Je ne les ai encore préfentés que comme des
citoyens vertueux & des généraux habiles ; & je
me flatte que quelques traits de leur caractère,
comme hommes d'état & patriotes, ne paroîtront
point déplacés à mes lecteurs.

Epaminondas & Pélopidas defcendoient de deux
familles anciennes, & refpectables. Pélopidas hérita d'une grande fortune dont il fit un ufage
honorable & utile à fes amis. Evitant avec
foin les deux extrêmes de l'avarice & de la pro-
digalité , il fe fervit & n'abufa jamais de fon opulence. Epaminondas, au contraire , n'avoit qu'un
revenu très-médiocre, mais il fuffifoit à fes befoins
& à fes defirs. Dévoué exclufivement à l'étude
des fciences, & principalement de l'hiftoire & de la
philofophie qui épure le cœur en formant l'efprit, il préféroit les douceurs de la retraite aux
jouiffances tumultueufes de la diffipation. Loin
de folliciter des emplois honorables ou lucratifs,

il évitoit, foigneufement toutes les occafions qui
pouvoient l'y conduire ; & il n'accepta la première place de l'adminiftration, qu'après y avoir
été appellé par les acclamations du peuple &
par le preffant danger des circonftances. Arraché
de fa retraite & placé malgré lui à la tête dès
affaires, Epaminondas convainquit fes compatriotes qu'il étoit digne de leur confiance, & fembla
tirer moins d'éclat de fon élévation, qu'il n'en
fit rejaillir fur le pofte éminent qu'il occupoit. Il
excelloit dans l'art de parler ; la perfuafion fié-
geoit fur fes lèvres ; maître de fes paffions par fa
philofophie, il dirigeoit à fon gré celles de fes
auditeurs par la féduifante magie de fon éloquence.
On lui donna pour collègue Pélopidas ; & celui-ci
n'ayant pas pu décider fon ami à partager fa fortune, imita les vertus & la fimplicité de fa vie
privée. Modeftes dans leurs actions, dans leurs difcours, & jufques dans leurs habits, ils furent l'un
& l'autre des modèles de fageffe & de frugalité.
Mais ce qui doit frapper le plus dans leur fublime
caractère, eft l'invariable union qui régna toujours
entr'eux jufqu'à la fin de leur illuftre vie. Ils occupèrent en même temps les deux premiers poftes de
l'état ; toute l'adminiftration publique étoit entre
leurs mains, & jamais la moindre étincelle de jaloufie ou d'ambition n'altéra un feul inftant leur amitié

fondée fur le patriotifme & la vertu. Animés par
ce principe qui dirigeoit exclufivement toutes leurs
actions, ils n'avoient jamais en vue que le bonheur de leurs compatriotes & la gloire de leur
patrie. Ces grands hommes couronnèrent leur
illuftre vie par une mort glorieufe ; ils périrent
l'un & l'autre en combattant contre les ennemis
de l'état, & laifsèrent leur patrie riche & floriffante.

Il feroit affez naturel de penfer que des hommes
d'un mérite fi fupérieur & d'un défintéreffement
fi rare, n'euffent jamais rien à redouter de la haine
des factieux. L'hiftoire attefte cependant (1) qu'ils
furent fréquemment perfécutés par une faction
perverfe, compofée des fangfues que ces deux refpectables magiftrats empêchoient de s'engraiffer
du fang de leurs compatriotes, & d'une troupe d'envieux excitée par l'antipathie que le vice a toujours naturellement pour la vertu. L'envie, paffion
des ames baffes, a en effet plus de part aux querelles de parti qu'on ne femble le penfer. Un
paffage de Plutarque nous préfente un exemple
frappant de cette vérité (2). Quoique la vertu

---

(1) Plutarque, Juftin, Cornelius Nepos.
(2) Lorfqu'Ariftide eut acquis le furnom de *jufte*, il

de ces dignes émules triomphât toujours de la
malice & de la calomnie de leurs ennemis domef-
tiques, ils réuffirent cependant une fois à les in-
culper & à les faire juger publiquement pour avoir
négligé une formalité dans l'exercice de leurs fonctions (1), quoique cette omiffion leur eût fourni les
moyens de rendre un fervice fignalé à leur patrie.
Ils furent jugés toutefois, & renvoyés honorablement abfous. Tandis que Pélopidas étoit captif
chez Alexandre de Pharès, cette faction corrompue
eut affez de crédit pour exclure Epaminondas de
la place de général, & faire accorder à deux de
fes créatures le commandement de l'armée def-

devint l'objet de l'envie des Athéniens, & ils demandèrent contre lui l'oftracifme. Tandis que le peuple pré-
paroit fes coquilles, un villageois, qui ne favoit ni lire
ni écrire, préfenta fa coquille à Ariftide qu'il ne connoiffoit pas, & le pria d'y écrire le nom d'Ariftide.
Ariftide, un peu déconcerté de la propofition, lui demanda quel mal lui avoit fait cet Ariftide ? A moi,
aucun, répondit le payfan ; mais je fuis impatienté de
l'entendre appeler par-tout *le jufte.* Juftin. Plut. in vit.
Ariftid. p. 322-323.

(1) Ils reftèrent à la tête de l'armée, & attaquèrent
les Lacédémoniens après le terme expiré de leur office ; au moyen de quoi ils étoient reftés en place plus
long-temps qu'ils n'y étoient autorifés par la loi.

tinée à punir le tyran de fa perfidie. Ces deux
chefs firent de fi mauvaifes difpofitions, qu'au premier choc leur armée totalement mife en défordre
fut forcée pour fon propre falut de rendre le commandement à Epaminondas, qui étoit dans les
rangs comme fimple volontaire. Au moyen d'une
manœuvre habile, ce grand homme tira fes compatriotes du danger où ils s'étoient trouvés par
l'ignorance & l'incapacité de leurs généraux. Il
repouffa les ennemis, & reconduifit fans perte fon
armée à Thèbes. Les Thébains, repentans de
leur erreur, lui rendirent leur confiance & le pofte
qu'il avoit fi glorieufement occupé & qu'il conferva jufqu'à fa mort.

CHAPITRE IV.

De Carthage.

DE tous les états libres dont l'histoire nous a conservé le souvenir, Carthage est celui qui ressemble le plus à l'Angleterre par son commerce & ses richesses, par son empire sur les mers, & par l'usage qu'elle fit dans toutes ses guerres de troupes mercenaires ou étrangères. Si nous ajoutons à ce que je viens de dire, la comparaison du voisinage des Romains, alors le peuple le plus avide & le plus entreprenant de l'univers, & la différence intrinsèque, si on peut se servir de ce terme, des forces militaires de ces deux nations, la situation de Carthage relativement à Rome paroîtra fort analogue à celle de l'Angleterre relativement à la France. La fin funeste de cette république, autrefois la plus florissante de l'univers & la plus formidable rivale de la puissance romaine, a d'autant plus de droit à fixer notre attention, que le commerce étoit la source & l'aliment de sa puissance, & que ses dissensions intes-

tines ne contribuèrent pas moins à fa deftruction
que les armées romaines.

Jufqu'à l'époque de la première guerre punique,
l'hiftoire fait fort peu mention des Carthaginois ;
& comme aucunes de leurs annales ne nous ont
été tranfmifes, nous fommes forcés de recevoir
tous nos renfeignemens de leurs ennemis. Il eft
évident qu'on ne peut pas donner équitablement
à leurs récits une grande confiance ; car indépendamment de la partialité dont on peut foup-
çonner raifonnablement les écrivains de Rome, la
plupart d'entr'eux n'avoient qu'une connoiffance
très - imparfaite des mœurs des Carthaginois &
de la forme de leur conftitution.

Le gouvernement de Carthage, fi nous pouvons en croire le judicieux Ariftote, étoit fondé fur les maximes de la plus faine politique,
& les différentes branches de fa légiflation fe balançoient avec tant de précifion, que depuis la
naiffance de cette république jufqu'à fon temps,
c'eft-à-dire, durant le cours d'environ cinq cents
années, la tranquillité intérieure de Carthage
n'avoit été troublée par aucune fédition, ni fa
liberté envahie par aucun ufurpateur. Une feconde
obfervation nous offre une nouvelle preuve en
faveur de la conftitution de Carthage. C'eft que
cette république, quoiqu'environnée d'ennemis

formidables, & livrée au luxe, au fafte & aux vices qui accompagnent toujours l'opulence., a été durant près de fept cents années la maitreffe des mers, & le centre du commerce de toutes les nations alors exiftantes.

L'efprit du commerce n'avoit pas éteint chez les Carthaginois celui de la guerre. Leur hiftoire démontre évidemment qu'ils ne font point incompatibles, & qu'une nation peut les réunir. Il eft à la vérité prefqu'impoffible de connoître le véritable caractère des Carthaginois; parce que les hiftoriens de Rome, leur implacable ennemie, les préfentent toujours fous les plus odieufes couleurs, pour pallier la perfidie de leurs compatriotes, & la barbarie avec laquelle ils ont abufé de leur fupériorité. La conduite odieufe des Romains eft fi évidente, que Tite-Live & leurs autres écrivains n'ont pas pu réuffir à la déguifer. Les hiftoriens grecs, dont les compatriotes avoient été fi fouvent vaincus par les Carthaginois, en Sicile & dans les autres îles de la Méditerranée, affichent tous la même partialité, fans en excepter Polybe, le feul d'entr'eux qui mérite quelque confiance. Les Romains accufoient fans ceffe les Carthaginois de perfidie, & nous ont tranfmis cette injure en proverbe: *punica fides.* Dans le cours de cet ouvrage, je trouverai l'occafion de repouffer cette accufation, & de la faire retomber fur les Romains avec beaucoup plus de juftice.

Comme le principal aiguillon du commerce eft évidemment l'envie de s'enrichir, tous les hiftoriens prétendent _que les Carthaginois, dont les premiers citoyens ne rougiffoient point d'exercer des profeffions lucratives, étoient tous, fans exception, fi avides d'amaffer des richeffes, qu'ils n'héfitoient point à fe fervir des moyens les plus honteux pour y parvenir. En comparant les mœurs des Carthaginois avec celles des Romains, Polybe (1) dit des premiers, qu'une action leur paroiffoit toujours honnête quand elle procuroit du gain ou des bénéfices; & que les Romains (2) notoient d'infamie ceux qui fe laiffoient corrompre à prix d'argent, ou qui amaffoient des fortunes par des moyens criminels (3). Pour prouver la vérité de cette comparaifon, il ajoute qu'à Carthage les dignités & les premiers emplois fe vendoient publiquement, & qu'à Rome cette pratique eût été un crime capital. Mais, quelques pages plus haut,

---

(1) Polyb. lib. 6, p. 692.
(2) Id. ibid.
(3) Ibid.

dans une violente fortie qu'il fait contre la fordide avidité du gain, il avoit dit, en parlant des Crétois, qu'il étoit le feul peuple de l'univers à qui tous les moyens de s'enrichir paruffent également honnêtes & légitimes (1). Dans un autre paffage (2), en blâmant les Grecs d'avoir accufé Titus-Flaminius, général romain, de s'être laiffé féduire par l'or de la Macédoine, il affirme que tandis que les Romains confervoient les mœurs pures de leurs ancêtres, & n'alloient point au loin chercher des conquêtes, on n'auroit pas pu trouver parmi eux un feul citoyen capable de commettre un crime de cette nature; & il ajoute, que quoiqu'il ne craigne point d'affirmer qu'au moment où il écrit, un grand nombre de Romains font encore fort au-deffus de cette baffeffe, il ne voudroit cependant pas être la caution de tous. Ce détour, quoique modefte, ne laiffe pas d'annoncer que la corruption n'étoit pas alors chez les Romains, fans exemple ; mais comme je me propofe de reprendre ce fujet dans un endroit plus convenable, je me contenterai d'obferver ici, d'après les détails que Polybe donne lui-même fur l'hiftoire des Carthagi-

---

(1) Polyb. lib. 6, p. 681.
(2) Excerpt. ex Polyb. de virtutibus & vitiis, p. 1426.

M 4

Rois, que, dans toutes les circonftances où les intrigues des factions ne prévaloient pas, les Carthaginois rempliffoient toutes les places éminentes de leur adminiftration d'hommes diftingués par leur mérite.

On accufe auffi les Carthaginois de cruauté; & il faut convenir que ce reproche a bien mauvaife grace dans la bouche des Romains, qui traitoient même les rois, affez malheureux pour tomber dans leurs mains, avec la dernière inhumanité; qui les jettoient dans des cachots après les avoir traînés en triomphe, expofés aux injures & aux infultes d'une multitude hautaine & licencieufe (1).

On cite l'hiftoire de Regulus, qui a fourni à Horace un fujet propre à exercer fes féduifans pinceaux. Sa fuperbe ode a propagé & confirmé peut-être ce fait très-douteux, plus que tous les hiftoriens qui l'ont rapporté. On ne trouve pas un feul mot de cet événement dans Polybe, ni dans Diodore de Sicile; & les écrivains romains qui nous l'ont tranfmis, le racontent chacun d'une manière fi différente que je ne puis me défendre de croire, avec un grand nombre d'hommes inf-

_____

(1) Perfée & beaucoup d'autres.

truits, que les Romains ont forgé cette hiftoire.

Les hiftoriens grecs accufent les Carthaginois
du manque d'inftruction, & de n'avoir pas la
moindre notion des belles-lettres, l'étude favorite
de leurs cenfeurs. Rollin affure dédaigneufement
que leur éducation fe bornoit à favoir lire, écrire
& tenir des comptes; & que parmi les Carthaginois, un philofophe auroit paffé pour un pro-
dige. Qu'auroient-ils donc penfé , ajoute-t-il
plaifamment, d'un géomètre ou d'un aftronome?
M. Rollin a pofé cette queftion un peu légérement; car on ne fauroit nier que les Carthaginois
étoient très-habiles dans la conftruction des
vaiffeaux & dans l'art de la navigation, & qu'ils
paffoient alors pour les meilleurs méchaniciens de
l'univers; qu'ils élevèrent un très-grand nombre
de fuperbes édifices, & qu'ils entendoient parfaitement l'art des fortifications; & comme le com-
pas n'étoit pas même encore inventé, toutes ces
chofes exigeoient néceffairement des connoiffances
affez étendues d'aftronomie, de géométrie &
de toutes les autres branches de mathématiques.
J'ajouterai que leur théorie de l'agriculture étoit
fi eftimée, que le fénat ordonna par un décret,
de traduire le Traité du carthaginois Magon fur

ce sujet, en latin, pour l'usage des Romains &
de leurs colonies (1).

Le nombre de leurs grands hommes que l'on
rencontre dans l'histoire , & particuliérement
Annibal, un des plus habiles capitaines qui ait
jamais existé, non moins habile politique &
zélé patriote , prouvent évidemment qu'on
ne bornoit point l'éducation de leur jeunesse
à la partie mercantille. Il paroît à la, vérité
qu'ils abandonnoient la peinture, la sculpture &
la poésie aux Grecs leurs voisins, & qu'ils employoient beaucoup plus utilement leurs richesses
à soutenir leur marine & à protéger leurs colonies. Virgile, en faisant parler Anchise, père de
son héros, nous fait assez connoître l'opinion
des plus sages d'entre les Romains, relativement
à ces arts agréables, mais inutiles (2). J'ai tâché
dans ce préambule de mettre mes lecteurs en

_____

(1) Varron.
(2) Excludent alii spirantia mollius æra :
    Credo equidem, vivos ducent de marmore vultus.

Tu regere imperio populos , Romane , memento :
Hæ tibi erunt artes , pacique imponere morem ,
Parcere subjectis & debellare superbos.
                            Virgil. Æneid. lib. 6.

garde contre la partialité avec laquelle tous les
hiftoriens ont repréfenté le caractère des Carthaginois, & j'ai tiré toutes mes preuves des aveux
& des contradictions de ces mêmes hiftoriens (1).

Carthage fut fondée par un petit nombre de
Tyriens fugitifs qui s'y fixèrent, avec l'aveu des
naturels du pays, à peu près comme nos colonies de l'Amérique. Ils payoient, fous le nom de
tribut, une rente du terrein que leur ville occupoit. Ces Tyriens, chaffés de leur ancienne patrie,
en avoient apporté avec eux le génie du commerce;
& leur infatigable induftrie les fit bientôt atteindre
à un état d'opulence & de profpérité qui éveilla
l'envie de leurs voifins. D'un côté la jaloufie, &
de l'autre l'orgueil que produit toujours la ri-
cheffe, élevèrent des conteftations dont la guerre

_____

(1) Quelques lecteurs trouveront peut-être ce préambule un peu long ; je l'aurois fupprimé, fi je n'avois pas
fenti toute la vérité des obfervations de l'auteur anglois.
Il eft certain qu'on a reçu trop légérement les idées que
les hiftoriens romains ont jugé à propos de répandre
fur le caractère des Carthaginois ; & qu'entre la *Punica
fides* & la *fides Romana*, il n'y auroit pas grand choix
à faire.

Note du traducteur.

fut la fuite inévitable. Les naturels du pays ré-
doutoient avec raifon la puiffance naiffante des
Carthaginois ; & ceux-ci, fiers de leurs forces,
vouloient fupprimer un tribut qu'ils croyoient aviliffant, & qui déplaît toujours à un peuple libre.
La partie n'étoit pas égale ; les princes des environs, pauvres & divifés d'intérêt, ne pouvoient
pas tenir tête aux opulens Carthaginois, réunis &
zélés pour la caufe commune. Leur commerce les
rendoit maîtres de la mer, & leurs richeffes leur fa-
cilitoient les moyens de foudoyer une partie de leurs
voifins pour combattre les autres. Cet antique expédient, pratiqué dans tous les temps avec fuccès,
réduifit fucceffivement tous leurs ennemis à devenir leurs tributaires ; & les Carthaginois firent
reconnoître leur domination fur ce continent,
dans une étendue d'environ fix cents lieues.

On m'objectera peut-être que dans cette occafion
la conduite des Carthaginois fut très-inique : j'en
conviens franchement ; mais on peut en dire autant
de toutes les conquêtes & de toutes les mefures
politiques dont on fe fert depuis le commencement
du monde. Toutes les nations qui paroiffent
fucceffivement avec éclat dans l'hiftoire ne fe font
élevées que fur les ruines de leurs voifins. C'eft
ainfi que la France eft parvenue à fon effrayant

degré de puissance. La conduite des Carthaginois n'est point excusable, mais elle peut fournir aux Anglois des leçons très-instructives.

Il est évident que la puissance de Carthage n'avoit pas d'autre source & d'autre aliment que le commerce, & qu'elle fut redevable de ses vastes acquisitions le long des deux côtes de la méditerranée jusqu'à son embouchure dans l'Océan, au bon usage qu'elle faisoit de son opulence & de sa marine puissante. Si elle avoit borné là ses vues, c'est-à-dire, à protéger son commerce & ses colonies, elle n'auroit pas excité contr'elle la redoutable & funeste rivalité des Romains. Les sommes énormes que les Carthaginois dépensèrent en subsides à des princes étrangers, en soldes de troupes étrangères, qu'ils tenoient toujours sur pied pour réduire l'Espagne & la Sicile, leur auroient donné les moyens de couvrir leurs côtes d'une flotte suffisante pour les mettre à l'abri de toute invasion. D'ailleurs, le génie des Romains étoit si peu porté vers la marine, qu'à l'époque de leur première guerre contre les Carthaginois, ils ne possédoient pas un seul vaisseau de guerre, & qu'ils en ignoroient si parfaitement le mécanisme & la construction, que ce fut une galère carthaginoise jettée sur leurs côtes par accident, qui leur servit de modèle. L'ambi

tion des Carthaginois s'accrut avec leur opulence ; & comment fixer des bornes à cette aveugle
paffion ? Ils perdirent tout en voulant trop acquérir ;
car il n'eft point probable que les Romains euffent
jamais entrepris d'inquiéter les établiffemens de
Carthage, tandis que toutes les côtes de l'Italie auroient été expofées aux dévaftations d'une puiffance
maritime fi formidable. Les Romains le fentirent
fi bien au commencement de la première guerre
punique, qu'ils firent les plus étonnans efforts
pour acquérir une fupériorité fur les mers. Il n'eft
pas moins évident que les Romains confervèrent
toujours cette fupériorité ; car fi Annibal eût en-
trevu la poffibilité de paffer en Italie par mer,
ce grand général n'auroit point hafardé fes
troupes dans une marche qui paroiffoit prefqu'impoffible, & qui lui coûta une moitié de fon armée ; & Scipion n'auroit pas pu conduire fa flotte
fi près de Carthage, fi les forces maritimes de
cette puiffance n'avoient pas été réduites à un
état de foibleffe incapable de toute réfiftance.

'Les Carthaginois avoient fans doute été fort
affoiblis par la longue durée de leur première
guerre contre les Romains, & par celle qu'ils
eurent à foutenir enfuite contre leurs propres troupes mercenaires : ils auroient donc dû, dans l'in-
tervalle de la première guerre punique à la fe-

conde , appliquer leur attention & tous leurs efforts au rétabliſſement de leur marine. Mais la conquête de l'Eſpagne étoit leur objet favori , & leurs finances délabrées ne pouvoient pas ſuffire à l'un & à l'autre. Ils diſſipèrent dans une guerre ſur le continent desſommes ſuffiſantes pour rendre à leur marine ſon ancienne ſupériorité , & reprendre l'empire des mers. Ils ſentirent leur faute au moment où elle étoit irréparable.

Après avoir relevé la faute capitale des Carthaginois relativement à leur marine , j'ai à leur faire le reproche d'une ſeconde erreur qui les mit pluſieurs fois à la veille d'une entière deſtruction. C'eſt leur conſtant uſage de ſtipendier un trop grand nombre de troupes étrangères, & de leur confier la défenſe de leur pays , & même la ſûreté de leur capitale. Excluſivement dévoués au commerce , les Carthaginois ſembloient conſidérer comme perdus pour leur pays tous les citoyens qui prenoient le parti des armes. Leur opulence les mettoit en état d'acheter des ſoldats dans les états voiſins de l'Afrique & de la Grèce , qui faiſoient métier de vendre leur ſang & leur vie au plus offrant , à-peu-près comme font aujourd'hui les Allemands & les Suiſſes. Cette mine inépuiſable de ſoldats fourniſſant aux Carthaginois les moyens de ſe livrer paiſiblement

aux profeſſions lucratives de la navigation ,
de l'agriculture , de la méchanique , un très-
petit nombre de leurs citoyens prenoient le
parti des armes , & leurs armées étoient preſque
totalement compoſées de mercenaires étrangers.
Cette méthode qui prévaut plus ou moins dans
tous les pays de commerce peut paroître au premier coup-d'œil avantageuſe : en effet , les Carthaginois épargnoient le ſang de leurs citoyens , &
payoient le ſang étranger qui cimentoit leurs
conquêtes. Leurs défaites ne diminuoient point leur
population , & leur argent ſuffiſoit toujours pour
les réparer , & ſe procurer de nouvelles troupes ,
accoutumées à la diſcipline & aux fatigues de la
guerre. Mais de grands inconvéniens balancent &
font preſque diſparoître ces avantages. Les mercenaires que Carthage ſtipendioit , n'étoient véritablement attachés qu'à leur ſolde. La moindre
inexactitude dans le paiement , ou la plus petite réſiſtance à des demandes indiſcrettes , ſuffiſoient
pour exciter leur reſſentiment & la menace de
tourner leurs armes contre ceux dont ils tenoient
leur ſubſiſtance. Quelques exemples des calamités que cette méthode fit éprouver aux Lacédémoniens , en feront mieux ſentir le danger que
tous mes argumens.

A

A la fin de la première guerre punique, les Carthaginois s'engagèrent dans leur traité avec les
Romains, d'évacuer la Sicile. En conséquence,
pour prévenir les désordres que pourroient commettre une multitude de vagabonds tirés de différens pays, & accoutumés depuis long-temps aux
désordres & aux violences de la guerre ; Gesco,
leur général, qui commandoit alors dans cette île,
les fit partir successivement & en petit nombre,
afin que ses compatriotes eussent plus de facilité à
leur payer leurs décomptes & à les renvoyer dans
leur patrie : mais soit épuisement dans leurs
finances, ou parcimonie déplacée dans cette occasion, les Carthaginois déconcertèrent totalement (1) la sagesse de ses mesures, & différèrent
le paiement de toute l'armée, dans l'espérance
d'obtenir une réduction de ses demandes. Mais
on eut beau mettre en avant les embarras publics ; les mercenaires furent sourds à toutes les
représentations, & ne rabattirent rien de leurs
prétentions. Ils sentoient trop bien leurs forces
& la foiblesse de ceux auxquels ils avoient affaire,
pour entendre à aucun autre arrangement qu'à
l'acquittement prompt & total de ce qu'ils préten-

_____

(1) Polyb. lib. 1, p. 92-93.

N

doient avoir le droit de réclamer légitimement, & ils menacèrent hautement de fe faire juftice eux-mêmes, fi on refufoit plus long-temps de fatisfaire à leurs demandes exorbitantes. Enfin, au moment où, par la médiation de Gefco, ils fembloient difpofés à entrer en négociation, deux fcélérats, (1) nommés Spendius & Mathos, animèrent fi violemment cette multitude, qu'il en réfulta une des plus fanglantes guerres dont l'hiftoire ait fait mention. Les relations qui nous ont été tranfmifes par les hiftoriens grecs, font frémir d'horreur ; & quoique terminée heureufement par la valeur & l'habileté d'Amilcar Barcas, le père du grand Annibal, ce ne fut qu'après quatre années de maffacres & de dévaftations dans les environs de Carthage. Tels font les dangers d'admettre un corps nombreux de mercenaires étrangers dans le cœur d'un pays riche & fertile, dont les habitans défarmés & tout-à-fait étrangers au métier des armes, ne connoiffent d'autre moyen que celui de la fuite pour échapper à la mort. Les Carthaginois répandoient au loin la terreur de leur nom, & faifoient la loi à des nations fort éloignées de leur pays ; mais à la moindre invafion fur leur

_____

(1) Polyb. p. 98-99.

territoire, ils perdoient courage, & se croyoient perdus sans ressource. L'expédition d'Agathocle, tyran de la Sicile, offre un exemple frappant de cette vérité. Les Carthaginois étoient maîtres de toute la Sicile, à l'exception de Syracuse, où ils tenoient le tyran bloqué par terre & par mer. Agathocle, réduit à cette extrémité, conçut le projet le plus hardi que nous ait transmis l'histoire. Il connoissoit parfaitement la foiblesse de Carthage, & savoit qu'il éprouveroit peu de résistance d'un peuple énervé par les jouissances du luxe, & incapable de prendre les armes pour se défendre. L'événement justifia complétement ses espérances. Il embarqua environ treize mille hommes sur le petit nombre de vaisseaux qui lui restoient ; & après avoir éludé adroitement la vigilance de la flotte carthaginoise par un stratagême, il débarqua sans accident en Afrique, pilla & ravagea le pays jusqu'aux portes de Carthage qu'il bloqua soigneusement, & la réduisit presqu'à la même situation où il venoit de laisser Syracuse. On ne peut comparer la terreur dont furent saisis les habitans de Carthage qu'à celle qu'éprouvèrent ceux de Londres, lorsqu'au temps de la dernière révolte cette immense cité apprit la descente & l'invasion d'une poignée de montagnards presque désarmés, & fort inférieurs en nombre &

à tous égards à la petite armée d'Agathocle. Je rappelle ce trait uniquement pour prouver qu'une grande population n'eſt pas toujours un moyen de défenſe ſur lequel on puiſſe compter. Les ſuccès d'Agathocle forcèrent les Carthaginois de rappeller une partie des forces qu'ils avoient en Sicile, au ſecours de leur pays. Le ſiége de Syracuſe fut levé, & la campagne ſe termina par la défaite de leur armée & la mort du général qui la commandoit. L'audace d'Agatocle lui conſerva ſa couronne; & après une alternative de revers & de ſuccès, le tyran de Syracuſe conclut un traité de paix avec les Carthaginois. Il mourut peu de temps après dans ſa capitale, au moment où, éclairé par l'expérience ſur la facilité de les vaincre dans leur pays, il faiſoit les apprêts d'une nouvelle invaſion.

(1) Tite - Live nous apprend qu'il ſervit d'exemple à Scipion, lorſque dans la ſeconde guerre punique cet habile général étant deſcendu en Afrique, obligea les Carthaginois de rappeller Annibal, & les réduiſit à un état de foibleſſe dont ils ne ſe relevèrent jamais. Les François eurent à-peu-près le même ſuccès,

---

(1) Tite-Live, l. 28, p. 58-59.

lorfqu'ils nous obligèrent de rappeller nos troupes de Flandres pour étouffer la révolte qu'ils avoient excitée dans cette efpérance : & à une époque plus récente, ne nous forcèrent-ils pas à appeller à grands frais des troupes étrangères pour la fûreté de notre pays ; & ne déconcertèrent-ils pas toutes nos mefures en bornant nos opérations militaires à la défenfe de notre île, & en nous empêchant, par la crainte d'une invafion, d'envoyer des fecours fuffifans dans nos îles ?

Quoique les deux erreurs politiques dont je viens de parler aient eu beaucoup de part à la ruine de Carthage, la principale fource de fes calamités, & qui doit par conféquent fixer particuliérement notre attention, fut l'efprit de parti ou de faction, le ver rongeur de tous les états libres, dont notre pays doit redouter les funeftes effets ; à l'exemple des républiques de la Grèce, de Carthage & de Rome.

Tous les hiftoriens qui parlent de Carthage s'accordent à dire que fon gouvernement étoit divifé en deux factions ; la Hannonienne & la Barcienne, d'après le nom de leurs chefs. Il paroît que la famille des Hannons étoit plus nombreufe & plus puiffante dans le fénat que fa rivale, qui tiroit principalement fa diftinction des armes. Ces deux familles étoient également ambitieufes ; mais

leur ambition étoit d'une nature fort différente.
La Barcienne femble n'avoir eu d'autre objet en
vue que le bien public, & avoir été toujours
prête à facrifier fes animofités perfonnelles & jufqu'à fa paffion pour la gloire militaire. Les Hannons fe conduifirent par des principes fort oppofés ; ils avoient conftamment & exclufivement
pour but de maintenir & d'augmenter leur influence. Toujours envieux des moindres fuccès
de leurs rivaux , ils s'oppofoient à toutes leurs
mefures bonnes ou mauvaifes, & facrifioient fans
héfiter l'avantage de la patrie au plaifir de faire
échouer leurs entreprifes. Enfin, l'une de ces familles étoit une pépinière de héros, & l'autre
d'ambitieux politiques.

Les chefs de ces deux familles toujours en
guerre, font connus dans l'hiftoire fous le nom
d'Hannon & d'Amilcar Barcas , qui eut pour
fucceffeur fon fils Annibal, la terreur & le fléau
des armées romaines. L'animofité de ces deux
partis étoit fi violente, qu'Appien n'héfite point
à nommer celui des Hannons la faction romaine (1),
& celui de Barcas la populaire ou la carthaginoife.

---

(1) Appian. de Bell. Punic. p. 36.

C'eft à l'époque de la fanglante guerre des Carthaginois contre leurs foldats mercenaires & révoltés, que l'hiftoire fait pour la première fois
mention de l'antipathie de ces deux familles.

Hannon fut chargé du commandement de
l'armée qu'on leur oppofa ; mais il connoiffoit
fi peu le métier de la guerre, qu'il fit des fautes
continuelles. Polybe parle de fes talens militaires
avec le dernier mépris, & nous apprend qu'il
laiffa furprendre & maffacrer une grande partie
de fon armée; que les révoltés s'emparèrent de
fon camp, de fes provifions & de toutes fes ma-
chines de guerre (1).

Épouvantés de ce funefte événement & du
danger qui en réfultoit, les Carthaginois convaincus de l'incapacité de leur général, rendirent à
Amilcar le commandement de leurs forces, dont
il avoit été deftitué par les cabales de la faction
Hannonienne. Avec une foible armée de dix mille
hommes, cet habile général changea promptement la face des affaires. Il battit Spendius dans
deux batailles rangées, & profita de tous les
avantages que lui préfenta l'incapacité de ceux
que les rebelles avoient pris pour chefs. Ne fe

_____

(1) Polyb. lib. 1, p. 104, 105.

diffimulant pas toutefois qu'il étoit trop inférieur
en nombre pour faire tête à toutes les forces des
rebelles, compofées d'environ foixante-dix mille
hommes (1), il ordonna à Hannon qui avoit eu le
crédit de conferver le commandement d'un corps
féparé, de venir le joindre, afin de terminer cette
guerre odieufe par une bataille décifive. Les Carthaginois éprouvèrent bientôt les funeftes effets de la
défunion de leurs généraux. On ne pouvoit ni former un plan (2), ni convenir d'une mefure. Enfin, la
difcorde éclata fi violemment entre les deux chefs,
qu'ils ne laiffèrent pas feulement échapper toutes
les occafions de vaincre les ennemis, mais qu'ils
leur procurèrent par leur inaction des avantages que les rebelles n'auroient pas pu efpérer
d'obtenir dans toute autre circonftance (3). Les
Carthaginois apperçurent à la fin leur erreur :
mais quoiqu'ils connuffent parfaitement la dif-
tance entre l'habileté des deux chefs, craignant le
reproche de partialité, ou plutôt l'influence du
parti d'Hannon dans le fénat, ils laiffèrent à
l'armée le droit de choifir celui des deux géné-

---

(1) Ibid. p. 115.
(2) Polyb. lib. 1, p. 115.
(3) Id. ibid.

raux qu'il convenoit de conferver (1). L'armée
décida unanimement qu'Amilcar prendroit feul
le commandement, & qu'Hannon quitteroit le
camp. Cette décifion prouve évidemment que
tout le blâme de la méfintelligence & des mauvais
fuccès tomboit fur Hannon. On lui donna pour
fucceffeur un nommé Annibal, d'un caractère
plus docile & plus agréable à fon collègue.
L'union fut rétablie, & fes heureux effets fe firent
bientôt fentir. Amilcar reprenant fa vigilance &
fon activité ordinaires, fit connoître aux chefs
des rebelles la fupériorité de fon intelligence. Il
les haraffa fans relâche, leur tendit des embûches
& les força d'abandonner le fiége de Carthage.
Après avoir attiré Spendius dans une pofition
très-défavorable, il tint fon armée fi bien enve-
loppée, que les foldats manquant de fubfiftances,
fe virent réduits à mettre bas les armes ou à fe
manger les uns les autres. Ils étoient au nombre
de quarante mille effectifs. L'armée d'Amilcar,
fort inférieure en nombre, n'étoit compofée que
de mercenaires, de déferteurs, & principalement
de la milice de Carthage. L'armée rebelle étoit
compofée de vétérans braves & difciplinés, for-

---

(1) Id. ibid. p. 117.

més par Amilcar durant la guerre contre les Romains dans la Sicile, & violemment animés par le
défefpoir. Il eft bon d'obferver que ces mêmes
hommes qui, fous la conduite d'Amilcar, avoient
remporté tant d'avantages fur les Romains en Sicile qu'ils étoient devenus leur terreur vers la fin de
la première guerre punique, ne purent pas tenir
tête à une armée inférieure en nombre, compofée.
en plus grande partie de milices indifciplinées, &
commandée par leur ancien général. Polybe,
juge compétent du mérite militaire, admire l'habileté d'Amilcar, obferve que les rebelles ne le
cédoient point aux Carthaginois pour la valeur,
& que tous les fuccès de cette guerre dépendirent
toujours des favantes difpofitions d'Amilcar (1).
Il ajoute qu'un général habile, à la tête d'une
armée médiocrement difciplinée, l'emportera le
plus fouvent fur des troupes braves & aguerries,
fi elles font commandées par un général ignorant (2).

Après la défaite de Spendius, Amilcar bloqua
le refte des rebelles commandés par Mathos, &
renfermés dans la ville de Tunis. Annibal, fon

(1) Polyb. lib. 1, p. 119.
(2) Id. ibid.

collègue, fe pofta avec fa divifion fur le côté de
la ville qui faifoit face à Carthage ; & Amilcar
difpofa l'attaque qu'il projettoit de faire fur le
côté directement oppofé. Mais la conduite imprudente que tint Annibal lorfqu'il fut féparé de
fon collègue, fait préfumer qu'il avoit eu peu de
part aux fuccès précédens. Le fervice fe fit dans
fon camp avec négligence ; il n'eut point l'œil à
fes gardes avancées : & fans confidérer qu'il avoit
affaire à des vétérans hardis & capables d'une
entreprife hafardeufe, il les traita comme des
ennemis vaincus dont on n'a plus rien à craindre.
Mathos informé de la négligence du général &
de fa fécurité, fachant auffi qu'il n'avoit point
affaire à Amilcar, attaqua & força les retranche-
mens d'Annibal, détruifit une partie des troupes
qu'il commandoit, fe faifit du général & d'un
grand nombre d'autres prifonniers de diftinction, & livra leur camp au pillage. Cette expédition hardie fut fi bien concertée & exécutée
fi rapidement, qu'elle étoit totalement terminée
lorfqu'Amilcar, qui campoit à une petite dif-
tance, en apprit la première nouvelle.

Mathos fit clouer Annibal tout en vie fur le
gibet où Amilcar avoit fait attacher le cadavre de Spendius. Trente prifonniers de la pre-

mière nobleſſe de Carthage, qui avoient ſuivi Annibal dans cette expédition, ſubirent le même ſupplice.

Cet affreux événement jetta la conſternation dans la ville de Carthage, & contraignit Amilcar de ſe retirer avec les reſtes de ſon armée à une diſtance conſidérable de Tunis. Hannon eut encore aſſez de crédit pour reprendre le commandement que l'armée l'avoit forcé de céder à Amilcar. Mais les Carthaginois convaincus par l'expérience des malheurs que pouvoit entraîner la méſintelligence de leurs chefs dans une circonſtance auſſi dangereuſe, députèrent trente de leurs plus vénérables ſénateurs pour obtenir d'Amilcar & d'Hannon une réconciliation ſincère, avant qu'ils entrepriſſent de commencer leurs opérations (1) ; & ce ne fut pas ſans difficulté qu'ils y réuſſirent. Cette réunion de leurs chefs ayant rendu un peu d'eſpérance aux Carthaginois, ils envoyèrent tous les citoyens de leur ville (2), en état de porter les armes, à l'armée d'Amilcar. Ce général n'étant plus contrarié par Hannon, réduiſit bientôt Mathos à la néceſſité d'en venir

(1) Polyb. lib. 1, p. 121.
(2) Polyb. lib. 1, p. 122.

à une action décifive ; & fes favantes difpofitions
donnèrent aux Carthaginois une victoire complette.

Dans cette occafion les talens du chef firent
encore triompher des citoyens qui favoient à
peine porter leurs armes. L'armée des vétérans
mercenaires fut totalement détruite ; leur général
fut pris ; tous les foldats échappés à la mort furent
prifonniers ; & Amilcar termina heureufement
une guerre fanglante qui menaçoit Carthage de
fa deftruction.

Peu d'années après avoir ainfi fauvé fa patrie,
Amilcar périt glorieufement en la fervant dans la
guerre d'Efpagne. L'antipathie d'Hannon ne périt
point avec ce grand général. Annibal, fon fils
aîné, & digne de fon père, devint l'objet de fa
jaloufie & de fon averfion. Afdrubal, gendre
d'Amilcar, ayant été nommé après fa mort
pour commander l'armée d'Efpagne, il demanda
qu'on lui envoyât Annibal, âgé alors de vingt-
deux ans, pour le former fous fon commandement au métier des armes. Hannon s'oppofa
fortement au départ d'Annibal, & remplit un
long difcours d'infinuations odieufes contre l'ambition d'Afdrubal, & de toute la famille Barcienne ; mais fa malveillance, déguifée fous le
mafque du patriotifme, n'en impofa point aux

fénateurs, & Annibal partit malgré les efforts de
fa haineufe éloquence.

Afdrubal ayant été peu de temps après affaffiné
par un Gaulois, en vengeance d'une injure qu'il
en avoit reçue (1), l'armée choifit Annibal pour
fon commandant; & le fénat en ayant été informé
par un exprès, confirma dans une affemblée l'élection des foldats (2). Annibal réduifit en peu de
temps toute la partie de l'Efpagne fituée entre la
nouvelle Carthage & la rivière d'Ibère, à l'exception de la ville de Sagonte, alliée des Romains.
Mais comme il avoit hérité de la haine que leur
odieufe conduite (3) dans la guerre des mercenaires révoltés avoit infpirée à fon père, il fit de
grands préparatifs pour le fiége de Sagonte. Les
Romains, au rapport de Polybe (4), informés du
deffein d'Annibal, envoyèrent à la nouvelle Carthage des ambaffadeurs qui l'avertirent du danger d'attaquer Sagonte, ou de traverfer l'Ibère
que le dernier traité fixoit pour limites aux poffeffions des Carthaginois & des Romains. Annibal

---

(1) Polyb. lib. 2, p. 172.
(2) Polyb. lib. 3, p. 234.
(3) J'expliquerai ceci dans un autre lieu.
(4) Polyb. lib. 3, p. 236.

avoua le deffein d'affiéger Sagonte ; mais les
ambaffadeurs furent fi peu fatisfaits des motifs
qu'il allégua pour juftifier cette expédition,
qu'ils allèrent droit à Carthage demander au
fénat quelle étoit fa réfolution. Le même auteur nous apprend qu'Annibal expédia d'avance
un courier à Carthage pour prévenir de l'arrivée des ambaffadeurs & prendre les ordres du
fénat (1), en y joignant toutefois de violentes
plaintes contre les Sagontins qui , fiers de leur
alliance avec Rome, infultoient & vexoient fréquemment les fujets de Carthage.

On peut préfumer que les ambaffadeurs ne furent
pas mieux reçus des fénateurs de Carthage qu'ils
ne l'avoient été d'Annibal, & qu'on lui ordonna
d'exécuter fon expédition. Polybe, en parlant de
quelques écrivains qui prétendoient raconter ce qui
s'étoit paffé dans le fénat de Rome lorfqu'on y
apprit la prife de Sagonte, & qui inféroient jufqu'aux débats qui eurent lieu pour favoir fi on
déclareroit fur-le-champ la guerre aux Carthaginois, traite toutes ces relations de fables inven-
tées à plaifir (2) ; & il ajoute avec indignation :

_____

(1) Id. ibid. p. 237.
(2) Id. lib. 3 , p. 243-244.

comment feroit-il poffible que les Romains qui
dans l'année précédente avoient dénoncé la guerre
aux Carthaginois, en cas qu'Annibal attaquât Sagonte, délibéraffent après la prife de cette ville
pour favoir s'ils la déclareroient?

Comme cette déclaration de guerre n'étoit que
conditionnelle, & qu'elle ne devoit avoir lieu
qu'au cas où Annibal attaqueroit Sagonte, elle doit
avoir précédé cet événement, & on doit par conféquent la référer à l'ambaffade dont j'ai parlé plus
haut; & comme Annibal entreprit le fiége de Sagonte malgré les menaces des Romains, on ne
peut pas douter qu'il n'ait agi par les ordres du
fénat de Carthage.

Lorfque les Romains apprirent la deftruction
de Sagonte, ils envoyèrent promptement à Carthage de nouveaux ambaffadeurs chargés d'exiger
qu'on leur remît entre les mains Annibal & tous
ceux qui lui avoient confeillé d'attaquer Sagonte;
& en cas de refus, de déclarer fur-le-champ la
guerre (1). Ces demandes furent écoutées avec
indignation par le fénat de Carthage; & l'un des
fénateurs chargé de répondre au nom de tous,
prononça un difcours préparé dans lequel il mêla

_____

(1) Polyb. id. ibid.

des

des récriminations fort adroites. Il offrit de prouver que les Sagontins n'étoient point les alliés
de Rome à l'époque du dernier traité de paix
entre les deux nations, & qu'ils ne pouvoient
pas par conféquent y être compris. Mais les Romains tranchèrent brufquement la queftion en
repliquant qu'ils n'étoient pas venus pour difpu-
ter, mais pour demander une réponfe catégorique
à cette fimple queftion; voulez-vous nous prouver en nous livrant tous les auteurs des hoftilités,
que vous n'avez point ordonné la deftruction de
Sagonte, ou préférez-vous de protéger ces auteurs
& de nous forcer à croire qu'Annibal n'a agi que
par vos ordres? Les Carthaginois refusèrent de
livrer Annibal; & la guerre fut immédiatement
déclarée par les Romains, & acceptée par la
majorité du fénat de Carthage (1).

(2) Tite-Livé affirme que le fénat de Rome ordonna l'ambaffade, mais qu'elle ne fut envoyée
qu'après qu'Annibal eut invefti Sagonte; & il diffère
de Polybe dans le récit des détails. Selon lui (3),
Annibal fut informé de l'arrivée des ambaffadeurs;

---

(1) Polyb. lib. 3, p. 259.
(2) Tit. Liv. lib. 21, p. 132.
(3) Id. p. 135.

mais il leur fit dire qu'il avoit autre chofe à faire ,
pour le moment , que de donner des audiences ;
& il fe hâta d'écrire à fes amis de la faction Barcienne , de faire tous leurs efforts pour empêcher
la faction oppofée de fatisfaire à la demande des
Romains.

. Les ambaffadeurs n'ayant pas pu obtenir d'être
entendus d'Annibal, allèrent à Carthage faire part
au fénat de leur miffion. Tite-Live introduit ici
Hannon (1) prononçant une harangue remplie
de fatyres amères contre ceux qui avoient
envoyé Annibal en Efpagne ; il prédit que
cette imprudence funefte doit entraîner la deftruction de Carthage. Après avoir confeffé la
joie qu'il avoit eue de la mort d'Amilcar , & fa
haine implacable pour toute fa famille, qu'il nomme les incendiaires de leur patrie, Hannon confeille aux fénateurs de livrer Annibal aux Romains ,
& de leur accorder la plus ample fatisfaction de
la ruine de Sagonte (2). Lorfqu'Hannon ceffa
de parler, il parut, dit Tite-Live, qu'il étoit
inutile de lui répondre ; car prefque tous les fénateurs prirent hautement le parti d'Annibal , &

---

(1) Tit. Liv. lib. 21 , p. 135, 136.
(2) Id. ibid.

accusèrent Hannon d'avoir mis dans son discours
plus de partialité, d'aigreur & d'invectives, que les
ambassadeurs Romains qui furent renvoyés avec
cette courte réponse : « que les Sagontins, & non
» pas Annibal, étoient les véritables auteurs de
» la guerre ; & que les Romains feroient preuve
» d'une grande injustice, s'ils préféroient l'amitié
» des Sagontins à celle des Carthaginois leurs
» anciens alliés ». La manière dont Tite-Live
raconte la seconde ambassade qui suivit la prise de
Sagonte, diffère si peu de celle de Polybe relativement à la question énergique des Romains, à
la réponse des Carthaginois & à la déclaration
de guerre, qu'elle ne seroit qu'une répétition inutile
& fastidieuse (1).

Si le discours d'Hannon eût été la sincère ex-
pression de ses sentimens, d'après la connoissance
de la supériorité des Romains & du danger d'entreprendre une guerre de cette importance, avant
que son pays eût réparé ses pertes récentes, il
auroit fait l'œuvre d'un patriote prudent & très-
estimable : & en effet Polybe, après avoir fait l'énu-
mération des grandes qualités d'Annibal comme
homme de guerre, n'hésite point à affirmer, que

_____

(1) Tit. Liv. lib. 3, p. 142, 143.

O 2

s'il eût commencé par attaquer d'autres nations,
& qu'il eût laiffé les Romains pour la dernière,
il auroit très-certainement réuffi à les fubjuguer (1).

Mais la conduite qu'Hannon tint depuis durant
tout le temps que l'Italie fut le théâtre de la guerre,
prouve évidemment qu'il ne s'y étoit oppofé que
par efprit de parti, & qu'on ne peut pas raifonnablement attribuer à fon amour pour fon pays, fa haine
pour la famille Barcienne. (2) Appien nous apprend que lorfque Fabius eut infiniment affoibli
Annibal par fa conduite prudente & mefurée, le
général Carthaginois envoya un meffage preffant
à Carthage, pour en obtenir de forts fecours
d'hommes & d'argent. Cet auteur (3) ajoute
qu'on lui refufa nettement l'un & l'autre, & que
ce refus fut dicté par l'influence de la faction qui
s'étoit oppofée à la guerre, & qui s'occupoit conftamment à faire échouer toutes les entreprifes
d'Annibal. Dans fa relation du compte qu'Annibal
rendit de la bataille de Cannes, au fénat de Carthage, par l'entremife de fon frère Magon qu'il

_____

(1) Polyb. lib. 11, p. 888, 889.

(2) Appian. de Bell. Annib. p. 32-34, edit. Henr.
Stéphan.

(3) Id. lib. 23, p. 265, 266.

envoya folliciter des fecours d'hommes & d'argent, il introduit encore Hannon fur la fcène, &
lui fait prononcer un long difcours dans lequel il
s'oppofe à l'envoi des fecours & perfifte toujours
dans fes anciens fentimens fur Annibal & fur la
guerre. Mais enorgueillis d'une victoire qui donnoit à la puiffance de Rome la plus forte atteinte
qu'elle eût reçue depuis la fondation de cette république, & convaincus de la haine qu'Hannon
& fa faction avoient toujours eue pour la famille
Barcienne, les Carthaginois accordèrent, par acclamations, un fecours de 40 mille Numides, &
de 24 mille hommes d'infanterie & cavalerie qu'ils
ordonnèrent de lever fans délai en Efpagne, indépendamment d'un grand nombre d'éléphans &
d'une forte fomme d'argent. Mais quoiqu'Hannon n'eût pas eu dans cette occafion affez d'influence fur le fénat pour retarder la levée des
fecours, il en eut toutefois affez pour les faire réduire à douze mille hommes d'infanterie & à deux
mille cinq cents chevaux, & pour faire envoyer
le tout en Efpagne pour une expédition différente.
Il eft évident que la faction d'Hannon lia les
mains d'Annibal & entraîna la deftruction de
Carthage. Tite-Live rapporte (1) que le fénat

_____

(1) Tit. Liv. lib. 30, p. 135.

de Carthage ayant rappellé précipitamment Annibal & fon armée au fecours de fa patrie, cé grand homme déplora amérement l'imprudence de cetfe mefure dictée par fes ennemis perfonnels qui facrifioient à leur haine le falut de leur patrie. Annibal, vainqueur des Romains par-tout où il les rencontra en Italie, fut vaincu par la malveillance d'une faction qui lui avoit refufé conftamment les fecours indifpenfables au fuccès de fon expédition, & qui fauva Rome en le forçant enfin d'abandonner l'Italie. Tel eft l'efprit de violence & de haine aveugle des factions, qu'elles s'enfeveliffent fans héfiter fous des ruines, pourvu qu'elles puiffent en voir écrafer les rivaux de leur ambition. Hannon & fon parti contribuèrent plus que le grand Scipion à la ruine de Carthage.

En effet, fi Annibal eût reçu les fecours d'hommes & d'argent que le fénat lui avoit accordés, il auroit pris Rome & donné l'empire du monde à Carthage. Après la défaite de Cannes, les Romains étoient fi découragés & fi épuifés, que fi Annibal fe fût avancé fur le champ aux portes de Rome, comme Maherbal qui commandoit fa cavalerie lui en donna le confeil, il n'auroit point trouvé de réfiftance (1). A la première nouvelle

_____

(1) Tit. Liv. lib. 22, p. 240.

de ce funeſte événement, preſque toute la nobleſſe de Rome fut ſur le point de quitter l'Italie,
& d'aller fonder ailleurs un nouvel établiſſement.
Tite-Live affirme que le délai d'un ſeul jour
ſauva Rome & ſon empire. Appien eſt du même
avis (1), & confirme la terreur dont les Romains
furent ſaiſis dans cette circonſtance. Il prétend
qu'en y comprenant le maſſacre de la bataille de
Cannes où les Romains perdirent leurs plus braves officiers, Annibal avoit détruit cinquante-
deux mille de leurs meilleurs ſoldats en moins de
deux ans, à compter du commencement de la
ſeconde guerre punique. On peut juger de ce
qu'il auroit fait, ſi on lui eût envoyé les ſoixante
mille hommes, les éléphans, & l'argent que le
ſénat de Carthage lui avoit accordés, à une époque où ſes ennemis conſternés ne pouvoient lui
oppoſer que des armées compoſées de nouvelles
recrues. On peut en juger, dis-je, par ce que cet
habile général parvint à faire, privé de toute eſpèce de ſecours. Il ſe ſoutint en Italie durant quatorze années après la bataille de Cannes, & tous
les efforts des Romains ne purent jamais l'en chaſ-
ſer. Tite-Live, en rapportant ce fait, ne peut ſe

---

(1) Appian. de Bell. Annibal. p. 328.

défendre d'admirer le génie & l'étonnante habileté d'Annibal. Nous ne pouvons donc pas nous
diffimuler que Rome fut fauvée & Carthage
détruite par les cabales & la haine perfonnelle
d'une faction ambitieufe. Appien infinue que la paffion d'Annibal pour la gloire, & fa haine héréditaire
pour les Romains contribuèrent moins que les
importunités de fes amis à l'engager dans cette
guerre (1). Il ajoute qu'après la mort d'Amilcar
& d'Afdrubal fon gendre, Hannon & fon parti,
méprifant la jeuneffe d'Annibal, commencèrent
à perfécuter la famille Barcienne fi ouvertement
& avec tant de violence, qu'elle implora la protection d'Annibal (2), & que tous fes amis l'affu-
rèrent que fon intérêt & fa propre sûreté exigeoient qu'il fît avec eux caufe commune. Annibal, au rapport du même auteur, fentit la vérité de cette obfervation ; il jugea qu'une guerre
contre les Romains, très-agréable à la majorité
de fes compatriotes, pourroit fervir à contreminer
les attaques de fes ennemis, & à détourner la fureur d'une multitude abufée & enflammée par le
parti d'Hannon. Si l'opinion d'Appien fur l'o-

_____

(1) Iberic. p. 259.
(2) Appian. id. ibid.

rigine & les caufes de cette guerre étoit la véritable , elle démontreroit encore plus évidemment
les calamités que l'efprit de faction peut produire;
Annibal feroit fans contredit très-coupable ; mais
Hannon & fon parti ne le feroient pas moins,
pour avoir réduit un homme du caractère & du
génie d'Annibal à faire ufage d'une reffource fi
funefte. Le reproche de n'avoir point envoyé de
fecours au général Carthaginois , lorfqu'après la
bataille de Cannes il pouvoit achever la conquête
de Rome, & d'avoir laiffé à cette république le
temps & les moyens de fe relever de fes défaites
pour écrafer Carthage , n'en tomberoit pas moins
tout entier fur la faction d'Hannon , & prouve-
roit que l'efprit de faction toujours guidé par
des haines ou des intérêts perfonnels , compte
pour rien le bien public, & entraîne prefque toujours la ruine des états libres , & particuliérement des gouvernemens populaires.

Carthage ne fut pas feule expofée à ces défordres deftructeurs. Ils déchirèrent également la
république de Rome & celles de la Grèce. Si nous
pouvions remonter à la fource de toutes les mefures prifes par notre gouvernement ; fi nous
pouvions en découvrir les refforts fecrets, je ne
doute point que , malgré les prétextes fpécieux

dont on s'est fervi pour les pallier aux yeux du public , nous ne reconnuffions l'ouvrage d'une faction ou d'un parti dominant pour maintenir fa puiffance & favorifer fes vues perfonnelles. Nos annales nous fourniroient des exemples de cette vérité, trop récens pour qu'on puiffe les contefter. Le duc de Bolingbrock, le Hannon des Anglois, ne traita - t - il pas le victorieux Malborough à-peu-près comme on avoit traité Annibal après la bataille de Cannes ? Ne déplaça-t-il pas ce général par efprit de parti ? N'abandonna-t-il pas honteufement, ne facrifia - t - il pas les fidèles Catalans & la ville de Barcelone ? Ce même miniftre ne fit-il pas perdre à la nation, par le traité d'Utrecht, tous les avantages qu'elle avoit droit d'efpérer de fes longs fuccès durant la guerre ? Ce traité ne donna - t - il pas aux François le temps de rétablir leurs affaires , de fe relever de l'état de foibleffe où Malborough les avoit réduits, & d'atteindre à une puiffance formidable aujourd'hui pour nous & pour toute l'Europe ? Ce parallèle pourroit me conduire trop loin , & je reviens à l'hiftoire de Carthage ; mais comme durant cette période elle fe trouve perpétuellement confondue avec l'hiftoire des Romains , je fuis forcé, pour éviter les répétitions,

de différer le furplus de mes obfervations fur les
Carthaginois jufqu'au moment où j'examinerai
la différence des mœurs & du gouvernement civil
& militaire de ces deux nations.

CHAPITRE V.

De Rome.

QUOIQUE différentes caufes contribuent prefque toujours à la fubverfion d'un état ; cependant lorfqu'on y voit prévaloir le luxe & tous fes excès, on peut le confidérer comme la caufe principale, parce qu'il détruit infenfiblement toutes les vertus publiques. Naturellement contagieux, le luxe defcend peu-à-peu des claffes les plus élevées jufques dans la dernière, & il finit par corrompre toute la maffe du peuple. Ce n'eft pas feulement chez une, ou chez plufieurs nations que les funeftes effets du luxe fe font fait fentir, mais chez toutes celles qui ont eu l'imprudence de l'admettre. La philofophie politique a pofé pour maxime fondamentale & inconteftable, que les plus floriffans états ont été redevables tôt ou tard de leur ruine, aux effets du luxe : & toute l'hiftoire, à partir de la plus ancienne tradition, démontre l'évidence de cette vérité jufqu'à la démonftration. Dans les vaftes monarchies abfolues, le luxe produit l'avarice, le goût de la diffipation, l'avidité,

l'oppreffion du peuple & les rivalités des grands,
qui fe difputent les faveurs du fouverain. Il produit encore la vénalité, le mépris des loix & le
relâchement de la difcipline civile & militaire.
En imitant le contagieux exemple de fes fupérieurs,
le peuple contraĉte une molleffe efféminée qui
le rend inhabile au métier des armes, & incapable
de réfifter au premier audacieux ufurpateur. C'eft
ainfi que l'empire d'Affyrie s'écroula fous les
armes de Cyrus, & de fes pauvres, mais braves
Perfans : le vafte & opulent empire de la Perfe
fut à fon tour la facile conquête d'Alexandre,
fuivi d'une poignée de fes intrépides Macédoniens :
& la Macédoine, énervée par le luxe de l'Afie,
reçut docilement le joug des Romains.

. Lorfque le luxe admis dans un état libre s'y
répand fans obftacle parmi le peuple, il corrompt
inévitablement fes mœurs, & éteint toutes les
vertus publiques fans lefquelles la liberté ne peut
plus fubfifter. Les jouiffances du luxe deviennent
bientôt des befoins ; & le befoin impérieux s'agite
en tous fens pour fe fatisfaire. La dernière claffe
vend fes fuffrages à prix d'argent, d'abord en fe-
cret & avec un refte de retenue ; mais à mefure
que les befoins du luxe fe multiplient, & que
les mœurs continuent de fe dépraver, fa pudeur
difparoît, & elle met ouvertement fes fuffrages en

vente au plus offrant. Au moyen de ce trafic infame, les membres des claffes fupérieures, dont l'opulence fait fouvent tout le mérite, achètent les poftes lucratifs, & s'y maintiennent avec le fupplément de revenus qu'ils fourniffent, jufqu'à ce qu'ils aient afervi ceux qu'ils ont commencé par corrompre.

De toutes les anciennes républiques, c'eft Rome qui nous préfente, dans les derniers temps de fa liberté, le plus affligeant tableau des défordres & des paffions déréglées dans toute la violence & l'étendue dont elles font fufceptibles. C'eft là qu'on apperçoit l'effrayant mélange du luxe, de l'ambition, des factions, de l'orgueil, de la vengeance, de l'égoïfme, du mépris pour le bien public, & enfin de la dépravation complette qui précède & annonce la prochaine diffolution des empires. C'eft en conféquence, dans le cours de cette période, que nous rencontrerons les exemples les plus frappans & les plus utiles leçons que l'hiftoire puiffe nous fournir.

C'eft à une petite colonie d'Albains, conduits par Romulus, fuppofé le petit-fils de Numitor, roi d'Albe, que, fi nous en croyons Denis d'Halicarnaffe, le plus favant fcrutateur des antiquités romaines, Rome, devenue la maitreffe du monde, fut redevable de fa naiffance. La forme du gou-

vernement monarchique d'Albe & de Rome,
exactement copiée fur celle de Lycurgue, fait
préfumer, avec beaucoup de vraifemblance, que
les Albains tiroient leur origine des Grecs.

Le premier gouvernement inftitué par Romulus,
le fondateur de cet étonnant empire, étoit compofé d'un mélange balancé des puiffances royale,
ariftocratique & démocratique, que Polybe &
Denis appellent le gouvernement par excellence.
Comme la couronne de ce grand homme fut un
tribut rendu à fon mérite, & qu'il la tint du
meilleur de tous les titres, c'eft-à-dire, du choix
volontaire & unanime d'un peuple libre, je
n'héfiterai point de le placer au nombre des plus
célèbres légiflateurs & des plus illuftres héros de
l'antiquité. Son plan de gouvernement, quoique
formé fur celui de Lycurgue, étoit à plufieurs
égards préférable à celui de ce grand légiflateur.
Les Romains placèrent le pouvoir exécutif dans
les mains d'un feul. Le nombre de leurs fénateurs
étoit beaucoup plus confidérable ; & quoique toute
la maffe du peuple formât une milice régulière, on
encourageoit cependant la dernière claffe à s'occuper de l'agriculture, des pâturages, & d'autres
métiers lucratifs févérement prohibés parmi les
Lacédémoniens. Les patriciens exerçoient exclufivement les premiers emplois publics, ou la

partie ariſtocratique du gouvernement; mais le peuple choiſiſſoit les magiſtrats, faiſoit les loix, & refuſoit ou acceptoit la guerre ſur la propoſition du roi. Ses décrets n'étoient pas toutefois abſolus, car ils n'avoient force de loi que lorſqu'ils avoient été ſanctionnés par le ſénat.

On ne peut pas ſavoir ſi les Romains auroient accordé héréditairement la couronne aux deſcendans de leur fondateur, parce que Romulus n'avoit point d'enfans lorſqu'il fut aſſaſſiné par les patriciens, pour avoir entrepris d'étendre ſon autorité au - delà des bornes qui conviennent à une monarchie limitée. Quoi qu'il en ſoit, il eſt certain que leur monarchie continua d'être élective, & que cette circonſtance produiſit les déſordres ou les effets ordinaires de cette politique vicieuſe, juſqu'à l'uſurpation de Tarquin le ſuperbe.

Après la mort de Romulus, le vœu unanime des Romains plaça ſur le trône Numa, dont le caractère ou le génie étoit fort différent de celui de ſon prédéceſſeur. Ce digne prince détourna adroitement ſes ſujets de leur avidité pour la guerre & le pillage. Il leur enſeigna les arts de la paix, & leur fit goûter les jouiſſances de la vie ſociale en les inſtruiſant des premiers devoirs de l'homme,

ou

ou des devoirs de la religion & de la piété envers
les Dieux, & des loix de la juſtice & de l'humanité, qui contiennent les devoirs réciproques des
hommes envers leurs ſemblables. Le long règne
de ce prince ſage & bienfaiſant, eſt la période la
plus remarquable & la plus heureuſe de la durée
de Rome depuis ſa naiſſance juſqu'à ſa deſtruction.
Durant un laps de quarante-trois années, Rome
n'eut à ſe défendre d'aucun ennemi étranger, ni
d'aucune diſſenſion inteſtine. Après la mort de
Numa, univerſellement regretté comme le père
de ſon peuple, Tullus Hoſtilius, homme de mérite, fut appellé au trône par une élection légale.
Mais après un règne victorieux de trente-deux
ans, il périt avec toute ſa famille par le feu du
ciel. Quelques écrivains aſſurent cependant qu'il
fut aſſaſſiné par Ancus Martius, petit-fils de
Numa par ſa fille, qui croyoit avoir plus de
droit à la couronne que Tullus & ſa famille.
Quoi qu'il en ſoit, Ancus Martius la reçut du
peuple, & mourut après un règne de vingt-quatre
ans, durant lequel il rétablit celles des inſtitutions
religieuſes de ſon grand'père qui avoient été négli-
gées ſous le règne précédent. Il étendit l'enceinte
de Rome & lui donna un port en fortifiant le baſſin
formé par l'embouchure du Tibre.

Lucius Tarquin, d'origine grecque du côté

paternel, & admis au privilège de citoyen romain
fous le règne d'Ancus Martius, obtint la couronne
du refpeẛ général pour fon rare mérite, & fe
montra digne de la confiance que le peuple avoit
en lui. Il porta le nombre des fénateurs à trois
cents; il étendit confidérablement le territoire
des Romains, embellit la ville, & fut affaffiné dans
fon palais, après un glorieux règne de trente-huit
années, par les émiffaires des deux fils d'Ancus
Martius qui efpéroient recouvrer après fa mort
le trône de leur père. Mais ce crime ne produifit
point l'effet qu'ils en attendoient: le peuple qui
chériffoit Tarquin fit condamner & exécuter
fes meurtriers; les fils d'Ancus furent bannis &
leurs biens confifqués. Tullus Servius, gendre de
Tarquin dont il avoit époufé la fille, lui fuccéda
par les foins de fa belle-mère & par la faveur du
peuple; mais fans le confentement des patriciens
& du fénat.

Tullius avoit un mérite diftingué & des talens
fupérieurs à ceux de tous les rois de Rome qui
l'avoient précédé, à l'exception toutefois de
Romulus. Mais comme il affeẛoit d'incliner vers
la démocratie, & qu'il ne devoit fon élévation
qu'au peuple, il fut toujours mal vu des patriciens qui confidéroient fon éleẛion comme une
intrufion illégale. Cependant, comme dans le

cours d'un glorieux règne de quarante-quatre ans,
il rendit à fon pays de très-grands fervices, je ne
puis pas m'abftenir de faire mention ici de quelques-unes de fes inftitutions, dont la connoiffance
eft indifpenfable pour pouvoir fe former une
jufte idée de la conftitution des Romains.

Tullius ordonna que tous les Romains fiffent
enregiftrer leur nom, leur âge, ceux de leurs
femmes & de leurs enfans, & le lieu de leur
réfidence, foit à la ville ou à la campagne. Il leur en-
joignit en même temps de déclarer fous le ferment
la valeur de leurs biens ou effets, & condamna ceux
qui ne feroient une déclaration exacte de tous ces
détails, à être fuftigés & vendus comme efclaves.
Il fe fervit de ce regiftre pour former fon plan
d'une milice générale & régulière, qui fut conftamment fuivi par les Romains jufqu'au temps de
Marius. Tullius divifa la totalité des citoyens en
fix claffes. La première étoit compofée des citoyens
dont les poffeffions montoient à la valeur de cent
mines (1). Il leur donna une armure complette,
& les divifa en quatre-vingt centuries, moitié
defquelles, compofée des plus jeunes, fut deftinée à marcher à l'ennemi en temps de guerre,

_____

(1) Cent mines, environ trois cents louis.

& les autres à défendre la ville. A ces quatre-vingt
centuries d'infanterie armée pefamment , il ajouta
dix-huit centuries de cavalerie choifies parmi ceux
qui étoient d'une naiffance diftinguée & en poffeffion d'une fortune confidérable. Ainfi la première
claffe compofoit quatre-vingt-dix-huit centuries;
la feconde , la troifième & la quatrième claffe
formoient chacune vingt centuries. Elles étoient
compofées de citoyens dont les effets montoient
à la valeur de foixante-quinze, de cinquante, & de
vingt-cinq *mines* ; leurs armes diminuoient de
poids d'une claffe à l'autre. A la feconde claffe
il joignit deux centuries d'armuriers & de porte-
haches ou fapeurs ; à la quatrième claffe deux
centuries de trompettes & de cors , qui compofoient toute la mufique militaire de fon armée.
Ceux qui poffédoient douze *mines & demie*, compofoient la cinquième claffe ; ils étoient armés de
dards & de frondes , & confidérés comme troupes
irrégulières. La fixième claffe , infiniment plus
nombreufe , comprenoit les plus pauvres citoyens
qui étoient tous exempts des taxes & du fervice
militaire.

Cette fage difpofition faifoit tomber principalement le poids de la guerre fur les citoyens qui
pouvoient plus facilement le fupporter. Si par
exemple Tullius vouloit lever vingt mille hommes,

il partageoit ce nombre entre les centuries des
cinq premières claſſes, & ordonnoit à chacune
de fournir ſon contingent. Il calculoit enſuite la
ſomme néceſſaire pour les frais de la guerre; il
la partageoit de même entre les centuries, &
chacun payoit en proportion de ſes poſſeſſions.
Il en réſultoit que les riches, qui étoient en plus
petit nombre, mais qui formoient plus de centuries, ſervoient plus ſouvent & payoient des taxes
plus conſidérables. Tullius penſoit que ceux qui
poſſèdent les plus grandes propriétés, doivent
payer plus de leur bourſe & de leur perſonne;
que les pauvres doivent être exempts des taxes,
parce qu'ils manquent du néceſſaire, & qu'on ne
pouvoit pas équitablement en exiger le ſervice
militaire, parce que les ſoldats romains ſervoient
à leurs frais, & ne reçurent point de paie avant la
trois cent quarante-huitième année de la fondation
de Rome (1).

Comme ce réglement faiſoit tomber en plus
grande partie ſur les riches les frais & les dangers
de la guerre, Hoſtilius leur donna en revanche
la principale autorité du gouvernement, au moyen
d'une innovation, trop adroite pour être évaluée
par le peuple.

---

(1) Tite-Liv. lib. 4, p. 276.

Dans la conſtitution primitive des Romains ;
le peuple étoit en poſſeſſion d'élire par des ſuffrages les magiſtrats civils & les officiers militaires ; de faire & de révoquer les loix, de déclarer la guerre & de conclure la paix. Mais comme le
peuple votoit par *curies* (1) , & que chaque tribu

---

(1) Romulus avoit partagé la totalité du peuple en
trente *curies*, & dix curies formoient une tribu. A leurs
comices ou aſſemblées générales, le peuple ſe diviſoit
en *curies*, & donnoit ſes ſuffrages par tête. La majorité
des voix d'une *curie* étoit cenſée ſon ſuffrage unanime,
& la majorité des *curies* conſtituoit le vœu ou ſuffrage
général du peuple.

Tullius au contraire prenoit les ſuffrages ſimplement
par centuries, dont le nombre total montoit à 193, &
compoſoit les ſix claſſes. Mais comme la première claſſe
ſeule, toute compoſée des riches, contenoit 98 centuries ; ſi les centuries de la première claſſe étoient unanimes, comme Denis d'Halicarnaſſe prétend que cela
arrivoit preſque toujours, elles l'emportoient à coup ſûr
par une majorité de trois centuries. Si elles n'étoient
pas d'accord, Tullius appelloit les centuries de la ſeconde claſſe, & ainſi de ſuite, juſqu'à ce que 97 centuries fuſſent de la même opinion ; & alors il y avoit
majorité d'une centurie. Si les ſuffrages continuoient à
être égaux, qu'il y en eût 96 de chaque côté, après
avoir les ſuffrages des cinq premières claſſes, Tullius
appelloit la ſixième claſſe compoſée des plus pauvres

formoit des *curies*, le suffrage du dernier citoyen n'avoit pas moins d'influence que celui du
plus diftingué par fon emploi ou par fa naiffance; &
comme les pauvres étoient infiniment plus nombreux que les riches, ils avoient toujours pour
eux la majorité. Tullius changea de méthode. Il
affembla le peuple & prit leurs fuffrages par centuries, & non pas par *curies*. Cette mefure adroite
tourna la balance & donna aux riches la majorité.
Car comme on prenoit d'abord le fuffrage de la
première claffe qui contenoit quatre-vingt-dix-huit
centuries, lorfqu'elles étoient unanimes elles avoient
fur tout le refte une majorité de trois centuries
qui décidoit la queftion, fans confulter les cinq
autres claffes, parce que c'eût été du temps perdu.

---

citoyens : quoique très - nombreux, ils ne formoient
qu'une centurie. Le côté auquel elle fe joignoit l'emportoit d'une centurie, & décidoit la queftion. Mais
Denis d'Halicarnaffe affure qu'on en venoit rarement
à cette dernière reffource ; que pour l'ordinaire on n'appelloit pas même la quatrième claffe. Il eft évident
que dans les affemblées par *curies*, la dernière claffe,
de beaucoup la plus nombreufe, avoit la prépondérance ;
& que dans les affemblées par centuries, elle étoit prefque nulle, parce qu'elle ne formoit qu'une feule centurie, & qu'elle n'avoit enfin qu'une voix fur 193.

Tullius avoit marié fes deux filles à Tarquin
& à Aruns, les petits-fils de fon prédécefleur dont
il avoit été le tuteur durant leur minorité. Mais
quel eft le lien refpecté de l'ambition ? Tullie, la
plus jeune de fes filles & la plus détestable de
fon fexe, n'ayant pas pu déterminer Aruns fon
mari à concourir avec elle pour faire dépofer fon
père, s'adrefla à Tarquin fon beau-frère dont le
caractère étoit beaucoup analogue au fien. Elle
offrit de l'époufer, s'il vouloit réclamer ce qu'elle
appelloit fon droit légitime, & entreprendre de
fupplanter fon père. Tarquin accepta l'offre &
les conditions de ce mariage inceftueux, qui eut
bientôt fon exécution, après la mort du mari &
de la fœur dont ces deux monftres ne tardèrent
pas à fe débarrafler. Tarquin alors le digne mari
de Tullie propofa dans le fénat de dépofer Tullius ;
mais ayant échoué dans cette odieufe entreprife,
à l'inftigation de fon horrible mégère, il fit affaffiner Tullius en plein jour dans la rue devant
la porte de fon palais, & la féroce Tullie triomphante fit pafler fon char fur le corps fanglant
de fon père à peine encore expiré. Au moyen de
cette fcène compliquée de meurtres, d'incefte &
de parricide, Tarquin, furnommé le fuperbe, ufurpa
le trône & y exerça la plus affreufe tyrannie.

Les patriciens (1) qui l'avoient favorifé par haine contre Tullius & contre les plébéiens, ou dans l'efpoir de partager fon autorité, furent les premières victimes de fes fureurs.

Tous les amis de Tullius, tous ceux que le tyran jugeoit mal intentionnés pour lui, & tous ceux enfin qui poffédoient une fortune, furent facrifiés à fon avarice, ou à fes foupçons. Des émiffaires gagés les accufoient de crimes prétendus, & le plus ordinairement d'une confpiration contre fa perfonne, le prétexte commun de tous les tyrans. Comme Tarquin étoit leur juge, toute efpèce de défenfe devenoit inutile. Il condamnoit les uns à mort, il banniffoit les autres, & ne manquoit jamais de confifquer leurs biens. La plupart des accufés, informés des motifs du tyran & défefpérant de fauver leur vie, s'expatrioient volontairement. Mais il en fit affaffiner un grand nombre dont on ne put jamais retrouver les corps. Lorfqu'il eut fuffifamment épuifé le fénat par la mort ou le banniffement de fes membres les plus refpectables, il remplit de fes créatures les places vacantes. Mais rien ne pouvoit paffer au fénat que par fes ordres; cette affemblée fut réduite à

---

(1) Dionyf. Halicar. lib. 4, p. 182, edit. 1546.

une vaine forme & dépouillée de toute efpèce
d'autorité (1).

Les plébéiens contemploient avec joie la per-
fécution des patriciens qu'ils confidéroient comme
le jufte châtiment de leur conduite fous le règne
de Tullius; mais ils eurent bientôt leur tour &
furent traités avec la même barbarie (2). Le tyran
commença par abolir toutes les loix de Tullius
qui tendoient à les défendre contre les vexations
des patriciens; il les chargea de taxes ruineufes.
Et pour leur ôter les occafions de fe réunir &
de former contre lui des complots, il fupprima
toutes les affemblées religieufes. Procédant enfuite
d'après la maxime de tous les tyrans qui confi-
dèrent les loifirs du peuple comme la fource de
toutes les féditions, Tarquin chargea conftamment
fes malheureux fujets de travaux ferviles & péni-
bles. Les patriciens fe réjouirent à leur tour des
calamités des plébéiens; mais ni les uns ni les
autres n'entreprirent de mettre une fin à la per-
fécution commune.

_____

(1) Dionyf. Halicarn. id. ibid.

(2) Cette réflexion pourroit faire préfumer que les
hiftoriens ont exagéré les atrocités de Tarquin-le-Su-
perbe.

Note du traducteur.

Après avoir gémi durant vingt-cinq années
fous la verge de cette barbare & ignominieuse
tyrannie, l'injure d'un patricien nommé Collatin,
& allié de fort près à la famille régnante, fit fortir les Romains de leur ftupeur. Sextus, le fils aîné
de Tarquin, viola Lucrèce l'époufe de Collatin.
Cette action odieufe fans doute , mais beaucoup
moins que le pillage de toutes les fortunes, les
meurtres & les profcriptions de tous les citoyens,
opéra une coalition des deux ordres qui fe termina par l'expulfion du tyran & de fes fils , & par
l'irrévocable abolition du gouvernement monarchique.

La tyrannie de Tarquin avoit rendu le nom
de roi fi odieux aux Romains, que les patriciens
qui étoient à la tête de cette révolution réuffirent
fans beaucoup de peine à établir une ariftocratie
fur les ruines de la monarchie (1). Deux magiftrats élus annuellement eurent , fous la dénomination de confuls, tous les pouvoirs de la royauté.
Les plus riches d'entre les plébéiens remplirent les
places vacantes dans le fénat, après avoir été préa-
lablement créés patriciens. Le peuple rentra dans
fes droits de tenir des affemblées, de donner fes

---

(1) Denis d'Halicarn. liv. 5 , p. 205.

fuffrages; & enfin de tous les privilèges qui lui étoient affurés par l'ancienne conftitution. Mais fon autorité n'étoit toutefois qu'illufoire; car quoique les confuls fuffent élus tous les ans par fes fuffrages, on ne les prenoit cependant que par centuries, & non pas par tribu. Les patriciens décidoient par conféquent prefque toujours des élections.

Il eft bon d'obferver que Denis d'Halicarnaffe appelle toujours le nouveau gouvernement inftitué après l'expulfion des Tarquins, une ariftocratie : & toute la fuite de fon hiftoire annonce qu'il exiftoit parmi les patriciens, une faction qui tendoit à une oligarchie tyrannique & à réduire les plébéiens à une véritable fervitude.

Valerius Publicola, le plus populaire de tous les patriotes qui contribuèrent à chaffer les Tarquins, fit paffer quelques loix qui adoucirent un peu la fituation des plébéiens. La première prononçoit la peine de mort contre tout citoyen qui exerceroit une magiftrature qui ne lui auroit pas été conférée par les fuffrages du peuple. Une autre défendoit de punir un Romain fans lui avoir fait légalement fon procès; & lorfqu'un magiftrat quelconque, condamnoit un Romain à une amende, à la fuftigation ou à la mort; le citoyen condamné avoit le droit d'appeller de cette fentence au peu-

ple, & on ne pouvoit point la mettre à exécution
fans qu'elle eût été ratifiée par fes fuffrages. Le
befoin de ces loix prouve que jufqu'alors les plébéiens avoient été traités d'une manière qui s'accordoit mal avec leur liberté prétendue. L'avarice & les vexations des patriciens qui entraînèrent les fréquentes féditions dont l'hiftoire de la
république romaine eft remplie, nous préfentent
encore une preuve inconteftable de la trifte fituation du peuple ou des plébéiens. Les foldats de
Rome étoient tous des citoyens libres. Chacun
d'eux payoit fa part des impofitions, & n'en étoient
pas moins tenus de fervir durant la guerre de leur
perfonne & à leurs propres dépens. Un grand
nombre fe virent fouvent forcés d'emprunter à
très-gros intérêt de l'argent aux patriciens qui
poffédoient la plus forte partie des richeffes de
la nation. Les territoires des Romains ayant été
fréquemment ravagés dans les guerres que Tarquin leur fufcitoit pour tâcher de recouvrer fa
couronne, les pertes tomboient principalement fur
des plébéiens qui fe trouvoient réduits à la dernière indigence. Ne pouvant plus payer leurs dettes
qui fe trouvoient bientôt doublées par des intérêts ufuraires, ces malheureux citoyens devenoient
infolvables, & la loi les abandonnoit à la difcrétion de leurs créanciers. Ces barbares fangfues

chargeoient leurs débiteurs de chaînes, les fufti-
geoient inhumainement, & les traitoient avec tant
de férocité, qu'une partie des citoyens romains
étoient à-peu-près auffi infortunés que ceux d'A-
thènes, à l'époque où Solon entreprit de changer
la forme de leur conftitution. Les effets de cette
rigueur intolérable chez un peuple libre, ou qui
croyoit l'être, fe firent violemment fentir environ douze ans après l'inftitution du nouveau
gouvernement. Treize villes latines ayant formé
par l'inftigation des Tarquins une confédération
contre les Romains, les plébéiens refufèrent nettement de s'enrôler avant qu'un décret du gouvernement eût aboli leurs dettes. N'ayant pu rien
gagner par la perfuafion, le fénat tint à ce fujet
une affemblée, où le fils de Publicola défendit
avec zèle la caufe du peuple, & fut violemment
repouffé par Appius Claudius, patricien orgueilleux, que Denis d'Halicarnaffe appelle le promoteur de l'oligarchie & le chef de la faction anti-
populaire.

Les plus modérés des fénateurs proposèrent
d'acquitter toutes les dettes aux dépens du tréfor
public. Cette mefure fage auroit affectionné le
pauvre au fervice de l'état, fans que leurs créanciers
euffent à fe plaindre d'une injuftice ; mais elle
éprouva tant de réfiftance, qu'on ne put rien

terminer : on décida feulement qu'on ne feroit
point pour le moment de décret relatif à cette
affaire ; mais que dès que la guerre feroit terminée heureufement , les confuls la propoferoient
au fénat qui la prendroit en confidération. En
attendant , toutes pourfuites contre les débiteurs furent défendues ; & on fufpendit l'exécution de toutes les loix , à l'exception de
celles qui étoient relatives à la guerre. Ce tem-
pérament ne calma pas totalement la fermentation
du peuple. Un grand nombre des plus pauvres exigeoient l'immédiate abolition de leurs
dettes avant de prendre les armes , & ne confidéroient les délais que comme un détour pour
leur en impofer. Redoutant de nouvelles commotions , & réfolu toutefois, fi on en juge par l'événement, de ne jamais acquiefcer à cette demande ,
le fénat prit le parti d'abolir paffagérement le confulat & toutes les autres magiftratures. Il créa,
fous le nom de dictateur , un nouveau magiftrat,
qu'il inveftit d'un pouvoir abfolu , fans bornes ,
& qui ne pourroit jamais être recherché pour
fes actions dans l'exercice de fon autorité. La
durée de cet office fut fixée à fix mois , après
lefquels les confuls devoient reprendre leurs fonctions. En faifant ufage de ce dangereux expédient , le fénat eut principalement en vue d'éluder

la loi de Publicola (1), qui défendoit, sous peine
de mort, à tous les magistrats, de punir un citoyen Romain, sans lui avoir fait légalement
son procès, & avant que sa sentence eût été confirmée par le peuple. Les sénateurs firent un décret
pour l'élection d'un dictateur ; & les plébéiens
qui n'en prévoyoient pas l'importance (2), le
confirmèrent, & déférèrent au sénat le droit de
le choisir. Titus Lartius, l'un des consuls, fut
nommé par son collègue : conformément à ce
que le sénat avoit ordonné pour cette circonstance, lorsque le dictateur parut pour la première fois dans toute la pompe de sa nouvelle &
redoutable dignité, un sentiment de terreur saisit
les plus turbulens ; & le peuple ne pouvant plus
réclamer la loi qui lui servoit de sauve-garde, se
soumit sans résistance. Lartius, qui étoit très-probablement un des plus grands hommes de son
temps, fit inscrire tous les Romains sur un regis-
tre, & forma son armée d'après la sage méthode
instituée primitivement par Servius Tullius. Dès
l'entrée de la campagne, il eut l'adresse de per-

---

(1) Dionys. Halicarn. lib. 5, p. 247.
(2) Id. ibid.

suader

fuader aux Latins de licencier leur armée, & de
conclure une trève. Après avoir ainſi terminé
la guerre ſans combat, il revint à Rome , &
ſe démit de ſon office avant l'époque de ſon expiration, ſans avoir exercé un ſeul aête de rigueur
contre aucun de ſes compatriotes. Il ſeroit difficile de citer un plus bel exemple de modération
& de vertu publique.

À l'expiration de la trève conclue pour une année ſeulement , les Latins mirent en campagne
une armée formidable. Les Romains créèrent Aulus Poſthumius , diêtateur. Il donna bataille près
du lac de Régille où les Romains remportèrent
une viêtoire complette. Sextus Tarquin reſta ſur
le champ de bataille , & ſon père ne lui ſurvécut
pas long-temps. Lorſque la guerre fut terminée ,
le ſénat, ſans égard pour ſa promeſſe , ordonna
que les pourſuites pour dettes ſeroient terminées
conformément à la loi qui avoit été ſuſpendue
durant la guerre ; ce manque de bonne foi excita
parmi le peuple une ſi violente commotion ,
qu'une nouvelle guerre fut conſidérée comme le
ſeul expédient capable de détourner l'orage qui
menaçoit l'ariſtocratie. Le fougueux Appius Claudius, & Publius Servilius d'un caraêtère fort différent de ſon collègue, furent nommés conſuls (1)

_____

(1) Dionyſ. Halicarn. lib. 6, p. 255.

Q

par leurs deux prédécesseurs , au mépris des
droits du peuple , dont cette nomination illégale
fut une violation manifeste. On décida de porter
la guerre chez les Volfques; mais les plébéiens
refusèrent de nouveau de s'enrôler. Servilius adop-
tant les maximes de Valerius , confeilla de paffer
fur-le-champ un décret pour l'abolition des dettes. Mais l'inexorable Appius s'y oppofa avec fureur (1) ; il accufa Servilius de faire baffement fa
cour au peuple. Après avoir perdu beaucoup de
temps en débats inutiles , Servilius, qui jouiffoit de la confiance des plébéiens , parvint à
les appaifer, & leva une armée de volontaires
avec lefquels il marcha contre les ennemis. Les
Volfques qui avoient compté fur les diffenfions
des Romains , acceptèrent toutes les conditions
qu'il plut au conful de leur dicter , & livrèrent
pour garans de leur fidélité trois cents ôtages tirés
des familles les plus diftinguées de leur nation.
Mais leur foumiffion étoit fort éloignée d'être
fincère. Ils fe propofoient d'amufer les Romains ,
& de fe ménager le temps de faire leurs préparatifs. La guerre contre les Volfques fut réfolue
pour la feconde fois ; mais tandis que le fénat dé-

_____

(1) Dionyf. Halicar. lib. 6, p. 266.

libéroit fur le nombre des forces qu'il convenoit
de leur oppofer , un homme d'un âge avancé fe
préfenta dans le *forum* , & implora la protection du peuple (1). La famine fembloit fiéger fur
fa figure pâle & décharnée , & fes vêtemens dé-
guenillés annonçoient l'exceffive indigence. Cet
homme qui n'étoit pas inconnu du peuple , &
qui avoit , dit-on , occupé un pofte fupérieur
dans l'armée , commença par découvrir fa poi-
trine, & en montrer les cicatrices honorables. Il
apprit enfuite au peuple qu'il s'étoit trouvé à vingt-
huit batailles , & qu'il avoit fouvent obtenu les
récompenfes deftinées aux actions de valeur ; que
dans la guerre des Sabins , l'ennemi lui avoit enlevé tous les animaux indifpenfables à fes travaux champêtres ; que fes champs avoient été
ravagés & fa maifon réduite en cendres ; enfin ,
que dans ces triftes circonftances il s'étoit vu forcé
de faire des emprunts pour payer les impofitions
publiques ; que des dettes accumulées par l'intérêt ufuraire l'avoient réduit à vendre le petit do-

---

(1) J'ai donné la préférence à la relation de Tite-
Live ; elle m'a paru non-feulement plus touchante que
celle de Denis d'Halicarnaffe , mais la plus pathétique
que j'aie jamais rencontrée dans l'hiftoire.

maine qu'il tenoit de fes ancêtres, & le peu d'effets qui lui reftoient ; mais que comme ils ne fuf-
fifoient pas pour l'acquitter, fes créanciers s'é-
toient faifis de fa perfonne & de fes deux fils, &
qu'ils gémiffoient tous trois dans le plus barbare
de tous les efclavages. Après avoir terminé cette
trifte relation, il fe dépouilla de fes haillons, fit
voir fon dos encore fanglant des coups de fouet
de fon barbare maître. Au moment où cette vue
commençoit à exciter la colère du peuple, une
foule de débiteurs évadés des maifons de leurs
bourreaux, & la plupart chargés de fers, accoururent dans le *forum*, & achevèrent d'enflammer
tous les citoyens de fureur. Si on leur parloit de
prendre les armes, ils montroient avec indignation les chaînes des débiteurs (1) ; & deman-
doient fi c'étoit la récompenfe qu'on leur prépa-
roit ? fi elle méritoit, que pour l'obtenir, on ex-
pofât fa vie ? D'autres déclaroient qu'ils aimoient
mieux être efclaves des Volfques que des féroces
patriciens : le fénat déconcerté par la violence de
ce tumulte, conjura Servilius d'effayer de calmer
le peuple ; & la circonftance étoit preffante :
car un exprès envoyé par les Latins venoit avertir

---

(1) Dionyf. Halicar. lib. 6, p. 268.

que les Volfques étoient entrés fur le territoire des
Romains. Servilius tâcha de faire fentir au peuple
les dangers d'une diffenfion dans cette conjoncture critique, & il parvint à le calmer, en promet-
tant que le fénat confirmeroit toutes fes conceffions.
Un crieur public proclama que tous les Romains
qui s'enrôleroient volontairement, feroient à l'a-
bri de toute infulte, pourfuite ou demande de fes
créanciers, tandis que l'armée feroit en campagne. Les citoyens accoururent en foule pour
s'enrôler, & les levées furent bientôt complettes.
Servilius entra en campagne, défit les Volfques,
s'empara de leur camp, prit plufieurs de leurs
villes, & partagea toutes leurs dépouilles à fes
foldats. Dès qu'on eut appris à Rome la nouvelle
de ces fuccès, le féroce Appius (1) fit conduire
tous les ôtages des Volfques dans la place du *fo-*
rum, où ils furent fuftigés & décapités publiquement. Lorfqu'à fon retour, Servilius demanda le
triomphe, Appius s'y oppofa, l'appella factieux,
l'accufa d'avoir fruftré le tréfor public, & parvint à lui faire refufer le triomphe. Servilius, irrité de cette injuftice, entra dans la ville à la tête
de fon armée victorieufe, au milieu des acclama-

---

(1) Dionyf. Halicarn. lib. 6, p. 270.

tions du peuple & à la grande mortification des
patriciens.

Sous le confulat fuivant, les Sabins fe prépa-
rèrent à une invafion fur le territoire de la république romaine, & le peuple demanda encore
l'abolition des dettes avant de prendre les armes.
Lartius, le premier dictateur, parla fortement en
faveur du peuple ; mais l'inflexible Appius propofa
de nommer un dictateur, comme la feule mefure
convenable dans cette circonftance. Cette motion
fut approuvée par la majorité des fénateurs, &
ils créèrent dictateur Manius Valerius, frère du
grand Publicola. Valerius, homme de mérite &
d'honneur, promit aux plébéiens que s'ils vouloient prendre les armes & fervir leur pays avec
zèle dans cette occafion, le fénat termineroit toutes
les réclamations relatives aux dettes , & leur
accorderoit tout ce qu'ils pourroient raifonnablement demander. Il défendit auffi d'exercer aucunes pourfuites contre les débiteurs durant tout
le temps de fon adminiftration. Le peuple avoit
fi fouvent éprouvé le patriotifme bienfaifant de la
famille Valerienne, qu'il n'eut point de doutes fur
l'effet de fes promeffes. Les enrôlemens furent fi
rapides & fi nombreux que l'on compléta en peu
de jours dix légions, chacune de quatre mille
hommes. Jamais les Romains n'avoient encore

raſſemblé un ſi grand nombre de leurs citoyens
ſous les drapeaux. Le dictateur termina glorieuſe-
ment la campagne, obtint le triomphe & licencia
ſon armée (1). Cette dernière démarche ne plut pas
au ſénat, qui craignit que le peuple n'exigeât
l'exécution des promeſſes du dictateur. Cette
crainte étoit fondée ; car Valerius tint parole., &
propoſa dans le ſénat de prendre en conſidération
les engagemens qu'on lui avoit fait prendre avec
le peuple. Mais la faction d'Appius jetta les hauts
cris, & recommença ſes invectives contre une
race d'hommes que les oppoſans appelloient les
corrupteurs du peuple & les promoteurs de loix
pernicieuſes. Valerius voyant ſa motion rejettée,
fit de vifs reproches aux ſénateurs; il les avertit
des ſuites de leur refus; & , ſortant bruſquement
du ſénat, il convoqua une aſſemblée du peuple.
Après avoir remercié les citoyens de leur coura-
geuſe fidélité, il leur apprit ce qui venoit de ſe
paſſer dans le ſénat, & combien on lui en avoit
impoſé. Il ſe démit de la dictature, & ſe ſoumit
à tout ce que le peuple jugeroit à propos d'ordonner de ſa perſonne. Les Romains l'écoutèrent
avec autant de vénération que d'intérêt ; & il

---

(1) Dionyſ. Halicarn. lib. 6, p. 276-277.

fût reconduit chez lui au milieu des acclamations.
Mais ne gardant plus déformais de ménagemens
avec le fénat, les plébéiens s'affemblèrent publiquement, & réfolurent de fe féparer des patriciens. Pour prévenir cette fciffion dangereufe,
le fénat ordonna aux confuls de ne point licencier l'armée, & de la remettre en campagne fous
le prétexte d'une nouvelle invafion projettée par
les Sabins. Les confuls fortirent de la ville & campèrent près l'un de l'autre ; mais les foldats,
excités par un nommé Sicinius Bellutus, fe fai-
firent de leurs armes; & après s'être emparé des
drapeaux, pour éluder la violation du ferment
militaire, ils s'éloignèrent des confuls, choifirent
Sicinius pour leur commandant, & campèrent
dans les environs de la rivière d'Anio, fur une
éminence qu'on appella toujours depuis *le Mont
Sacré*, en mémoire de cet événement.

Lorfque la nouvelle de cette fciffion parvint à Rome, la confufion qu'elle y répandit reffembloit parfaitement à une ville prife d'affaut.
Tous les reproches de cette défertion tombèrent
fur la faction d'Appius; & les clameurs furent
d'autant plus violentes que les ennemis faifoient
dans ce moment des incurfions jufqu'aux portes
de Rome, & que les patriciens craignoient que

les déferteurs n'allaffent les joindre. Mais les foldats romains confervèrent plus de modération
qu'on ne l'efpéroit, & le fénat les envoya inviter de revenir, avec la promeffe d'une amniftie
générale du paffé. Les foldats reçurent avec dé-
dain cette propofition, & accufèrent de diffimu-
lation les patriciens qui feignoient d'ignorer que
les juftes demandes des plébéiens étoient la véritable caufe de leur fciffion. Au retour des députés,
le fénat délibéra de nouveau fur cette affaire.
Agrippa Menenius , patricien refpectable par la
fupériorité de fon génie & fa profonde connoiffance des principes du gouvernement, également
ennemi de la licence du peuple & de la tyrannie
ariftocratique, propofa des mefures de concilia-
tion. Il confeilla de députer vers les foldats des
perfonnes dans lefquelles ils puffent avoir pleine
confiance, & qui feroient chargées de terminer la
fédition de la manière qu'elles jugeroient la plus
convenable, fans être obligées de confulter encore
le fénat fur ces arrangemens. Manius Valerius,
le dernier dictateur, parla à fon tour. « Il repré-
» fenta aux fénateurs que la violation de leurs
» promeffes avoit enfin produit les malheurs qu'il
» avoit prévus, & qu'il étoit inftant de fe récon-
» cilier avec le peuple, de peur qu'en faifant des
» progrès, le mal ne devînt incurable ; que très-

» probablement, le peuple ne borneroit plus ſes
» demandes à l'abolition des dettes, & qu'il
» exigeroit une ſûreté durable qui pût défendre à
» l'avenir ſes droits & ſa liberté de toute atteinte ;
» parce que la nouvelle création de la diɛ̃a-
» ture détruiſoit complétement l'effet de la loi
» Valerienne , qui étoit précédemment le ſeul
» garant de la liberté des citoyens ; que les hon-
» neurs du triomphe refuſés récemment au conſul
» Servilius qui les avoit mérités , prouvoient évi-
» demment que le peuple étoit dépouillé de preſ-
» que tous ſes anciens privilèges , puiſqu'un con-
» ſul ou même un diɛ̃ateur qui oſoit parler en
» ſa faveur, étoit accuſé & inſulté dans le ſénat:
» Il ajouta toutefois, qu'il n'imputoit point ces
» meſures arbitraires à la totalité des patriciens ,
» mais à un certain nombre d'hommes orgueilleux
» & avares, qui, au moyen de quelques avances
» à un intérêt exorbitant, mettoient inhumaine-
» ment leurs débiteurs aux fers, & aliénoient
» par leur férocité tous les citoyens, de l'ariſto-
» cratie ; qu'en formant entr'eux une faɛ̃ion ,
» & mettant à leur tête le fougueux Appius,
» connu pour l'ennemi du peuple & l'ardent
» apôtre de l'oligarchie, ces hommes non moins
» ambitieux qu'avides, avoient réduit l'état à une
» eriſe qui pouvoit entraîner ſa deſtruɛ̃ion ».

Il conclut par appuyer la motion de Menenius, & la députation qu'on rendroit maitreffe de l'arrangement & de fes conditions.

Appius fe voyant attaquer perfonnellement, répondit à Valerius avec la plus grande violence. « Il nia qu'il eût jamais réduit fes débiteurs à » l'efclavage; & il ofa dire que ceux qui en ufoient » ainfi, ne pouvoient pas être accufés d'injuftice, » puifqu'ils ne faifoient qu'ufer du privilège de » la loi. Il affirma que fa prétendue averfion pour » le peuple, & fes efforts en faveur de l'oligar- » chie, s'étoient toujours bornés à défendre » vigoureufement l'ariftocratie; & que fon parti » étoit compofé de tous ceux qui répugnoient » comme lui à fe laiffer gouverner par leurs in- » férieurs, & qui ne vouloient pas confentir » à changer la conftitution (1) de leurs an- » cêtres en démocratie, le plus mauvais de » tous les gouvernemens. Appius continua de » récriminer contre Valerius; il l'accufa de vifer » à la tyrannie, & de ne cajoler les factieux que

─────────────────────

(1) Il eft bon de remarquer qu'Appius prétend ici que l'ariftocratie, dont l'inftitution ne remontoit pas alors chez les Romains à plus de foixante - dix ans, étoit la forme du gouvernement primitif de leurs an-cêtres.

» pour exécuter plus fûrement & plus rapide-
» ment, avec leur fecours, fon projet d'ufurpa-
» tion. Il traita les révoltés de miférables, de
» multitude aveugle & méprifable, dont l'arro-
» gance étoit l'ouvrage de ce vieillard. (c'eft ainfi
» qu'il nommoit dédaigneufement Valerius) Il
» s'oppofa nettement à l'envoi des ambaffadeurs,
» à toute efpèce de conceffions, & confeilla d'ar-
» mer les efclaves & de demander des fecours à
» leurs alliés les Latins, plutôt que de defcendre
» honteufement de la fupériorité & de la dignité
» qui convenoient à des patriciens. Il ajouta que
» fi les révoltés ofoient affaillir la ville, il falloit
» égorger devant eux leurs femmes & leurs enfans ;
» mais que s'ils confentoient à fe foumettre à la
» difcrétion du fénat, il confeilloit de les traiter
» avec modération ».

Cette harangue fut fuivie d'un grand tumulte
parmi les fénateurs. Les jeunes patriciens du parti
de Claudius fe comportèrent avec tant d'infolence,
que les confuls menacèrent de les exclure des
délibérations par une loi qui fixeroit l'âge & les
qualités des fénateurs. Rien ne fut décidé dans
cette féance ; mais peu de jours après, le parti
modéré, foutenu par la fermeté des confuls,
l'emporta fur l'inflexible Claudius. Dix ambaffadeurs, à la tête defquels étoient Menenius & Va-

lerius, reçurent le plein pouvoir de traiter avec
les révoltés. Après de longs débats, Menenius,
au nom du fénat, promit aux mécontens pleine
fatisfaction de leurs griefs relatifs aux dettes , &
offrit de faire confirmer fa promeffe par le ferment
de tous les ambaffadeurs. Les foldats fembloient
prêts d'accepter fes offres ; lorfque Lucius Junius,
plébéien intelligent & hardi, qui fe faifoit appeller Brutus , s'y oppofa , & exigea pour le
peuple une fûreté fuffifante pour le défendre à
l'avenir contre la puiffance de fes ennemis , qui
méditoient peut-être déjà fur les moyens de fe
venger de fa démarche. Menenius lui ayant de-
mandé quelle forte de fûreté il defiroit ? Junius
répondit , qu'on accordât au peuple la liberté de
choifir annuellement un certain nombre de magiftrats tirés de fon corps, & revêtus de l'autorité
néceffaire pour défendre les droits & la liberté des
citoyens, & pour mettre leurs perfonnes à l'abri
ds toute violence. Cette demande imprévue ayant
paru trop importante aux ambaffadeurs, Valerius
& quelques-uns de fes collègues retournèrent à
Rome pour en faire part au fénat. Valerius confeilla de l'accorder, & Appius s'y oppofa avec
fa violence ordinaire : mais la majorité, réfolue
d'obtenir à quelque prix que ce fût une prompte
réconciliation , ratifia toutes les promeffes des

ambaffadeurs, & accorda la nouvelle demande,
Les révoltés s'affemblèrent dans leur camp; &
prenant les fuffrages par *curies*, ils élurent cinq
magiftrats, fous la dénomination de tribuns du
peuple. Par une loi faite auffi-tôt après l'élection,
la perfonne des tribuns fut déclarée inviolable;
& tous les citoyens firent le ferment, pour eux
& pour leur poftérité, de conferver inviolablement
cette inftitution.

La création du tribunat, environ foixante-dix
ans après l'expulfion des Tarquins, eft la véritable
époque qui doit fervir de date à la liberté du
peuple romain. Tous les états voifins étoient alors
gouvernés par l'ariftocratie; le peuple y avoit peu
ou point de part au gouvernement; & il paroît,
par l'opinion de tous les hiftoriens, qu'après
l'abolition de la monarchie, les Romains fe propofoient d'établir chez eux la même forme de gouvernement. Tite-Live nous apprend qu'après la mort de
Tarquin, le fénat fit éclater fa joie, &commença à
opprimer le peuple qu'il avoit ménagé très-foi-
gneufement jufqu'à cette époque. Sallufte s'exprime
en termes plus clairs; il affirme qu'après l'expulfion
des rois, le gouvernement de Rome fut adminiftré
avec beaucoup d'équité & de modération, tandis que les efforts de Tarquin & la guerre d'Etrurie
tinrent les patriciens dans l'inquiétude; mais que

ces dangers étant paffés, le fénat exerça fur le peuple une autorité defpotique & le traita comme des efclaves. Il condamnoit à mort les citoyens, il les faifoit fuftiger arbitrairement & les dépouilloit de leurs propriétés ; enfin, il exerçoit feul toute l'autorité du pouvoir fuprême, fans en faire la moindre part aux plébéiens. Jufqu'à la création du tribunat, le peuple qui fe croyoit libre n'avoit fait réellement que troquer la tyrannie d'un feul contre celle de trois cents, infiniment plus dangereufe & plus infupportable. Le tribunat oppofa des obftacles infurmontables aux vues arbitraires de la faction ariftocratique, & introduifit enfin cette jufte balance de l'autorité démocratique, fi effentiellement néceffaire à la conftitution d'une république fagement organifée.

Comme il feroit fuperflu d'entrer ici dans les détails d'une hiftoire auffi généralement connue que celle des Romains, je me bornerai à obferver que le pouvoir démocratique n'atteignit dans cette république à fon jufte degré d'indépendance, que lorfque les plébéiens obtinrent la concurrence pour les premiers offices de l'état, & que les plébifcites ou décrets faits par le peuple dans leurs affemblées par tribus (1), eurent force de loi

_____

(1) Dans les *comitia tributa*, ou affemblées par tribus ?

comme ceux des affemblées par centuries. Cette
loi paffée primitivement après l'abolition des dé-
cemvirs, lorfque le peuple fe retira fur le Mont
Sacré pour la feconde fois, fut prefque continuellement violée par la fupériorité de l'ariftocratie.
Mais un événement à-peu-près femblable à celui
qui avoit occafionné la première fciffion du peuple & fait naître en même temps la première
aurore de fa liberté, entraîna fa troifième révolte,
compléta pleinement fa liberté, & donna enfin le
coup mortel au defpotifme de la faction ariftocratique.

---

le peuple votoit avec les mêmes formalités que dans
les *comitia curiata*, ou affemblées par curies. La majorité d'un fuffrage dans une tribu étoit cenfée le fuffrage
de toute la tribu, & la majorité des tribus décidoit la
queftion. Mais les patriciens qui connoiffoient leur fupériorité dans les *comitla centuriata*, ou affemblées par
centuries, refufoient toujours d'obéir aux plébifcites,
ou décrets faits par le peuple dans les affemblées par
tribus, & prétendoient que ces décrets n'avoient force
de loi que pour les plébéiens feulement. Après la fup-
preffion du décemvirat, le peuple obtint que toutes les
loix paffées dans les affemblées par tribus auroient la
même valeur que les loix paffées dans les affemblées
par centuries, & qu'elles feroient toutes également
obligatoires pour tous les Romains fans diftinction.

Veturius,

Veturius, le fils de Titus Veturius qui après avoir été conful étoit mort infolvable, fut obligé d'emprunter de Plotius une fomme d'argent pour faire les funérailles de fon père. Comme Plotius étoit auffi très-gros créancier du conful mort infolvable, il exigea du jeune Veturius le rembourfement de fa dette perfonnelle & de celle de fon père. L'infortuné jeune homme fe trouvant dans l'impoffibilité d'y fatisfaire, fon créancier fe faifit de fa perfonne & le fit travailler avec fes efclaves, en attendant qu'il pût acquitter le principal & les intérêts. Veturius fupporta fon malheur avec patience, & fit tous fes efforts pour attendrir le cœur de fon barbare créancier. Mais comme il refufa de fe prêter à la paffion odieufe de cet infame vieillard, Plotius le fit traiter avec la plus affreufe inhumanité dans l'efpoir de l'amener à plus de condefcendance. Veturius ayant eu un jour le bonheur d'échapper de la maifon de fon créancier, accourut dans le *forum*, où après avoir fait voir au peuple les traces encore fanglantes du fouet avec lequel on l'avoit déchiré, il déclara l'abominable motif de cette barbarie. Ce fpectacle repouffant fit fur le peuple l'effet que le jeune homme en efpéroit fans doute. Le *forum* retentit de clameurs & d'imprécations contre la loi qui autorifoit ces infamies; car quoique depuis près

R

de quarante ans elle eût été abolie pour un fait
à-peu-près semblable, les patriciens avoient réuffi
à la remettre en vigueur. Les confuls firent leur
rapport de cette affaire au fénat qui fit mettre
Plotius en prifon, & ordonna que tous les créanciers rendiffent immédiatement la liberté à ceux
de leurs débiteurs qu'ils retenoient dans leurs
maifons. Les plébéiens peu fatisfaits de ces foibles
conceffions infiftèrent fur une nouvelle abolition
de cette loi; mais ayant éprouvé de la part
des patriciens une réfiftance opiniâtre, & défefpérant de les gagner par des follicitations ou des
remontrances, ils fe retirèrent tous enfemble fur le
Mont Janicule, déterminés à ne point rentrer
dans la ville, qu'ils n'euffent obtenu pleine fatisfaction.

Le fénat eut encore recours à la création d'un
dictateur, & nomma Quintus Hortenfius, patricien d'une prudence & d'une probité reconnue,
& favorablement difpofé pour le peuple.

Dès qu'il fe vit revêtu du pouvoir fuprême
attaché à fon office, il abolit totalement, malgré
l'oppofition du fénat, la loi qui étoit depuis fi
long-temps une femence de féditions. Il reftaura
& confirma deux anciennes loix que les patriciens
violoient ouvertement. L'une déclaroit que les
décrets faits par les plébéiens feroient également

obligatoires pour les patriciens ; & l'autre , que toutes les loix paffées dans le fénat feroient pré-fentées au peuple pour être confirmées ou rejettées. La liberté du peuple fut enfin affurée folidement environ deux cent fix ans après la première fcif-fion qui l'avoit primitivement provoquée. Depuis cette mémorable époque , il ne refta plus aux patriciens d'autre avantage que celui de l'opulence & du refpect qu'imprime toujours naturellement une naiffance diftinguée.

La conduite différente que les patriciens tinrent auffi-tôt après la mort de Tarquin, démontre que fi le fénat avoit pu maintenir l'autorité abfolue à laquelle il tendoit vifiblement , la fituation des Romains n'auroit pas été beaucoup plus douce que celle des payfans Polonois. Car dans cette déteftable ariftocratie, les patriciens , peu fatisfaits de poffeder prefque toutes les richeffes de la ré-publique , faifoient encore tous leurs efforts pour s'emparer de toutes les terres. La fciffion du peuple & la création du tribunat déjouèrent tous leurs projets d'établir une tyrannie ariftocratique. Mais les fréquens effais de faire revivre la loi agraire , prouvent inconteftablement que les patriciens n'a-voient jamais perdu de vue le deffein d'enrichir leurs familles par l'illégale ufurpation des terres conquifes. Le patricien Spurius Caffius fut le pre-

mier promoteur de cette loi environ huit ans après
la fciffion du peuple. Il avoit formé le plan de
rétablir le trône & de s'y placer en fe liant d'intérêts avec le peuple pour fe concilier fon affection. La loi en elle-même étoit jufte & fondée
fur une égalité dans la diftribution des terres dont
Romulus avoit fait une bafe de fa conftitution.
Caffius repréfentoit que les terres acquifes par la
valeur & le fang du peuple, devoient être retirées
des mains des riches & appliquées aux befoins
publics. Cette motion étoit fi évidemment jufte,
qu'Appius le plus implacable ennemi des plébéiens
en reconnut l'équité, & propofa au fénat de
nommer des commiffaires pour fixer les bornes
des terres conquifes, & les vendre ou les affermer
au profit du public. Son avis paffa tout d'une voix;
& un décret du fénat ordonna que dix fénateurs (1)
confulaires feroient nommés commiffaires pour
procéder à l'exécution. Ce décret pacifia le peuple & perdit Caffius; car comme il propofoit de
partager les deux tiers de ces terres entre les Latins
& les Herniques dont il follicitoit alors les fecours,
le peuple romain l'abandonna au reffentiment des
fénateurs qui le condamnèrent à être précipité de

_____

(1) *Confulaires*, ou qui avoient été confuls.

la roche Tarpéienne, pour avoir fait le complot
de rétablir la tyrannie d'un feul.

Telle fut la première propofition de la fameufe
loi agraire qui occafionna depuis de fi fréquentes
conteftations entre le fénat & le peuple, & qui
alluma dans Rome la première guerre civile terminée environ trois cent cinquante ans après
par la mort des deux Gracchus. Le fénat éluda
la nomination des commiffaires, ordonnée par
fon décret ; & lorfqu'on ramena cette affaire dans
leur affemblée, les fénateurs fe comportèrent
d'une manière artificieufe & infidieufe qui s'accorde bien peu avec la loyauté fi vantée du fénat
romain.

Pour pouvoir fe former une idée jufte des diffenfions prefque continuelles entre le fénat &
les tribuns du peuple au fujet de la loi agraire,
il étoit indifpenfable de connoître les véritables motifs fur lefquels cette demande étoit fondée : & quoiqu'on rejette affez généralement tout
le blâme de ces diffenfions fur le caractère féditieux & turbulent des tribuns, cependant en examinant leur véritable caufe avec impartialité, nous
en trouverons le plus fouvent la fource dans l'injuftice & l'avidité des patriciens : car quoique
des tribuns ambitieux aient fait quelquefois ufage
de l'autorité de leur office pour favorifer leurs

intérêts perfonnels , on ne peut pas équitablement arguer de l'abus de ce pouvoir contre fon utilité. Une confidération fuffit pour démontrer que le tribunat étoit confidéré comme le plus folide rempart de la liberté du peuple. C'eft qu'il fut réduit à prefque rien par Sylla , & enfin tout-à-fait annullé par Augufte & fes fucceffeurs, qui ne crurent le peuple complétement afservi , que quand ils eurent annexé le tribunat du peuple à la dignité impériale.

J'ai déjà obfervé que lorfque les premières dignités & les premiers emplois de la république furent ouverts aux plébéiens ; lorfque les plébifcites ou décrets du peuple furent également obligatoires pour les patriciens , & de la même manière que les décrets paffés dans le fénat ; le pouvoir démocratique devint parfaitement égal à celui de l'ariftocratie : mais comme il en manquoit un troifième capable de maintenir l'équilibre néceffaire entre les deux autres , il étoit impoffible , d'après la nature de la conftitution républicaine , de pouvoir maintenir long-temps l'égalité des deux pouvoirs. Les conceffions faites par Hortenfius appaifèrent à la vérité les diffenfions civiles ; & il eft bon de remarquer auffi que lorfque la tranquillité de la république fut rétablie , elle multiplia fi rapidement fes conquêtes,

qu'en moins de deux cents ans , à compter de
cette époque , les Romains subjuguèrent les plus
vaftes & les plus opulens empires de l'univers.
Mais ces mêmes conquêtes qui élevoient la république au faîte de la gloire & de la grandeur , jet-
tèrent un poids trop-confidérable dans la balance
démocratique, corrompirent totalement les mœurs
des Romains , & entraînèrent enfin la ruine de la
liberté & de la conftitution. Car , comme chaque
province conquife faifoit créer fucceffivement un
nouveau gouvernement , les nouvelles dignités
devinrent l'objet de l'ambition & de l'avarice.
Mais comme les fuffrages du peuple difpofoient du
commandement des armées , des gouvernemens
des provinces , & des premiers poftes de l'état ;
les candidats qui convoitoient ces emplois lucratifs, ne négligeoient aucun des expédiens qui
pouvoient leur affurer la majorité. Et comme les
pauvres plébéiens étoient très-nombreux , l'homme en état de diftribuer les plus fortes largeffes,
ou de donner le plus fouvent des fêtes à la multitude , pouvoit généralement compter fur le fuccès de fes avances. Lorfque les partifans des candidats fe balançoient , la force décidoit fouvent
de la préférence , & il n'étoit pas très-rare de
voir la place du *forum* enfanglantée & couverte
des cadavres des électeurs. Les généraux élus

R 4

pilloient. leurs 'provinces pour fe, procurer les
moyens d'entretenir à Rome le zèle de leurs partifans ; & pour fe concilier l'affection de leurs
foldats , ils favorifoient leurs rapines : enfin , la
liberté fe convertit à Rome en licence effrénée; &
les foldats oubliant peu-à-peu l'amour de la patrie qui avoit été primitivement le principal trait
de leur caractère, s'attachèrent exclufivement à la
fortune de leur général. Alors les généraux victorieux fe regardèrent beaucoup moins comme les
ferviteurs que comme les maîtres de la république ; & chacun d'eux réfolut de foutenir fes prétentions par la force des armes. Les factions de
Sylla & de Marius remplirent alternativement la
ville de meurtres & de brigandages , lorfque la
fortune de leur chef prévalut paffagérement dans
le cours de cette guerre deftructive ; & le fang des
Romains ruiffeloit fouvent dans Rome , tandis que
fes armées victorieufes au-dehors ajoutoient de nouvelles provinces à la vafte étendue de fon empire.
Ces fanglantes factions, loin d'expirer avec leurs
chefs , éclatèrent fous le premier & fous le fecond
triumvirat avec une nouvelle violence ; & l'un
& l'autre n'étoient à proprement parler que des
coalitions de la même faction, où trois chefs réuniffoient tous leurs partifans pour écrafer toutes
les autres. Lorfque le fuccès avoit comblé leurs
defirs ; lorfque les plus barbares' profcriptions

avoient raffafié leur ambition, leur avarice &
leur vengeance, ils fe querelloient fur le partage
du pouvoir à-peu-près comme des chefs de bandits fur le partage des dépouilles. Ces querelles
furent la fource des guerres civiles qui achevèrent la deftruction de la république romaine. Dans
chaque triumvirat, le plus habile & le plus dangereux fut le vainqueur ; & Jules-Céfar impofa
le premier fur fon pays les fers qu'Augufte y
riva, de manière qu'il fut déformais impoffible
de les arracher.

Tous les hiftoriens s'accordent à dater la corruption des mœurs romaines de l'époque où ils
défirent les armées du grand Antiochus, & rap-
portèrent à Rome le luxe & la molleffe de l'Afie.
Tite-Live affure que les armées de Manlius furent
les premières qui firent ce funefte préfent à leur
patrie. On vit à Rome pour la première fois des
lits fomptueux, de riches tapis, des tentures bro-
dées en or, des tables incruftées, & enfin toutes
les recherches du luxe afiatique. On adopta l'u-
fage d'introduire dans les repas, pour égayer les
convives, des inftrumens de mufique & des chan-
teufes, qui exécutoient des danfes grotefques &
fouvent obfcènes. Le même auteur ajoute avec
indignation qu'un cuifinier, dont le métier étoit
confidéré chez les premiers Romains, comme le plus

vil qu'on pût exiger d'un efclave, devint bientôt
un officier diftingué & un perfonnage de conféquence. La cuifine fut confidérée comme un art
très - intéreffant, après avoir paffé long - temps
pour l'œuvre la plus fervile. Quelqu'étonnante
que cette métamorphofe puiffe paroître, Tite-
Live affure qu'elle n'eft rien en comparaifon du
luxe & du fafte qui s'introduifirent infenfiblement.
Avant cette époque funefte, les Romains étoient
pauvres, mais heureux & fatisfaits, parce qu'ils
ne connoiffoient point les befoins imaginaires.
Tandis qu'ils eurent des mœurs pures, leur pauvreté honorable ajoutoit à l'éclat de leurs vertus. Une fois accoutumés au fafte de l'Afie, ils
eurent befoin pour le foutenir de toutes les richeffes de cette opulente contrée ; & cette découverte produifit un changement total dans leurs
mœurs.

Antérieurement à cette trifte métamorphofe,
les Romains méprifoient les richeffes & n'eftimoient
que la gloire. Depuis cette époque, l'or devint
l'unique objet de leurs defirs, & tous leurs efforts
furent dirigés vers les moyens d'en acquérir. L'orgueilleufe envie de dominer avoit été long-temps
le motif de leurs expéditions militaires. Dirigées
par l'avarice, elles n'eurent d'autre but que d'en-
taffer à Rome les richeffes de tout l'univers ; &

un peuple de héros dégénérés ne préfenta plus que
des troupes de brigands infatiables. Ils ajoutoient
précédemment les peuples vaincus au nombre de
leurs alliés; alors ils firent leurs efclaves des nations
conquifes ; ils opprimèrent leurs amis & pillèrent
leurs provinces. Comme on n'obtenoit les gouvernemens, le commandement des armées, &c.
que par les fuffrages du peuple; pour les obtenir ,
les candidats épuifoient leur fortune & leur crédit
pour fe procurer les moyens de féduire le peuple
par des dons & des fêtes ; enfin , ils employoient
ouvertement les moyens les plus infames. C'eft
à cette époque honteufe que le torrent de la corruption fe répandit rapidement dans toute l'étendue de la république romaine. Les gouverneurs
accouroient dans leurs provinces comme des
loups affamés qui courent dévorer leur proie.
Ciceron fe plaint amérement des vexations de ces
avides oppreffeurs ; & fon oraifon contre Verrès
accufé par les Siciliens, donne une idée complette
de la conduite d'un gouverneur romain dans
fa province. Les malheureux faifoient des
plaintes continuelles ; mais chaque gouverneur
avoit dans l'adminiftration des amis avec lefquels
il partageoit les fruits de fes brigandages , & ces
amis intéreffés juftifioient toujours la conduite
du gouverneur, On fit à la vérité quelques loix

contre le péculat, mais on les éludoit très-facile-
ment; parce que les juges tirés du corps du peuple
n'étoient pas plus honnêtes gens que les gouverneurs, & partageoient souvent le produit de leurs
exactions. Tout étoit vénal; & du temps de Jugurtha, environ quatre-vingts ans après la défaite
d'Antiochus, la vénalité avoit fait des progrès
affez rapides pour justifier le sarcasme de ce roi
de Numidie (1). Lorsqu'après avoir ruiné les
rois qu'ils daignoient encore honorer du nom de
leurs amis, & épuisé les provinces si complétement
qu'il n'y restoit plus rien à prendre, le principe
qui les avoit excités à piller l'univers, les pouffa
auffi à s'arracher mutuellement le produit de leurs
rapines (2). Marius & Sylla donnèrent les premiers le funeste exemple de commander à Rome
au moyen d'une armée qui leur étoit dévouée.

---

(1) Jugurtha fortant de Rome, fe retourna, & prononça à haute voix ces mots en regardant avec mépris cette ville orgueilleufe : « O ville vénale ! tu te
» vendrois toi-même, fi tu pouvois trouver un acqué-
» reur ». *Salluste.*

(2) Profcriptiones innoxiorum ob divitias, crucia-
tus virorum illuftrium, vaftam urbem fugâ & cædibus,
bona civium miferorum quafi cimbricam prædam, ve-
num aut dono datum. Sall. Fragm. p. 142.

La force militaire fit la loi au pouvoir civil, &
la liberté des Romains fut anéantie. L'état continua de flotter entre le defpotifme & l'anarchie,
jufqu'au moment où les Céfars lui impofèrent la
plus odieufe de toutes les tyrannies. Marius ouvrit
la fcène de fureurs & gorgea fes fatellites des
richeffes & du fang des amis de Sylla. Sylla fit
à fon tour éprouver les mêmes horreurs à la faction de Marius. On combattoit toujours dans les
rues avec acharnement ; & Rome éprouva plufieurs
fois, de fes propres citoyens, toutes les atrocités
qu'une ville emportée d'affaut peut redouter
d'une foldatefque en furie. Chaque faction prétendoit n'avoir pour but que d'exterminer fes ennemis perfonnels, & de venger fes injures ; mais
les pillages & les confifcations démontroient bientôt qu'on n'en vouloit pas moins à la fortune
qu'à la vie. Les citoyens riches étoient profcrits
par toutes les factions ; & on ne pouvoit trouver
de fûreté que dans l'excès de l'indigence.

En raffemblant dans ce qui nous refte des ouvrages de Sallufte, les différens tableaux des vices
& de la corruption de fes compatriotes, nous
pourrons nous former une jufte idée des mœurs
romaines au temps où cet hiftorien écrivoit ; &
nous ferons convaincus que non-feulement les
affreufes calamités qui déchirèrent la république,

durant la fanglante querelle de Marius & de Sylla, furent les effets naturels du luxe étranger qui enfanta la vénalité & la corruption , mais que ce luxe produifit auffi les malheurs beaucoup plus funeftes qui entraînèrent la ruine de la liberté & de la conftitution romaine. Quoique l'admiffion du luxe de l'Afie chez les Romains foit antérieure à la chûte de Carthage , Sallufte prétend que la crainte (1) de cette rivale redoutable maintenoit encore un peu à Rome, l'ordre & la décence (2); mais qu'auffi-tôt après la deftruction de cette république , les Romains fe livrèrent fans retenue à leurs paffions déréglées. Le changement de leurs mœurs ne s'opéra plus fucceffivement & avec lenteur , mais avec rapidité & prefque fubitement à cette époque. Le torrent de la dépravation fit

***

(1) Ante Carthaginem deletam——metus hoftilis in bonis artibus civitatem retinebat. Sall. Bell. Jugurt. p. 80.

(2) Poftquam remoto motu punico , mores , non paulatim ut antea , fed torrentis modo , præcipitati. Sall. Fragm. p. 139.

Rapere , confumere , fua parvi pendere , aliena cupere , pudorem , pudicitiam , divina humana , promifcua, nihil penfi , neque moderati habere.

De Bell. Cat. p. 8.

difparoître tout d'un coup la religion, la juſtice, la modération, la décence, & toute eſpèce de reſpeƐ pour les loix divines & humaines (1). La nobleſſe étendoit ſans pudeur ſes privilèges, & en abuſoit avec inhumanité. Le peuple uſoit de même de ſa liberté convertie en licence intolérable. Chacun ſe croyoit le maître abſolu de ſes aƐions, & ne connoiſſoit plus d'autre loi que ſon intérêt ou ſa fantaiſie. Les vertus publiques & l'amour de la patrie qui avoient rendu Rome maitreſſe de l'univers, étoient anéantis & remplacés par l'amour de l'or, qui pouvoit ſeul ſoutenir le luxe & ſes funeſtes jouiſſances (2). L'or ſeul étoit en poſſeſ-ſion de procurer du pouvoir, des honneurs & la conſidération générale. On ne rougiſſoit plus que de la pauvreté: conſidérée comme le plus grand de tous les vices, elle attiroit ſur l'honnête infor-tuné une réprobation univerſelle. Ainſi l'opulence & l'indigence contribuèrent également à la ruine

---

(1) Cœpere nobilitas digɴitatem, populus libertatem in libidinem vertere. Bell. Jug. p. 80.

(2) Poſtquam divitiæ honores eſſe cœperunt, & eas gloria, imperium, potentia ſequebatur, hebeſcere virtus, probro habeti, innocentia pro malevolentià duci cœpit.
Bell. Cat. p. 8.

de la république. Les riches employoient leur
opulence à acquérir du pouvoir; & le pouvoir
à augmenter leur opulence par des rapines & des
vexations (1). Les pauvres, dévoués au mépris, &
n'ayant plus rien à ménager dans l'opinion publique, étoient toujours prêts à seconder les sé-
ditions pour pouvoir piller les riches, & à vendre
leur pays au plus offrant pour se tirer passagére-
ment de l'indigence (2). La république, leur
commune proie, étoit sans cesse mutilée par les
deux partis (3). L'effet naturel du luxe est d'introduire l'égoïsme; & l'effet naturel de l'égoïsme
est de rompre tous les liens qui unissent les hommes, & de leur faire commettre sans hésiter tous
les excès qui peuvent flatter leurs passions, ou

___

(1) Ita cùm potentia, avaritia sine modo, modestia-
que invadere, polluere, & vastare omnia, nihil pensi,
neque sancti habere. P. 81.

Sibi quisque ducere, trahere, rapere. De Bell. Jug.
p. 81.

(2) Eos paulatim expulsos agris, inertia atque inopia
incertas domos habere subegit : cœpere alienas opes pa-
cere, libertatem suam cum republicâ venalem habere.
Sall. orat. 2. ad Cæsar. de republ. ordinandis, p. 197.

(3) Ita omnia in duas partes abstracta sunt : respu-
blica quæ media fuerat dilacerata. De Bell. Jug. p. 80.

leur

leur procurer de l'or pour les fatisfaire. Ainfi les effets de l'égoïfme (1) fe manifefteront par le mépris de la religion, de l'équité, de la bonne foi & de tous les devoirs de la fociété; c'eft de l'égoïfme que defcend cette ambition criminelle que Sallufte appelle la foif de la domination (2). L'ambition eft fans contredit la première paffion des hommes; elle paroît inhérente dans le cœur humain : car on l'apperçoit chez l'enfant encore au berceau ; elle l'accompagne fidélement durant fa vie & jufqu'au bord de fa tombe. Mais quoique le plus fouvent confondu avec l'ambition, le fentiment que Sallufte définit par la foif de la domination eft cependant une paffion différente. C'eft à proprement parler une efpéce particulière de l'égoïfme ; car le principal but que la foif de la domination fe prépare, eft d'accaparer, fi on peut fe fervir de cette expreffion, tout ce qui peut fervir à fatisfaire toutes nos paffions quelconques.

---

(1) Pecuniæ cupido fidem , probitatem cæterafque bonas artes fubvertit : pro his fuperbiam, crudelitatem, Deos negligere, omnia venalia habere edocuit.

De Bell. Cat. p. 7.

(2) Cupido imperii. Salluft. p. 7.

S

C'eſt de cette ſource impure que 'Salluſte fait
deſcendre le torrent de córruption qui inonda
la république romaine (1)', & qui fit ſuccéder au
gouvernement le plus équitable & le plus doux
la tyrannie la plus barbare & la plus inſupportable. Comme l'homme atteint de cette paſſion
dévorante ne peut pas parvenir à ſon but ſans
le ſecours de pluſieurs, il cherche à ſe ménager
l'appui de ceux qui ont les mêmes principes, pour
en faire ſes inſtrumens ſubalternes. Telle eſt l'origine de toutes ces coalitions criminelles connues
ſous le nom de factions (2). Comme l'intérêt
perſonnel eſt le ſeul lien qui puiſſe réunir les
membres d'une faction, la ſoif de l'or, après
avoir excité celle de la domination, eſt excitée
à ſon tour par la paſſion qu'elle a fait naître, &
doit être néceſſairement proportionnée aux demandes de toutes les factions (3); & comme ces

---

(1) Primò pecuniæ, dein imperii cupido crevit, ea
quaſi materies omnium malorum fuere—poſt ubi conta-
gio quaſi peſtilentia, invaſit, civitas immutata, imperium ex juſtiſſimo & optimo, crudele intolerandumque
factum. De Bell. Cat. p. 7.

(2) Malitia præmiis exercetur ; ubi ea demiſerit,
nemo omnium gratuitò malus eſt. P. 200.

(3) Nam ubi malos præmia ſequuntur, haud facile

demandes font fans bornes, la foif de l'or devient
infatiable (1); car lorfqu'un homme eft accoutumé à fe faire payer par une faction, il exige
également un falaire ; foit qu'il agiffe felon ou
contre fa confcience. Cette vérité a été confirmée
par un grand miniftre qui l'avoit fouvent confta-
tée durant fa longue adminiftration. Mais à quelque profondeur qu'un état foit plongé dans le
luxe & la corruption, tout homme qui prétendra
devenir le chef d'une faction commence toujours
par cacher fes deffeins fous le voile du zèle pour
le fervice du gouvernement. Lorfqu'il a établi fon
pouvoir & formé fon parti, tous ceux qui le
fecondent font récompenfés comme ayant bien
mérité du gouvernement ; & tous ceux qui lui
oppofent quelque réfiftance, font traités en ennemis de la chofe publique. Le citoyen vertueux

---

quifquam gratuitò bonus eft. Sall. orat. Philip. contra
Lepid. p. 145.

(1) Pauci potentes , quorum in gratiâ plerique confef-
ferunt fub honefto patrum, aut plebis nomine domi-
nationes affectabant, bonique & mali cives appellati,
non ob merita in rempublicam, (omnibus pariter corrup-
tis) fed uti quifque locupletiffimus & injuria validior,
quia præfentia defendebat, pro bono ducebatur.

Fragm. p. 139.

paffera pour un malveillant, & fes plus juftes
cenfures de l'adminiftration feront cenfées avoir
été dictées par *la malveillance ;* mot du guet de
toutes les factions, & reffource conftante de tous
les miniftres pervers. Cette accufation vague fert
à repouffer toutes les objections que des argumens ne peuvent pas détruire. Une faction n'éva-
lue point l'habileté de fon chef par les fervices
qu'il rend à fon pays, mais par fon adreffe à
protéger fes partifans & à écrafer fes adverfaires.
Le chef de fon côté ne reconnoît le mérite de
fes agens que dans leur aveugle obéiffance; en
conféquence, toutes les dignités & tous les poftes
lucratifs feront exclufivement confiés à fes dociles
créatures ; tandis que le patriotifme & la vertu
feront marqués du fceau de la réprobation. Le
luxe eft l'annonce certaine de la corruption, parce
qu'il eft toujours fuivi de l'indigence; & que
dans un pays où il y a beaucoup d'indigens, les
factieux trouvent toujours beaucoup de malheureux qui, pour de l'argent, font prêts à tout
faire.

Ce tableau frappant que nous préfente Sallufte,
témoin oculaire de la cataftrophe qui détruifit
irrévocablement la république romaine, démontre
évidemment qu'elle fut l'effet naturel de la corruption des mœurs. Cet auteur & tous les autres

hiſtoriens atteſtent unanimement que cette corruption fut auſſi l'effet naturel du luxe étranger
introduit à Rome, & ſoutenu par les richeſſes
enlevées de tous les pays dont les Romains firent
ſucceſſivement la conquête. La partie ſaine de
cette nation apperçut, long-temps avant la chûte
de la république, les dangers qui la menaçoient.
On fit un grand nombre de loix ſomptuaires pour
arrêter ou du moins ralentir les progrès du luxe ;
mais ces foibles barrières furent renverſées par l'im-
pétuoſité du torrent. Pour détruire la vénalité des
élections où chacun vendoit publiquement ſon
ſuffrage, Caton propoſa une loi ſévère ſoutenue
par la néceſſité d'un ſerment. Mais Plutarque obſerve que cette meſure ſalutaire déplut également
aux riches & aux pauvres, & que Caton ſe fit
des ennemis de tous ſes concitoyens : des riches,
parce qu'ils ſe voyoient fruſtrés de l'eſpoir d'obtenir des dignités avec leur argent : des pauvres,
parce que la loi leur enlevoit le revenu de leurs
ſuffrages, & les réduiſoit à vivre laborieuſement
de leurs travaux. S'il eſt vrai toutefois que cette
loi ait paſſé, il eſt certain qu'elle ne produiſit
pas plus d'effet que les précédentes ; & il en arriva
comme en Angleterre où ces mêmes loix exiſtent,
& ſont preſque toujours éludées par la chicane
ou violées ouvertement. Les ſcènes honteuſes &

dégoûtantes que nous voyons passer sous nos
yeux tous les sept ans, peuvent nous donner une
idée des élections annuelles des Romains dans ces
temps d'abominable corruption.

Les conspirations de Catilina & de César contre
la liberté de leur pays, furent les effets naturels
de la corruption que Sallufte considère comme
la caufe immédiate qui entraîna la fubverfion de
la république. Ces deux mauvais citoyens avoient
le même but & fe fervirent des mêmes moyens.
La différence de l'adreffe & de l'habileté des deux
chefs, produifit la différence du fuccès. Catilina
compofa fon parti de tous les fcélérats qu'il
put rencontrer dans la ville la plus peuplée & la
plus dépravée de l'univers; & César n'eut pour
partifans que des hommes de la même trempe,
que les mœurs du temps avoient multipliés de
manière à pouvoir en fournir à tous les conju-
rateurs.

Le changement total de la conftitution romaine, la puiffance illimitée des empereurs & la
fervile foumiffion du peuple furent les effets de
la même caufe qui s'étendirent par une progreffion
naturelle. Il n'y avoit plus de Romains; leur nom
fubfiftoit encore, mais l'idée attachée à ce nom
étoit auffi complétement changée que la conftitution.

Du temps de Pyrrhus, fon ambaffadeur Cynéas introduit dans le fénat de Rome, fut fi frappé de ce fpectacle majeftueux, qu'il ne put le définir qu'en le comparant à une affemblée de monarques. Lorfque le Levant eut fuccombé fous les armes romaines, les rois les plus abfolus reçurent docilement les ordres du fénat, & les exécutèrent avec la promptitude d'un efclave qui obéit à la voix de fon maître. Un député du fénat romain fit trembler un roi victorieux à la tête de fon armée; & fans autre argument que celui d'un gefte menaçant, il le força de reftituer toutes fes conquêtes & de s'en retourner honteufement (1).

Ces faits & tant d'autres atteftés par l'hiftoire, donnent une fublime idée des mœurs romaines, tandis que ce peuple impérieux maintint fa liberté. Rien n'eft fi beau, fi grand, fi digne d'admiration. Tournez le feuillet & contemplez les Romains devenus efclaves; vous ne trouverez plus qu'un peuple avili, dépravé, lâche & méprifable; vous verrez le fénat romain placer refpectueufement au rang de leurs Dieux, les barbares fcélérats dont il craignoit la vengeance; au lieu de commander

---

(1) Popilius à Antiochus Epiph. Tit. Liv. lib. 45, p. 672.

S 4

aux rois & de décider du fort des nations, vous
le verrez trembler à la voix de Domitien fon
maître & s'affembler ignominieufement pour dé-
libérer fur la manière de faire cuire un turbot (1).
Avec la liberté, la majefté du peuple romain en-
cenfée long-temps par tout l'univers fut anéantie.
Ce peuple qui avoit difpofé des commandemens
des armées, du gouvernement des provinces &
du fort des empires, n'étoit plus qu'un troupeau
de vils efclaves qui n'ofoient pas même défendre
leur vie lorfqu'il plaifoit au tyran de la demander.
Les Romains traînoient leur miférable vie dans
l'indigence & l'oifiveté; tous leurs defirs étoient
remplis lorfqu'on leur donnoit des fpectacles pour
paffer leur temps, & du pain pour leur fubfiftance. Les empereurs faifoient faire de fréquentes
diftributions de grains, & donnoient très - fouvent des fêtes publiques. Les hiftoriens obfervent
que les plus déteftables tyrans de Rome parta-
gèrent la paffion du peuple pour les fpectacles,
& que comme ils furent à cet égard beaucoup
plus prodigues que les autres empereurs, ils furent
auffi beaucoup plus regrettés des peuples. Tel eft
le contrafte frappant que préfente un état qui

---

(1) Juvenal, fatyr. 4.

fleurit fous un gouvernement libre foutenu par
les vertus publiques , & ce même état dépouillé
de fes vertus & de fa liberté par la dépravation
du peuple.

Les réflexions que j'ai déjà faites , dans le
cours de cet ouvrage, fur la paffion des Athéniens pour les pièces de théâtre, me conduifent
naturellement à obferver que cette paffion ne fut
pas moins violente parmi les Romains après l'introduction du luxe afiatique. Durant les quatre
cents premières années de la république, il paroît que les Romains n'eurent pas la moindre notion de cette efpèce de fpectacle. Leurs premiers
effais furent d'un genre grotefque & groffier, à
peu près femblables aux farces que l'on repréfentoit jadis dans les marchés de nos villages. Le
drame régulier paffa à Rome avec le luxe de la
Grèce ; mais tous les fpectacles de cette efpèce ,
tragédie, comédie, farce ou pantomime , étoient
également compris fous la dénomination de *pièces
de théâtre* (1); & tous ceux qui y jouoient un
rôle furent également nommés hiftrions, ou acteurs (2). Leur profeffion étoit réputée infame &

---

(1) Ludi fcenici.
(2) Hiftriones.

convenable feulement pour des efclaves. Un citoyen romain qui montoit fur le théâtre perdoit
fon droit de fuffrage & tous les privilèges d'un
homme libre. Cìceron, en parlant de fon ami
Rofcius, nous le repréfente comme le feul acteur
de fon temps, digne par fes talens de monter fur
le théâtre, & aufſi comme le feul dont le génie
& les vertus fiffent regretter de le voir attaché à
une profeffion fi infame (1). Suétone, en décla-
mant contre les déréglemens & l'infolence des
hiftrions, obferve qu'une ancienne loi autorifoit les
préteurs & les édiles à faire fuftiger publiquement
les hiftrions qui commettoient quelqu'imperti-
nence, ou qui ne rempliffoient pas leur rôle à
la fatisfaction du public ; & il ajoute que quoiqu'Augufte eût révoqué cette loi ignominieufe (2),
cet empereur eut foin toutefois de contenir les

─────────────────────

(1) Etenim cùm artifex ejufmodi fit, ut folus dignus
videatur effe, qui in fcenâ fpectetur ; tum vir ejufmodi
eft, ut folus dignus videatur qui eo non accedat.

      Orat. pro Rofcio, edit. Glafcua, p. 43.

(2) Divus Auguftus immunes verberum hiftriones
quondam refponderat. Tacit. l. 14, p. 42, edit. Glafcua.

Coercitionem in hiftriones magiftratibus in omni tem-
pore & loco lege vetere permiffam ademit.

      Suet. vit. Auguft. p. 163.

hiſtrions dans les bornes de la décence & des bonnes mœurs (1) ; & qu'après avoir fait fuſtiger publiquement le comédien Stephanio, il le con‑damna au banniſſement pour avoir eu l'impu‑dence de garder chez lui une matrone romaine, déguiſée ſous des habits d'homme. Sur la plainte d'un préteur, ce même prince fit fuſtiger rigou‑reuſement Hylas le pantomime, dans la cour de ſon palais, où le coupable s'étoit réfugié ; & il bannit de Rome & de toute l'Italie, Pylades, un des plus célèbres comédiens de ſon temps ; pour avoir inſulté un ſpeċtateur qui le ſiffla tandis qu'il étoit ſur le théâtre. Il paroît toutefois que ces loix d'Auguſte tombèrent en déſuétude après la mort de cet empereur ; car, ſous le règne de Tibère, ſon ſucceſſeur, les hiſtrions pouſſèrent ſi loin leurs déſordres & leur impudence, qu'on les bannit totalement de l'Italie. Cet excès de

_____

(1) Hiſtrionum licentiam adeo compeſcuit, ut Ste‑phanionem togatarium, cui in puerilem habitum circum‑tonſam matronam miniſtraſſe compererat, per tria thea‑tra virgis cæſum relegaverit. Hylam pantomimum que‑renti prætore, in atrio domus ſuæ nemine excluſo, fla‑gellis verberaverit ; & Pyladem urbe atque Italiâ ſubmo‑verit, quod ſpeċtatorem à quo exſilibatur, demonſtraſſet digito, conſpicuumque feciſſet. Ibid.

licence fut l'effet de la paffion du peuple pour les
pièces de théâtre, & de la baffeffe d'une nobleffe
abâtardie qui fraternifoit familiérement avec les
comédiens (1). Pline & Sénèque affirment que
des patriciens de la première diftinction ne rougiffoient pas d'aller le matin faire leur cour aux
acteurs ; qu'ils affiftoient à leur lever, & qu'ils
leur fervoient de cortège dans les rues, à peu près
comme des efclaves qui accompagnent leur
maître. Tous les premiers acteurs avoient leur
parti ; & ces ridicules factions prenoient fi chaudement les intérêts de leur favori, que les théâtres
devinrent une fcène prefque perpétuelle de querelles & de tumulte. La nobleffe fe mêloit avec
le peuple dans ces rixes ridicules, & fouvent fanglantes (2), qui fe terminoient quelquefois par
des meurtres. Les magiftrats voyant leur autorité
infuffifante pour arrêter ces défordres, en firent

---

(1) Oftendans nobiliffimos juvenes mancipia panto-
mimorum. Senec. epift. 47, p. 118.

(2) Variis de hinc & fæpius irritis prætorum quef-
tibus, poftremo Cæfar de immodeftiâ hiftrionum retulit ;
multa ab iis in publicum feditione, foeda per domos ten-
tari—eo flagitiofum & virium veniffe, ut auctoritate patrum coercendum fit. Pulfi tum hiftriones ab Italiâ.

Tacit. annal. 4, p. 134.

leur rapport à l'empereur. Quoiqu'exceſſivement
corrompu, Tibère étoit trop prudent pour tolérer
cette honteuſe licence. Il préſenta cette affaire au
ſénat, & déclara que les hiſtrions étoient la cauſe des
tumultes ſcandaleux qui troubloient la tranquillité
publique ; qu'ils propageoient l'inconduite & la /
débauche parmi les pères de famille ; & que la
protection de leurs partiſans encourageoit à tel
point leur audace, que, pour les faire rentrer dans
les bornes de la décence, il étoit indiſpenſable que
le ſénat employât toute ſon autorité (1). Ils furent
tous bannis de l'Italie ; & malgré les fréquentes péti-
tions du peuple qui deſiroit vivement leur retour ;
Tibère ne conſentit jamais à révoquer leur ſen-
tence. Auguſte affecta durant ſon règne un goût
très-vif pour toutes ſortes de divertiſſemens. Il
attira en Italie les plus célèbres comédiens de
toutes les dénominations, & dépenſa des ſommes
immenſes pour prodiguer au peuple tous les amu-
ſemens que les théâtres ou le cirque pouvoient lui
fournir ; mais ce prince agiſſoit dans ces circonſ-

---

(1) Cæde in theatro per diſcordiam admiſſâ, capita
factionum & hiſtriones propter quos diſſidebatur, rele-
gavit : nec ut revocaret unquam ullis populi precibus
potuit evinci. Suet. in Tib. c. 37.

tances, beaucoup moins par goût que par politique. Son trône n'avoit pas encore eu le temps
de s'affermir. Il craignoit que le peuple n'entre-
prît de déconcerter ſes vues ambitieuſes , ſi on
lui laiſſoit le loiſir de la réflexion ; & il jugea
que l'habitude de la joie & des plaiſirs étoit l'expédient le plus propre à lui faire ſupporter docilement le joug qu'il avoit réſolu de lui impoſer. La réponſe que le comédien Pylades fit à ce
prince , fait préſumer que ſa conduite n'étoit
point un myſtère pour les Romains qui ſavoient
encore réfléchir. Pylades banni par Auguſte pour
une faute grave , & rappellé à la ſollicitation du
peuple , s'étant préſenté à ſon retour chez Auguſte , & l'empereur lui ayant fait quelques reproches ſur une querelle qu'il avoit eue avec
Batyllus , autre comédien protégé par Mécènes ,
Pylades répondit à Auguſte. « Il eſt de votre inté-
» rêt , Céſar, (1) que le peuple s'amuſe de nos que-
» relles , & qu'il y emploie un temps dont il pour-
» roit faire uſage pour inſpecter votre gouverne-
» ment avec trop d'attention ».

Je ſuis fort éloigné de vouloir proſcrire la comédie & les théâtres. Je crois, au contraire , que,

_____

(1) Dion. Caſſ.

contenus par des réglemens convenables, nos fpectacles pourroient devenir d'une très-grande utilité.
De tous les amufemens publics, la comédie pur-
gée de l'obfcénité des farces & de l'ignoble bouf-
fonnerie de la pantomime, eft fans contredit le
plus convenable à des êtres doués du bon fens &
de la raifon. Mais lorfque je vois nos théâtres
infectés des défordres dont les Romains fe plai-
gnoient du temps de Tibère ; lorfque je vois proftituer aux rivalités de deux acteurs & à leurs
querelles méprifables, une importance capable
de divifer le public en plufieurs factions ; lorfque je vois ces factions s'enflammer au point
d'en venir à des violences incompatibles avec la
liberté des opinions & la sûreté des citoyens, je
ne puis me défendre de defirer l'interpofition du
génie réformateur d'Augufte ; & lorfque je vois
régner parmi nous la paffion effrénée des fpectacles, & en même temps le mauvais goût qu'Horace reprochoit fi judicieufement à fes compatriotes (1), & qui porte la trifte empreinte de

---

(1) Verùm equitis quoque jam migravit ab ore voluptas
Omnis ad in certos oculos, & gaudia vana.
Hor. epift. 1, lib. 2, lin. 187.
Tanto cum ftrepitu ludi fpectantur, & artes,
Divitiæque peregrinæ : quibus oblitus actor

la. plus grande dépravation de la Grèce & de
Rome, je fuis forcé de les confidérer comme la
preuve inconteftable de la frivolité de notre fiècle & de la corruption des mœurs.

Quum ftetit in fcenâ , occurrit dextera lævæ ;
Dixit adhuc aliquid ? Nil fanè. Quid placet ergo ?
Lana Tarentino violas imitata veneno.

Ibid. lin. 203.

CHAPITRE VI.

CHAPITRE VI.

La véritable cause de la décadence rapide de la République Romaine.

DENIS D'HALICARNASSE obferve que Romulus forma en grande partie fon nouveau gouvernement à l'imitation de celui de Sparte (1); & cette obfervation explique d'où provient la grande reffemblance qui fe trouve évidemment entre ces deux conftitutions. J'ajouterai qu'on remarque, au moins, durant les premiers fiècles, une forte reffemblance entre les mœurs de ces, deux nations. On y reconnoît la même fimplicité dans les maifons & dans les vêtemens, la même frugalité dans la nourriture; & enfin, jufqu'à la perte de leur liberté, la même valeur & le même génie guerrier. L'efprit public & l'amour de la patrie furent portés chez ces deux peuples jufqu'à l'enthoufiafme; le patriotifme y impofoit filence à la voix de la nature, & femble avoir eu à Sparte &

(1) Dionyf. Halicarn. lib 2, p. 65.

T

à Rome quelque chofe de farouche dans l'afpeƈt : mais le changement de mœurs qui précéda dans ces deux républiques la perte de leur liberté , ne peut être, comparé ni pour le degré ni pour les progrès. Le luxe & la corruption qui le fuit toujours , s'introduifirent peu‑à‑peu & très‑lentement à Sparte, où ils ne firent jamais un chemin très-confidérable; mais, comme le dit énergiquement Sallufte (1), les mœurs des Romains fe précipitèrent rapidement dans toute la profondeur de la corruption. J'ai déjà en l'occafion d'obferver que cet éloquent hiftorien confidère la deftruƈtion de Carthage comme la véritable époque de cette corruption fubite. Il prétend auffi que Rome n'ayant plus à redouter la feule rivale qui pût lui donner de l'inquiétude , elle fe livra fans contrainte & fans danger à toute l'Impétuofité de fes paffions. Mais la caufe me paroît ici beaucoup trop foible pour l'effet que Sallufte lui impute : car quoiqu'elle ait contribué très ‑ probablement à accélérer les progrès du luxe , & par conféquent la corruption des mœurs, cependant la caufe de cette chûte rapide eft d'une nature fort différente.

---

(1) Mores majorum non paulatim ut antea , fed torrentis modo , præcipitati. Sall. Fragm. p. 136.

. Les Romains , au moment même de la naiſſancè
de leur état., fondèrent leur ſyſtême politiqué
ſur les baſes les plus sûres & les plus ſages ; la
crainte des Dieux , une ferme croyance d'une providence qui gouverne l'univers , & d'une alternative de peines ou de récompenſes après la mort.
Ils élevoient leurs enfans dès le berceau dans ces
principes qui ſe gravoient & ſe perfectionnoient
dans leur ame , au moyen d'une excellente éda-
cation dont les préceptes étoient ſoutenus par
l'exemple (1). L'hiſtoire du monde entier ne nous
préſente point parmi les nations payennes un
peuple auſſi exact que les Romains à remplir les
devoirs publics & privés de leur religion. C'eſt
à l'obſervance plus ou moins exacte de ces devoirs qu'ils attribuoient leurs ſuccès & leurs revers. Leurs hiſtoriens font rarement le récit
d'une défaite , ſans accuſer leurs généraux d'avoir
mépriſé ou négligé quelqu'une de leurs cérémonies
religieuſes (2) ; & quoique nous puiſſions très-rai-
ſonnablement conſidérer toutes ces cérémonies ,
comme les abſurdités de la plus extravagante ſuperſtition , cependant comme elles paſſoient chez

---

(1) Nulla uṅquam reſpublica ſanctior , nec bonis
exemplis ditior fuit. Tit. Liv. in Præfat.

(2) Dionyſ. Halicarn. lib. 2 , p. 61-62.

les Romains pour des actes de religion indifpenfables, elles devoient évidemment avoir toute
l'influence des principes religieux. Jamais, dit
Ciceron, en parlant de fes compatriotes, nous
n'avons été fupérieurs aux Efpagnols par le nombre (1), ni aux Gaulois par la force du corps, ni
aux Carthaginois par la rufe, ni enfin aux Grecs
dans les fciences ou les arts; mais nous avons inconteftablement furpaffé toutes les nations de
l'univers en refpect pour les Dieux & pour la religion de nos pères; & dans la véritable & unique
fageffe, c'eft-à-dire, dans l'intime conviction d'une
Providence divine qui gouverne l'univers (2).
C'eft à ce principe feul que Ciceron attribue la
gloire & la profpérité de fon pays. Car quel eft,
dit ce célèbre philofophe, quel eft l'homme convaincu de l'exiftence des Dieux, qui pourroit ne
pas être également certain que notre puiffant empire doit fa naiffance, fes fuccès & fa confervation
tion aux foins protecteurs d'une divine Provi-

_____

(1) Tamen nec numero Hifpanos, nec robore Galli,
nec calliditate Pœnos, nec artibus Græcos.

(2) Sed pietate ac religione, atque hâc unâ fapien-
tiâ, quod Deorum immortalium numine omnia regi, gu-
bernarique perfpeximus, omnes gentes nationefque fu-
peravimus. Cicer. de Harufp. refpubl. p. 189.

dence (1) ? Il eſt évident que même du temps de
Ciceron , la ſaine partie du peuple romain partageoit ces ſentimens ; & c'eſt de ce principe que
découloient naturellement le réſpeƈt & la ſoumiſſion pour les loix , la frugalité , la modération &
le mépris des richeſſes qui ont toujours déconr-
certé & repouſſé victorieuſement les ambitieuſes
entrepriſes de la tyrannie. C'eſt encore de ce
principe que naiſſoit l'inviolable amour de la patrie , qu'après celui des Dieux, les Romains conſidéroient comme le plus vénérable.

Ce ſentiment pouſſé chez eux juſqu'à l'enthou-
ſiaſme , l'emportoit ſur toutes leurs affeƈtions &
même ſur le ſoin de leur vie (2). Ils ne chériſſoient
pas ſeulement la patrie comme leur mère commune, mais comme l'objet de la préférence de
leurs Dieux qui le deſtinoient à donner des loix
à tout le reſte de l'univers (3), & lui accordoient

---

(1) Quis eſt qui—cùm Deos eſſe intellexerit , non in-
telligat eorum numine hoc tantum imperium eſſe natum , & auƈtum & retentum ? Ibid. p. 188.

(2) Cari ſunt parentes, cari liberi, propinquique, &
familiares ; ſed omnes omnium caritates, patriæ una com-
plexa eſt. Cic. de Offic.

(3) Pro quâ patriâ mori, & cui nos totos dedere ;

T 3

par conféquent une protection particulière. Cette
perfuafion infpira aux Romains ce courage in-
domptable qui bravoit tous les dangers , & même
une mort certaine pour la défenfe de leur pays.
Tel eft le tableau complet du caractère des anciens
Romains, & c'eft ainfi que tous les hiftoriens nous
le préfentent dans les temps où cette république
confervoit fes mœurs pures & fes vertus. Tandis
que leur conduite fut dirigée par ce grand principe de religion, ils furent toujours libres & invincibles; mais lorfque les relations des Grecs avec les
Romains eurent introduit chez ceux-ci l'athéifme
de la doctrine d'Epicure (1), fous le refpectable

& in quâ noftra omnia ponere, & quafi confecrare de-
bemus. Cic. de Leg.

(1) On m'a obfervé que c'eft le ftoïcifme que j'aurois
dû dénoncer comme la racine de l'athéifme , parce que
tous les philofophes qui profeffoient le ftoïcifme étoient
véritablement des athées. Il eft vrai que les principes
du ftoïcifme tendoient à l'athéifme; mais les profeffeurs
de cette fecte enfeignoient à méprifer toutes les douceurs de cette vie , & étoient très-auftères dans leurs
préceptes. Il paroit que par-tout où leur doctrine
fut introduite , elle produifit fur les mœurs du peuple un
effet fort différent de celui de la morale d'Epicure. Brutus
& Caton, les inflexibles champions de la liberté, &
prefque confidérés comme les deux feuls hommes ver-

nom de philofophie, il mina peu-à-peu ce principe fondamental, & finit par l'anéantir. J'avoue
qu'en corrompant les mœurs, le luxe avoit affoibli
ce principe, & préparé les Romains à accueillir
l'athéifme ; mais tandis qu'il exifta, il maintint les
mœurs & arrêta les progrès du luxe en proportion de fon influence. Lorfque l'athéifme l'eut totalement détruit, la digue de la corruption fut
rompue, le torrent des paffions s'élança avec violence & renverfa façilement tous les autres obftacles.

L'introduction de l'athéifme reproché à Epicure,
fut donc chez les Romains la véritable caufe du
rapide débordement de la corruption & de l'ou-

---

tueux de leur temps, étoient deux ftoïciens rigides.
Jules-Céfar, qui renverfa la conftitution de fon pays,
étoit & dans la théorie & dans la pratique un parfait
épicurien. Nous ne pouvons pas douter de fes principes, quand nous l'entendons affirmer audacieufement
dans le fénat que la peine de mort manquoit fon but,
car la mort mettoit un terme à toutes les fouffrances
& à tous les chagrins en terminant une vie après laquelle il ne pouvoit plus y avoir ni peine ni plaifir :
& quant à fes mœurs, il fuffit pour les connoître de
fe rappeller ce qu'on difoit de lui proverbialement durant fa vie : qu'il étoit le mari de toutes les femmes
& la femme de tous les maris.

bli ou du mépris de tous les principes respectés
jusqu'alors. Je sais que les savans diffèrent beaucoup dans leur opinion sur la morale ou sur la
doctrine d'Epicure. Mais l'examen de ses véritables
principes me conduiroit trop loin, & seroit fort
étranger au plan de cet ouvrage. Par la doctrine
d'Epicure, j'entends le système que, dans son
poëme, Lucrèce a embelli de l'élégance & de tous
les charmes de la poésie. Ce cours d'athéisme, &
tant d'autres de la même espèce attribués à différens philosophes de la Grèce, sont remplis des
plus étranges absurdités que l'esprit humain soit
susceptible de concevoir. Epicure, si on peut en
croire Lucrèce (1), attribue la formation de l'uni-

---

(1) On a observé que les disciples des anciens philosophes grecs mêloient un si grand nombre de leurs
opinions particulières à la doctrine de leurs maîtres,
qu'il devenoit très-difficile de distinguer les véritables
principes des derniers. Epicure enseignoit que le bonheur suprême consistoit dans le plaisir ; ses défenseurs
prétendent qu'il entendoit le plaisir pur, inséparable de
la vertu ; & ses détracteurs prétendent au contraire qu'E-
picure entendoit les plaisirs des sens. Ses amis repli-
quent que cette dernière version est l'ouvrage de quelques-uns de ses disciples débauchés qui ont voulu étayer
leurs désordres du nom de ce philosophe. Ils ajoutent
que les véritables épicuriens qui adhéroient strictement

vers au concours fortuit d'atomes matériels ou
de parcelles de la matière. Telle eſt auſſi l'opinion
de Démocrite où Epicure a puiſé ſes rêveries.
Plutarque prétend que Démocrite douoit ſes atomes
d'une ſorte de vie ou d'intelligence, dont Epicure
a dédaigné de faire uſage. Ce dernier attribue hardiment la vie, l'intelligence, la penſée & même

---

aux principes de leur maître, traitoient les autres de faux
diſciples & d'impoſteurs. Mais en accordant que cette
réclamation ſoit juſte, il ne ſera pas moins vrai que
la matérialité & la diſſolution de l'ame ſont les premiers principes d'Epicure, & que les épicuriens vrais
ou faux les enſeignoient tous publiquement. Il ne faut
pas avoir du cœur humain une connoiſſance bien profonde pour décider laquelle de ces deux notions relatives au plaiſir ſe ſera propagée plus rapidement &
par préférence chez un peuple déjà corrompu.

Les mœurs dépravées des Romains vers les derniers
temps de la république prouvent évidemment dans mon
opinion que la doctrine du plaiſir des ſens, ou la doctrine des nouveaux épicuriens, étoit preſqu'univerſellement adoptée. Et il paroît par la plaiſanterie d'Horace,
dans ſa deſcription des mœurs de ces philoſophes, qu'on
ne connoiſſoit plus la première verſion des principes
d'Epicure,

Me pinguem & nitidum bene curata cute viſes
Cùm ridere voles, *Epicuri de grege porcum.*

la liberté , aux mouvemens directs & obliques
de ses atomes inanimés. Il admet toutefois des
espèces d'êtres inutiles qu'il appelle des Dieux;
mais il prétend que ces êtres oisifs & impuissans ,
qui passent leur temps à se divertir entr'eux, n'ont
pris aucune espèce de part à la formation de l'univers; & qu'ils ne se mêlent pas davantage de sa
conservation. Il paroît assez clairement qu'Epicure
n'a eu pour les Dieux ce petit ménagement, que
parce qu'il auroit été trop dangereux pour lui d'en
nier ouvertement l'existence. Il a voulu toutefois
démontrer que leur existence n'est pas nécessaire,
qu'on peut aisément s'en passer, que les hommes
ne doivent en attendre ni du bien ni du mal, &
qu'il est par conséquent également ridicule de les
aimer ou de les craindre. C'est ainsi qu'Epicure
s'est débarrassé du pouvoir & des soins d'une divine
Providence. De temps en temps, toutefois, il s'oublie & nie fort clairement l'existence des ridicules
Dieux qu'il avoit eu l'indulgence de nous laisser.
Il dit dans un passage, que l'univers ne contient
que de la matière, de l'espace vuide, & ce qui
résulte de la concurrence ou du mélange de ces
deux principes; & que l'existence d'une autre ou
troisième nature ne peut être apperçue de nous,
ni à l'aide de nos sens ni par le secours des plus
grands efforts de nos facultés intellectuelles. Il nous

apprend que notre ame eſt compoſée des atomes
les plus fins & les plus ſubtils, & qu'elle eſt par
conſéquent mortelle & périſſable ; que l'identité de
l'homme conſiſte dans l'union des corpuſcules les
plus fins qui compoſent l'ame, avec les plus groſ-
ſiers qui compoſent le corps ; qu'à notre mort ils
ſe ſéparent ; que l'ame s'évapore & ſe diſſipe dans
les régions ſupérieures d'où elle étoit deſcendue, &
que le même homme ne peut plus exiſter. Mais ce
n'eſt pas tout ; car il pouſſe l'abſurdité juſqu'à dire,
que ſi après ſa ſéparation l'ame conſervoit le ſentiment, & qu'après un certain laps de temps le
concours fortuit des atomes la pouſſoit dans un
nouveau corps, cette nouvelle alliance formeroit
un homme tout différent. Ceci eſt évidemment
pillé dans le ſyſtême de Pythagore ou de la mé-
tempſyçoſe, mais mutilé, défiguré & tordu dans le
ſens de l'athéiſme. Les abſurdités de cette étrange
philoſophie ſont ſi évidentes qu'on ne peut pas,
ſans outrager le bon ſens, entreprendre ſa réfutation. C'eſt avec cette puiſſante logique que
ces philoſophes prétendoient bannir la crainte de
la mort, en affirmant qu'en ceſſant de vivre,
l'homme n'étoit plus rien & ne conſervoit aucune
eſpèce d'exiſtence. Nos modernes incrédules ont
rhabillé à leur façon ce principe de deſtruction
totale pour ſervir la cauſe de leur débauche &

de leurs vices. La grande ambition de ces nouveaux docteurs eft de pouvoir fe livrer à tous les excès de leurs paffions déréglées, fans être importunés par les confeils d'un mentor importun, qu'on appelle *confcience*, & par la crainte d'avoir après cette vie un compte inquiétant à régler. Comme le fyftême de la deftruction de l'ame débarraffe de toutes ces craintes, il n'eft pas étonnant que les hommes corrompus dont le nombre n'eft pas petit dans notre fiècle, tâchent de propager une doctrine qui laiffe le champ libre à toute leur perverfité. Tel eft le catéchifme introduit chez les Romains par la fecte d'Epicure, & la véritable caufe de la rapide métamorphofe de leurs mœurs dont aucun hiftorien n'a rendu compte d'une manière fatisfaifante. Rien n'eft auffi capable que la totale extinction des principes religieux, d'opérer rapidement & complétement la dépravation des mœurs, & tous les principes religieux font parfaitement abolis par la doctrine de la mortalité de l'ame. Lucrèce nous préfente à la vérité d'excellentes maximes tirées d'Epicure, & déclame fouvent contre les vices de fes compatriotes. Mais cette petite (1) charlata-

---

(1) At etiam liber eft Epicuri de fanctitate. Ludimur ab homine non tam faceto, quàm ad fcribendi licen-

nerie dont perſonne n'eſt dupe, prouve ſeulement
qu'Epicure a doré la pillule pour la faire accepter
plus facilement : car comment maintenir un édifice
dont on arrache les fondemens ? Et quelle impreſſion reſtera-t-il du meilleur ſyſtême de morale, ſi
l'influence des peines & des récompenſes après la
mort eſt totalement détruite par la doctrine de
la mortalité de l'ame & par le refus de croire à
une divine Providence ? Ciceron obſerve que ſi
Epicure n'a pas nié formellement l'exiſtence des
Dieux, c'eſt qu'il n'ignoroit pas que les loix de
ſon pays l'auroient rigoureuſement puni d'avoir
oſé ſaper le principe fondamental de toutes les
religions, & il ajoute que l'examen de ſa doctrine
ſuffit pour conſtater évidemment ſon athéiſme :
& en effet, l'homme qui croiroit à des Dieux inutiles qui ne peuvent faire ni bien ni mal ſeroit plus
inſenſé que celui qui nie nettement leur exiſtence,
& on ne peut pas imaginer qu'Epicure ait eu
l'eſpoir de perſuader cette abſurdité. Quoi qu'il en
ſoit, cette doctrine pêtrie de contradictions & d'im-
pertinences ſi palpables qu'elles n'abuſeroient pas
même le ſens groſſier d'un Hottentot, n'a pas

_____

tiam libero. Quæ enim poteſt eſſe ſanctitas, ſi Dii humana non curant ? Cicer. de Natur. Deor. p. 78.

laiſſé de ſe propager de nos jours parmi la ſecté
des *eſprits-forts*.

Les Grecs furent infectés de bonne heure de
cette doctrine exécrable; & le mépris de la foi
publique & de tous principes de religion, fit
bientôt connoître l'effet qu'elle avoit produit ſur
les mœurs. Confiez ſeulement, dit Polybe, un
talent à un Grec accoutumé à manier l'argent
du public , & il vous le volera très-certainement ,
euſſiez-vous pris la précaution d'avoir vingt témoins
& autant de contrats pardevant notaire. Mais ,
chez les Romains , les officiers publics qui diſpo-
ſent de finances très-conſidérables , ſont ſi fidèles
au ſerment qui leur eſt impoſé en entrant dans
leur office, qu'il n'y a pas encore eu parmi eux
un ſeul exemple de malverſation. Ciceron nous
apprend, dans ſes oraiſons & dans ſes épîtres ,
le changement que la funeſte doctrine dont nous
venons de parler, avoit produit de ſon temps chez
ſes compatriotes. Salluſte nous apprend auſſi, par
le reproche que Lucius Philippus fit au conſul
Lepide , en plein ſénat, combien le parjure étoit
devenu commun chez les Romains.

Polybe penſe que rien ne démontre auſſi évidemment la ſupériorité du gouvernement civil
des Romains ſur celui de tous les autres peuples,
que les ſentimens religieux qu'ils inſpiroient à la

jeuneſſe, & qu'ils ſoutenoient par leur exemple. Il aſſure que, dans ſon opinion, la république romaine fut redevable de ſa gloire & de ſes ſuccès à cette crainte reſpectueuſe des Dieux, que les Grecs traitoient de ridicule & mépriſable. Quoiqu'ennemi de toute ſuperſtition, Polybe croyoit fermement à une Providence qui gouverne l'univers : & lorſqu'il obſervoit les heureux effets des principes religieux, quoique portés chez les Romains au dernier excès de la ſuperſtition ; lorſqu'il reconnoiſſoit leur influence ſalutaire ſur leurs mœurs dans la vie privée & ſur les affaires publiques dans les conſeils, il concluoit que ces principes étoient le réſultat de la profonde & ſage politique de leurs anciens légiſlateurs.

D'après ces conſidérations, il n'héſite point de blâmer les têtes mal organiſées & dépourvues de ſaine politique, qui s'efforçoient alors d'effacer de l'eſprit du peuple les terreurs d'un enfer & d'un compte à rendre.

J'ai fait enfin connoître à mes lecteurs, d'une manière claire & inconteſtable, la véritable ſource du torrent de corruption qui ſe répandit ſi rapidement dans toute la république romaine, & qui finit par ſubvertir le plus vaſte & le plus puiſſant empire qui ait encore exiſté. Il paroît que le célèbre Monteſquieu a ſenti cette vérité, qu'à ma grande furprife, aucun autre hiftorien ne femble avoir apperçue. Comme l'hiftoire doit toujours avoir pour but l'utilité, j'ai préfenté le tableau exact des mœurs romaines dans les temps qui précédèrent immédiatement la perte de leur liberté, pour fervir d'avertiffement à mes compatriotes de fe garantir des mêmes calamités, qui feront toujours les fuites inévitables de la même corruption. Comme les intérêts & la fituation de l'Angleterre relativement à la France, font très-analogues à ceux de Carthage relativement à Rome, je vais continuer la comparaifon des mœurs, de la politique & de la conduite militaire de ces deux puiffantes rivales; j'examinerai leurs avantages réciproques & les erreurs politiques de ces deux nations dans le cours de leurs longues & fanglantes guerres. Puiffe ma patrie éviter également les mauvaifes mefures qui menaçoient fouvent Rome de fa ruine, & les fautes capitales qui entraînèrent la deftruction de Carthage!

CHAPITRE VII.

CHAPITRE VII.

Comparaison des Carthaginois avec les Romains.

IL paroît que ces deux peuples eurent des commencemens très - foibles. Denis d'Halicarnaffe affure que Romulus ne put former de tout fon peuple, dont tout homme étoit foldat, que trois mille fantaffins & trois cents hommes de cavalerie. Les Tyriens qui accompagnèrent Didon, lorfqu'elle fe fauva de chez fon frère Pygmalion, tyran avare & vigilant, ne pouvoient pas non plus être en grand nombre.

Pour y fuppléer, Romulus offrit non-feulement un afyle aux fugitifs de tous les pays, qu'il admit au nombre de fes fujets, mais il réunit à fon territoire celui de tous les pays voifins dont il fit la conquête, & incorpora tous les prifonniers parmi les citoyens romains. Au moyen de cette habile politique, malgré le grand nombre d'hommes que Romulus perdit dans les guerres prefque continuelles d'un règne de trente-fept années, il laiffa en mourant les forces romaines compofées de quarante-cinq mille hommes d'in-

V

fanterie & de mille chevaux (1). Comme après
l'expulsion des rois, les Romains suivirent la même
politique sous le gouvernement républicain, leurs
guerres n'empêchèrent point l'accroissement de leur
population. Denis d'Halicarnasse trouve, à cet
égard, la politique des Romains fort supérieure à
celle des Grecs. Cet historien observe que la défaite de Leuctres força les Lacédémoniens de
renoncer à leur suprématie sur la Grèce; & que la
perte de la bataille de Chéronée réduisit les Thébains & les Athéniens à la dure nécessité de céder
aux Macédoniens le gouvernement de la Grèce,
& de renoncer à leur propre indépendance. Denis
impute ces malheurs à l'imprudente politique des
Grecs, qui communiquoient très-difficilement à
des étrangers les privilèges ou le rang de citoyens
dans leurs états. En admettant, au contraire,
leurs ennemis au nombre de leurs citoyens, les
Romains se trouvoient, à la fin d'une guerre
longue & sanglante, beaucoup plus nombreux
qu'avant de l'avoir entreprise. Denis ajoute qu'a-
près la défaite de Cannes, où quatre-vingt-six
mille Romains furent réduits à trois mille trois
cent soixante-dix, Rome ne dut point sa conser-

---

(1) Denis d'Halicarnasse.

vation à fa fortune, comme quelques écrivains
femblent le penfer, mais au très - grand nombre
de fa milice difciplinée qui lui fourniffoit les
moyens de lever de nouvelles armées. Je fuis
convaincu que les obfervations d'Halicarnaffe,
adoptées par la plupart de nos écrivains modernes, font très-juftes relativement aux Thébains &
aux Athéniens; parce que, comme le premier de
ces deux peuples tendoit à augmenter fa puiffance
par les armes, & l'autre par les armes & le commerce, ils devoient l'un & l'autre imiter les Romains & attirer chez eux les étrangers. Mais il me
femble qu'on ne doit pas blâmer les Lacédémoniens d'avoir tenu une conduite différente, &
que l'exclufion des étrangers n'étoit point un
vice dans leur conftitution, puifque Polybe &
Plutarque conviennent qu'en donnant des loix à
fes concitoyens, Lycurgue n'avoit eu en vue
d'augmenter ni leurs richeffes, ni leur puiffance,
mais de conferver la pureté de leurs mœurs; &
que fes réglemens militaires n'étoient point deftinés à faire des conquêtes, ni à fervir les projets
de l'ambition, mais à affurer la liberté & l'indépendance de la république. J'ajouterai, pour juftifier mon obfervation, que les Lacédémoniens
déchurent infenfiblement de leurs vertus, & enfin
de leur liberté, en proportion de ce qu'ils déro-

gèrent aux inftitutions de leur légiflateur. Mais je
reviens à mon fujet dont cette digreffion m'a
écarté. Forcé de me fervir dans mes recherches de
l'antiquité, des fecours que je rencontre, je fuivrai
dans cette occafion le rapport de Juftin (1). Il
affure que Didon reçut des fecours confidérables
d'une colonie de Tyriens qu'elle trouva établis
à Utique, & qu'elle admit dans fa nouvelle ville
un grand nombre des naturels du pays, qui devinrent par conféquent des Carthaginois. J'obferverai auffi, à l'appui de cette opinion, que fi les
Carthaginois n'avoient pas fuivi très-long-temps
cette fage maxime de politique, il n'eft pas
croyable que les feuls Tyriens auroient pu fe
multiplier avec une rapidité hors du cours ordinaire de la nature, & fuffire en même temps &
aux expéditions d'un commerce très-étendu, &
à la formation des nombreufes colonies que nous
rencontrons dans les premiers fiècles de leur
hiftoire.

Les conftitutions de Rome & de Carthage
étoient républicaines & libres. Leur gouvernement fe reffembloit à beaucoup d'égards,
autant que nous en pouvons juger par l'hiftoire.

---

(1) Juftin. lib. 18, c. 5.

Deux suprêmes magiftrats (1) annuellement élus ;
un fénat & le peuple, compofoient le corps politique des deux républiques ; & l'élection annuelle
de leurs magiftrats fut chez l'une & l'autre
une fource de divifions & de factions intariffables,
que la république de Sparte évita en rendant fa
première magiftrature héréditaire. Le fénat étoit
compofé chez les Romains & chez les Carthaginois de citoyens les plus refpectables & les plus
diftingués par leur naiffance. A Rome, les confuls
choififfoient les fénateurs avec l'approbation du
peuple ; mais les cenfeurs parvinrent à s'emparer
de ce 'privilège. Ariftote nous apprend qu'on
élifoit auffi les fénateurs à Carthage (2) ; mais
comme il ne nous dit point quels étoient les électeurs, je préfume, d'après le reproche qu'il fait
à cette république de trop incliner vers la démocratie, que les élections appartenoient exclufivement au peuple. A Rome, tandis que les vertus
y prévalurent, le mérite & la naiffance furent
les feuls titres néceffaires pour obtenir une place
dans le fénat, ou les premiers emplois de l'admi-

---

(1) Nommés confuls chez les Romains, & *fuffètes*
chez les Carthaginois.

(2) Arift. de Rebufpubl. lib. 2, c. 11, p. 334.

niftration. A Carthage, quoique le mérite & la
naiſſance fuſſent, à ce qu'il paroît, des qualités in-
diſpenſables, elles n'étoient pas toutefois ſuffiſantes
ſi le candidat ne poſſédoit pas une fortune avec
laquelle il pût ſoutenir convenablement ſa dignité.
Ariſtote blâme cette clauſe, parce que le mérite
de.tous les citoyens peu fortunés étoit évidemment perdu pour la république; & que cette
maxime de ſon gouvernement, qui accordoit à
l'opulence un reſpeſt qui ne lui eſt pas dû,
tendoit à exciter l'avarice & l'avidité du gain, ſi
généralement reprochés aux Carthaginois. Mais
il me ſemble qu'à l'exemple de Platon, ſon
maître Ariſtote nous préſente ici des idées abſtraites
& difficiles à réduire en pratique. En effet, ſans faire
la moindre attention à la différence du génie des
différentes nations, il veut toujours ajuſter la
balance des pouvoirs de ſa république, conformément au ſyſtême de ſa théorie philoſophique.
Le génie des nations diffère peut-être en proportion de leur ſituation & de leur climat, qui
ſemblent être juſqu'à un certain point la cauſe
naturelle de cette différence. Les républiques de
Sparte & de Rome étoient militaires ; & l'amour
de la gloire militaire étoit le principal trait de
leur caraſtère. La république de Carthage & celle
des Tyriens, leurs ancêtres, étoient commer-

çantes, & chez l'une & l'autre l'amour du gain étoit la paffion dominante. Elles ne devoient leur efprit militaire qu'à la néceffité de défendre les richeffes acquifes par le commerce ; & l'amour de la gloire, toujours fubordonné chez eux à l'amour du gain, n'étoit qu'une paffion fecondaire. Pour pouvoir comparer ces deux républiques, & les juger avec impartialité, il eft indifpenfable d'examiner d'abord quel étoit le principe fondamental de chacune d'elles, & la paffion dominante qui conftituoit leur différent caractère. A Sparte & à Rome, l'or comparé à l'honneur paroiffoit vil & méprifable ; le mérite & la pauvreté réunis paroiffoient dignes de la plus grande vénération. A Carthage, on fuivoit des maximes fort différentes ; le mérite avoit befoin d'être appuyé par l'opulence, & rien ne paroiffoit fi vil que la pauvreté. Connoiffant parfaitement l'influence des richeffes, les Carthaginois exigeoient que les candidats qui prétendoient aux places de fénateur ou aux emplois publics, poffédaffent une grande fortune, afin qu'ils fuffent à l'abri de la corruption, & que l'intérêt d'une grande propriété rendît plus actif leur zèle pour le falut de la patrie. Il me femble, quoiqu'en puiffent dire Ariftote & les autres hiftoriens de Rome, que les Carthaginois fondoient leur conduite fur les raifons que je viens d'expofer ; & on

ne peut pas en douter lorfqu'on voit leur fénat &
les premières places de leur gouvernement, toujours
occupés par des hommes de la naiſſance la plus diftinguée & même du premier mérite, en exceptant
les élɛ tions où l'efprit public étoit dominé par
celui les factions. L'hiſtorien le plus partial n'oſe
accuſer aucun de leurs hommes publics d'avoir
accepté l'argent d'une puiſſance étrangère pour
trahir fon pays, comme les généraux romains ne
rougiſſoient point de le faire du temps de Jugurtha. Ces réflexions expliqueront auſſi pourquoi
les premières familles de Carthage ne dédaignoient
point le commerce ; c'étoit moins, fans doute,
par un fentiment d'avarice, que pour laiſſer à
tous leurs enfans aſſez de fortune pour qu'ils
puſſent prétendre à être admis dans le fénat &
aux emplois de l'adminiſtration (1). Il eſt évident

---

(1) M. Montagu, l'auteur anglois de cet ouvrage,
préfume que parmi les Carthaginois , les fecond ou
troifième fils & des familles fénatoriales étoient les feuls
qui priſſent le parti du commerce pour acquérir une
fortune qui leur permît de prétendre aux dignités de
leur pays. Il fuppoſe apparemment que les aînés étoient
partagés à Carthage comme en Angleterre, où ils emportent la preſque totalité des biens ; mais l'hiſtoire n'en
fait pas, je crois, memion. Quoi qu'il en foit, mes lec-

que ce réglement utile & même falutaire dans une
république commerçante & opulente, auroit été
très-funefte dans les républiques militaires de Rome
& de Sparte , dont il auroit corrompu les
mœurs (1) : le fort de ces deux républiques en

―――――――――――――――――――――――――

teurs appercevront bien fans doute , fans que je les en
avertiffe, qu'en blâmant les hiftoriens romains dè leur
partialité contre les Carthaginois, M. Montagu n'a pas
fu fe défendre du même fentiment en leur faveur ; &
ils en trouveront facilement le motif dans la reffemblance que M. Montagu apperçoit entre la république
de Carthage & l'Angleterre.

Note du traducteur.

(1) M. Montagu femble bien vouloir nous faire
entendre que les richeffes font moins dangereufes pour
les mœurs dans un pays commerçant que dans un autre ; mais il ne nous dit point le pourquoi, & je ne
me rappelle pas d'avoir encore trouvé dans aucun auteur la folution de cette queftion. C'eft que dans un
pays de commerce les richeffes employées continuellement aux opérations du négoce font nulles pour le
luxe, le fafte & la débauche ; & qu'à cet égard c'eft
précifément comme fi elles n'y étoient pas. C'eft que
l'efprit du commerce eft un efprit d'économie & de
frugalité qui arrête néceffairement la rapidité des progrès du luxe, & par conféquent de la corruption des
mœurs. C'eft que le crédit dont on ne peut fe paffer
dans le commerce exige de la probité, des mœurs &

offre la preuve inconteftable; car elles durent
l'une & l'autre leur ruine à l'introduction des richeffes inconnues à leurs vertueux ancêtres. Il
paroît que le fénat de Carthage étoit beaucoup
plus nombreux que celui de Rome; car il avoit
un comité permanent compofé de cent quatre
membres les plus refpectables, & chargé de veiller
fur la conduite des familles puiffantes, afin d'é-
clairer & de déconcerter les entreprifes ambitieufes
qu'elles pourroient former contre la liberté de
leur pays, ou contre fa conftitution. A la fin de
chaque campagne, les généraux en chef, de terre
& de mer, étoient tenus de rendre un compte
exact à ce comité de leur conduite & de leurs
opérations. De ce comité, qu'on pourroit appeller la cour martiale des Carthaginois, on en
tiroit un autre, compofé de cinq membres les
plus recommandables par leur probité, leurs
talens & leur expérience. Il n'y avoit ni gages, ni
falaire attachés à leurs fonctions : l'amour de la

---

des vertus au moins extérieures. Voilà pourquoi l'opu,
lence & la pureté des mœurs peuvent fympathifer beau,
coup long-temps dans un pays de commerce que par-
tout ailleurs. Voilà pourquoi ce qui perdit Rome pouvoit foutenir long-temps Carthage.

                                Note du traducteur.

gloire & de la patrie étoient cenfés des motifs fuffifans pour engager des hommes d'une haute naiffance & d'une grande réputation à fervir le public
avec zèle & fidélité. Ce n'étoit point le fort,
mais le mérite qui décidoit de leur élection. Ils exerçoient un pouvoir très - étendu ; leur office étoit
à vie, & lorfqu'ils perdoient un de leurs membres,
ils en choififfoient un parmi les cent quatre pour
le remplacer. En cas de vacance, les cent quatre
choififfoient dans tout le fénat, de leur propre
autorité & fans avoir de compte à rendre, ou
perfonne à confulter. Ils jugeoient auffi toutes les
caufes définitivement & fans appel. L'inftitution
de ce grand comité me paroît fort fupérieure à
toutes celles des Romains ; car elle préfervoit l'état
de ces violentes commotions qui ébranlèrent fi
fouvent & renverfèrent à la fin la république romaine. L'autorité du comité des cinq étoit exor-
bitante & dangereufe pour la fortune & la vie de
leurs concitoyens. A la fin de la feconde guerre
punique, ils en abufèrent fi violemment qu'ils
devinrent odieux au peuple. Annibal s'éleva
vivement contre cet abus, & fit paffer une loi
qui rendoit ces offices électifs & annuels. Nous
ignorons fi les places du fénat étoient à vie, fi
les fénateurs pouvoient en être dépouillés pour
mauvaife conduite, & par qui ; l'hiftoire ne nous

fournit à cet égard aucune efpèce de renfeignemens. A Rome, les cenfeurs avoient le droit de
conférer cette dignité & d'en dépouiller ceux
qui en étoient revêtus, par la fimple formalité
d'omettre leur nom lorfqu'ils faifoient l'appel de
tous les membres du fénat. Je ne puis me défendre d'obferver qu'il étoit très-dangereux de
confier le pouvoir de reffaffer le fénat & de le
compofer à leur fantaifie, à deux hommes qui
pouvoient être corrompus par une faction pour
fervir fes vues. Dans un pays libre, on ne doit
point remettre dans un fi petit nombre de mains,
une autorité fi étendue & fi arbitraire ; car, malgré les fervices que les cenfeurs ont pu rendre
dans les premiers fiècles de la république romaine,
en fervant d'épouvantail à la corruption des
mœurs , il eft certain que, dans des temps moins
reculés, ils fe rendirent les inftrumens des factions ; & Ciceron, dans fon plaidoyer pour
A. Cluentius, en cite plufieurs exemples. Ce célèbre orateur fembloit craindre que la lifte des
cenfeurs ne devînt auffi redoutable aux citoyens,
que les profcriptions de Marius & du dernier
dictateur (1). Cornelius Nepos, dans la vie d'A-

_____

(1) Sylla.

milcar, fait mention d'un office de même nature
chez les Carthaginois. Il paroît que les hommes
les plus puiſſans de la république étoient ſoumis à
ſon inſpeƈtion; mais l'hiſtoire ne nous apprend
pas ſi l'autorité de cet office s'étendoit juſqu'à
deſtituer un ſénateur. Si un prince ambitieux, ou
un miniſtre pervers, pouvoit ſarcler & former
à ſon gré notre parlemeut, ç'en ſeroit fait bientôt
de notre conſtitution & de notre liberté.

Dans le ſénat romain toutes les affaires ſe décidoient comme dans notre parlement, à la majorité des voix. A Carthage, comme dans les
diètes de la Pologne, une loi ne pouvoit paſſer
dans le ſénat qu'à l'unanimité parfaite. Le *veto*
d'un ſeul membre enlevoit au ſénat la diſcuſſion
de l'affaire, & en remettoit la déciſion entre les
mains du peuple, qui étoit par ce moyen le grand
reſſort de tous les pouvoirs. C'eſt à cette occaſion
qu'Ariſtote prétend que la conſtitution des
Carthaginois inclinoit plus vers la démocratie,
que ne le comportoit la balance d'une république
ſagement organiſée. Les magiſtrats étoient forcés
de rendre au peuple, juge ſouverain dans tous
les appels, un compte exaƈt de l'opinion &
des argumens de chaque ſénateur ſur la queſtion
propoſée; & le plus obſcur des plébéiens avoit
le droit d'y répondre & de dire librement tout ce

qui lui venoit dans l'imagination. Cette forte de liberté fut une fource féconde d'anarchie, de difcorde & de confufion.

Je fuis convaincu qu'à cet égard, la politique des Romains étoit fort fupérieure à celle des Carthaginois, exception faite toutefois des abus du tribunat vers la fin de la république romaine. Car lorfqu'un tribun féditieux, excité par fon ambition perfonnelle, ou corrompu par une faction, pouvoit arrêter toutes les opérations du fénat par fon fimple *veto*, & porter toutes les affaires à l'affemblée du peuple ; lorfqu'il s'arrogeoit le droit d'emprifonner les premiers magiftrats & même les confuls ; & d'exercer impunément de fa feule autorité, les actes les plus odieux & les plus arbitraires, parce que fa perfonne étoit déclarée inviolable ; alors j'aurois très-certainement préféré l'adminiftration des Carthaginois ; car la jaloufie & le danger de voir paffer l'autorité dans les mains du peuple, étoient des motifs très-capables d'opérer dans le fénat la réunion unanime des opinions. Mais à Rome, le pouvoir des tribuns, toujours oppofé à celui du fénat, finit par jetter dans la balance démocratique un immenfe poids qui entraîna la ruine de la république. Comme elle manquoit d'un troifième pouvoir, fi indifpenfable pour conferver l'équilibre

des deux autres, les tribuns étendirent conſtam-
ment leur autorité, qui ſe convertit enfin en une
tyrannie abſolue & inſupportable.

Avant la création du tribunat, la ſituation du
peuple romain étoit médiocrement préférable à
celle des malheureux payſans de la Pologne. Les
relations des patrons avec leurs cliens reſſem-
blent fort à celles des vaſſaux avec leur ſeigneur,
avec cette différence que le client pouvoit choiſir ſon patron, & que le vaſſal ne jouit pas de
cet avantage. Il eſt toutefois certain, ſi nous
pouvons en croire les hiſtoriens, que le peuple
de Rome n'étoit ni moins vexé ni moins pillé par
les patriciens. Nous en avons la preuve évidente
dans les ſéditions & les inſurrections dont l'hiſtoire romaine eſt remplie, & particuliérement
dans la dernière ſciſſion du peuple, qui força dans
cette occaſion les patriciens de créer le tribunat
en ſa faveur. La création de cet office produiſit
une grande révolution dans le nouveau gouvernement, & devint la ſource des combats perpé-
tuels de la démocratie contre l'ariſtocratie. Les
patriciens eurent ſouvent recours à leur dernière
reſſource, à la nomination d'un dictateur, revêtu d'un pouvoir deſpotique, & même arbitraire. Mais cet expédient n'étoit que paſſager. Les
tribuns augmentèrent toujours d'audace, & le

peuple renouvella fes attaques jufqu'à l'entière abolition de toutes les prérogatives attachées à la naiffance. Il s'ouvrit la porte des honneurs & de toutes les dignités , fans excepter le confulat, ni même l'éminente place de dictateur. Le peuple fe félicita quelque temps de fes grandes victoires ; mais il ne tarda pas à s'appercevoir qu'il étoit la dupe de l'ambition de fes chefs : dans l'exercice des premiers poftes de l'état , les plus riches & les plus puiffans plébéiens acquéroient la nobleffe à l'inftar des citoyens defcendus de familles patriciennes qui confervoient encore leur ancienne dénomination. Un grand nombre de ces nouveaux nobles s'introduifoient dans le fénat où ils faifoient caufe commune avec les patriciens dans toutes les conteftations avec le peuple dont ils avoient fait partie, & contre lequel ils fe montroient les plus animés depuis leur élévation. Les patriciens foutenus par ce nouveau renfort en impofoient fouvent aux tribuns. Dans les mémorables difcuffions où les deux Gracques occupant le tribunat entreprirent de faire paffer la loi agraire , ou le partage des terres conquifes entre les citoyens indigens , les nouveaux nobles, & même les riches plébéiens y oppofèrent la plus vive réfiftance. Ils fecondèrent fi efficacement le

parti

parti des patriciens, que tous les efforts du peuple furent inutiles, & qu'il en coûta la vie aux
deux tribuns.

La plupart des écrivains anciens & modernes ont unanimement obfervé que la république
romaine fut redevable de fa durée à la prudente
fermeté du fénat, & à la refpectueufe docilité du
peuple : ils imputent au contraire la ruine de Carthage au funefte afcendant que le peuple avoit
ufurpé fur l'autorité du fénat. Il me femble qu'on
pourroit affirmer avec vérité précifément le contraire.

On ne trouve dans l'hiftoire qu'un feul exemple d'une occafion où le peuple de Carthage
eut affez d'influence fur le fénat pour le forcer
d'agir d'une manière oppofée à fon fentiment. Ce
fut lorfqu'ils violèrent odieufement le droit des
gens & des nations, en fe faififfant des convois
que Scipion faifoit conduire dans fon camp durant la trève qu'il leur avoit accordée pour envoyer les ambaffadeurs négocier la paix avec le
fénat romain. Après la défaite de Zama, le peuple de Carthage menaça à la vérité de maffacrer
les fénateurs, s'ils acceptoient les dures conditions que Scipion leur offroit ; mais Annibal
les réduifit facilement à l'obéiffance, & remit l'affaire à la décifion du fénat. L'hiftoire romaine, au

X

contraire, eſt une ſcène preſque continuelle d'ani-
moſités , de querelles , & ſouvent même de com-
-bats ſanglans entre le peuple & le ſénat. Marius
fut nommé ſept fois conſul , malgré l'oppoſition
des patriciens, par l'influence du peuple , toujours
ardent à les humilier : ſon pouvoir toujours croiſ-
ſant produiſit enfin les ſcènes ſanglantes & l'anarchie qui entraînèrent la ruine de la conſtitution &
de la liberté de leur république.

Monteſquieu obſerve que les Carthaginois s'é-
tant enrichis long-temps avant les Romains , furent auſſi beaucoup plutôt corrompus. Il ajoute
que dans le temps où les Romains n'accordoient
les grands emplois qu'au mérite reconnu, toutes
les faveurs du peuple étoient déjà vénales à Carthage. La première partie de cette aſſertion eſt trop
vague pour être admiſe ſans reſtriction , & l'autre n'eſt que la copie littérale d'un paſſage de Polybe. Il eſt évident que les Carthaginois devinrent riches beaucoup plutôt que les Romains,
puiſque Hérodote, & Thucydide plus jeune de
dix-ſept ans, parle des premiers comme d'une puiſſance formidable par ſes forces maritimes ; ce qui
prouve leur génie pour le commerce & pour la
navigation. On ne rencontre toutefois dans l'hiſtoire aucun fait qui atteſte leur corruption , avant
la fin de la ſeconde guerre punique, où Annibal

réforma les honteuſes diſſipati ns des revenus publics, & les uſurpations abuſives du comité des
cinq, contre la fortune & la vie de leurs concitoyens. Quant à la citation de Polybe, dont la
patrie étoit alors une province romaine, & qui
étoit lui-même à Rome priſonnier d'état ; je ne
la regarde que comme un compliment qu'il faiſoit aux dépens des Carthaginois à la vanité romaine ; ou peut-être ſa cenſure n'étoit-elle qu'un
avertiſſement des ſuites que pourroit avoir cette
corruption, ſi on la laiſſoit répandre parmi les
Romains.

Quant à la religion : les deux nations étoient
également ſuperſtitieuſes ; les cérémonies abſur-
des des Romains inſpirent le mépris, & celles des
Carthaginois font frémir d'horreur (1). Mais il
n'eſt pas équitable de juger le caractère naturel
des peuples ſur les actions que la ſuperſtition leur
fait commettre ; car cette ſuperſtition qui com-
mande des actions barbares, attache l'efficacité du
ſacrifice au zèle & à la ſincérité de l'offrande. Le

---

(1) L'idole à laquelle les Carthaginois ſacrifioient
leurs enfans, étoit le Moloch des Cananaïtes leurs ancêtres. Cette idole étoit auſſi le Chronos des Grecs &
le Saturne des Latins.

principal mérite de ces abominables oblations
confistera donc à vaincre la nature & toutes fes
affections. Chez les Carthaginois on exigeoit des
mères, naturellement plus fenfibles & plus tendre-
ment attachées que les pères à leurs enfans, qu'elles fuffent préfentes au facrifice qui les en privoit.
On les forçoit même dans cette déchirante occafion, d'affecter de la fatisfaction & de la joie (1);
car s'il leur échappoit une larme ou un foupir, le
mérite du facrifice étoit cenfé perdu, & on les
condamnoit à une amende. L'expédient dont les
Carthaginois firent long-temps ufage pour éluder
cette loi odieufe prouve qu'ils n'étoient pas moins
attachés à leurs enfans que les autres peuples. Ils
achetoient fecrétement les enfans (2) des efclaves
pour les offrir au lieu des leurs à la divinité fan-
guinaire. Mais Agatocle ayant remporté fur eux
une victoire très-meurtrière, ils fuppoférent que
leur dieu s'étoit vengé de cette fupercherie, & ils
facrifièrent en réparation de leur faute deux cents
enfans des premières familles de Carthage (3)

(1) Plut. de fuperftit. p. 171.

(2) Diodor. Sicul. lib. 20, p. 739.

(3) Id. ibid.

& trois cents autres individus qui s'offrirent vo‑
lontairement en holocaufte, pour effacer un crime
que leur abominable religion faifoit confidé‑
rer comme un facrilège. On ne peut point repro‑
cher de cruautés à la fuperftition des Romains ;
fi on en excepte la punition des veftales qu'on
enterroit vives lorfqu'elles violoient leur vœu
de chafteté. Mais les fanglans combats de gladia‑
teurs dont les Romains faifoient leurs délices, im‑
priment une tache ineffaçable fur le caractère d'un
peuple courageux. Prefque tous les hiftoriens ac‑
cufent les Carthaginois de cruauté. En fuppofant
ce reproche fondé, je crois qu'on doit en impu‑
ter principalement la caufe à l'exécrable ufage des
facrifices humains, & je ne doute pas non plus
que le fpectacle féroce des gladiateurs fe mutilant
mutuellement fur le théâtre, n'ait été en grande
partie la fource de toutes les cruautés que les Ro‑
mains commettoient à la guerre (1).

Les Carthaginois ne le cédoient aux Romains

---

(1) Nous apprenons de Polybe que lorfque les Ro‑
mains prenoient une ville d'affaut, ils paffoient non‑
feulement tous les hommes au fil de l'épée, mais qu'ils
exerçoient leurs fureurs jufques fur les chiens qu'ils
coupoient par quartiers ; enfin, qu'ils ne faifoient grace
à aucun animal.

X 3

ni pour les vertus publiques, ni pour l'amour de
la patrie. La conduite intrépide des Philéni, deux
frères Carthaginois, qui consentirent à être enter-
rés vifs pour étendre le territoire de leur patrie,
égale les traits les plus vantés de l'enthousiasme
patriotique des Romains. Le fort de Machœus, de
Bomilcar & d'Hannon, démontre que ni la naiffance, ni les dignités, ni même les services rendus
à la patrie ne pouvoient sauver d'une mort ignominieuse celui qui formoit le moindre projet
contre la liberté de son pays. J'ai déjà relevé la
punica fides que les historiens romains ont fait
passer en proverbe, & j'observerai ici, d'après Montesquieu, que les Romains ne faisoient jamais la
paix sincérement & de bonne foi ; mais qu'ils
inféroient insidieusement dans leurs traités, des
conditions qui entraînoient tôt ou tard la ruine
des peuples avec lesquels ils traitoient ; que leurs
paix n'étoient qu'une suspension d'armes dictée
par la politique, dans l'attente d'une occasion plus
favorable d'achever leurs conquêtes ; que les Romains avoient invariablement pris pour maxime
de fomenter les divisions de leurs voisins, de soutenir alternativement les deux partis, & de les
épuiser l'un & l'autre pour finir par les annexer
à leurs provinces ; qu'ils employoient très-fré-
quemment les termes ambigus de leur propre lan-

gue pour pouvoir élever des chicanes, & violer
les traités lorfqu'ils entrevoyoient le moindre
avantage.

C'eft ainfi qu'ils trompèrent les Etoliens
par la phrafe vague de *s'abandonner à la foi des*
Romains (1). Les infortunés Etoliens crurent que
cette expreffion indiquoit une alliance; mais les
Romains leur firent bientôt éprouver qu'il s'a-
giffoit d'une fubjection abfolue. Ils voulurent juftifier la deftruction de Carthage par la plus hor-
teufe équivoque, en prétendant que quoiqu'ils
euffent promis à ce peuple infortuné de conferver
leur état, ils n'y avoient point compris la ville
de Carthage dont ils avoient captieufement omis
le nom. Montefquieu obferve encore judicieufement que la paffion de dominer étoit la fource de
l'ambition romaine, & que celle des Carthaginois
avoit pour but la paffion d'amaffer des richeffes.
Il étoit naturel que le commerce fût honoré par
l'une de ces nations & dédaigné par l'autre. Les
Carthaginois le confidéroient comme la plus
honorable, & les Romains comme la plus méprifable de toutes les profeffions. Les uns faifoient

(1) In fidem populi Romani fefe dedere. Vid. Polyb-
Excerpt. Legat. p. 1114-1115.

X 4

la guerre pour l'amour de la gloire & pour faire
des conquêtes, les autres pour acquérir des richeffes
& donner à leur commerce une nouvelle étendue.
Les Romains pilloient les ennemis vaincus pour
traîner orgueilleufement leurs dépouilles en triomphe; les Carthaginois pilloient non-feulement
leurs ennemis, mais même leurs provinces tributaires, autant pour fatisfaire leur avarice perfonnelle
que celle du public. Les vexations que les généraux Carthaginois exercèrent en Efpagne, leur en-
levèrent tous leurs alliés.

La fage politique de Scipion les attacha inviolablement au parti des Romains. Les gouverneurs
Carthaginois fe conduifirent comme les généraux;
& lorfque Scipion paffa en Afrique, les provinces
épuifées reçurent les Romains comme des libérateurs. Dès que le luxe eut introduit chez les Romains l'avidité, les généraux & les gouverneurs
imitèrent ceux des Carthaginois, & ce fut une des
principales caufes de la deftruction fucceffive de
leurs deux empires (1).

Rien n'indique auffi fûrement une adminiftration
foible ou corrompue que le choix d'hommes indigens pour gouverner des provinces éloignées;

---

(1) De l'Orient & de l'Occident.

sans autre motif que l'esprit de parti, & sans autre
vue que celle de leur procurer une fortune aux
dépens du public. Il est bon de remarquer que
parmi les écrivains qui reprochent aux Carthaginois leur corruption, aucun ne les accuse de
faste ni de mollesse. Les Carthaginois sont le seul
peuple de l'univers chez lequel d'immenses richesses
ne produisirent point leurs effets ordinaires (1).
Les Romains corrompus par l'opulence, perdirent
promptement toutes prétentions aux vertus publiques & privées, & une race de héros fut bientôt métamorphosée en vils esclaves. La vertu des

---

(2) J'en ai dit la raison dans une note précédente;
& il est bien singulier que M. Montagu n'ait pas fait
cette réflexion. Les négocians sont forcés de conserver
la simplicité & la régularité des mœurs pour s'assurer
le crédit & la confiance. Ils peuvent rarement disposer de leur argent pour des jouissances. Une partie est
entre des mains étrangères, & l'incertitude des ren-
trées les oblige à user avec beaucoup de circonspec-
tion de ce dont ils pourroient disposer. L'esprit d'épar-
gnes & d'économie est d'ailleurs l'esprit du commerce;
& il n'est pas étonnant que de grandes richesses n'entraînent pas comme ailleurs le faste & la débauche
dans un pays où presque tous les riches sont commer-
çans. Nous avons sous nos yeux l'exemple de la Hol-
lande. *Note du traducteur.*

Carthaginois, loin d'être dégénérée, brilloit encore de son plus grand éclat à la funeste époque de la dissolution de leur république. Dans la longue & courageuse défense de leur ville contre toutes les forces romaines, les femmes égalèrent ou surpassèrent peut-être l'intrépidité des matrones romaines dans les temps où elles acquirent leur brillante réputation. Lorsque les Romains occupèrent toute la ville, à l'exception d'une petite partie qui étoit toute en flammes, l'épouse d'Asdrubal qui commandoit en chef, termina dans son désespoir cette scène d'horreurs par l'action la plus intrépide dont il soit fait mention dans l'histoire. Après avoir reproché à son mari la lâcheté qui lui avoit fait rendre ses armes au vainqueur, elle lui déclara qu'elle étoit déterminée à mourir libre & à ne point survivre à la destruction de sa patrie. Elle poignarda ses deux enfans, & après les avoir jettés dans les flammes, elle s'y élança & s'ensevelit sous les ruines de Carthage.

Montesquieu observe que lorsque Carthage faisoit avec son argent la guerre à la pauvreté romaine, son désavantage venoit précisément de ce qu'elle considéroit comme sa principale force & sur quoi elle fondoit toute sa confiance. La raison qu'en allégue ce judicieux écrivain est évidente. L'or & l'argent peuvent facilement s'épuiser,

mais la vertu publique, la conftance & la fermeté
d'ame font inépuifables. Dans leurs guerres, les
Carthaginois fe fervoient d'étrangers mercenaires.
Les Romains ne compofoient leurs armées que
de leurs concitoyens. La défaite d'une ou deux
flottes fuffifoit pour arrêter le commerce de Carthage & tarir la fource de leurs revenus publics.
Une bataille perdue en Afrique où leur pays fans
places fortes étoit abfolument ouvert, où les
habitans étoient auffi étrangers au métier des
armes que nos payfans d'Angleterre, les réduifoit
à la dure néceffité de recevoir du vainqueur la
condition qu'il jugeoit à propos de leur impofer.
Dans la première guerre punique, Regulus, après
avoir remporté deux victoires, l'une fur terre &
l'autre fur mer, tint les Carthaginois bloqués dans
leur capitale. Après avoir perdu fucceffivement
quatre batailles contre Annibal & entr'autres la bataille de Cannes, où leurs meilleurs officiers &
prefque tous leurs foldats vétérans, reftèrent fur
le champ de bataille, les Romains ne voulurent
entendre à aucun accommodement. Ils envoyèrent
des corps d'armée en Efpagne & ailleurs, tandis qu'Annibal étoit à leurs portes. La raifon en
eft bien fimple. Les citoyens de Carthage étoient
en plus grande partie des marchands ou des artifans défarmés & très-peu faits au métier des ar-

mes. Tous les citoyens de Rome, fans exception, formoient un corps redoutable de milice difciplinée. Une comparaifon fort courte entre la politique des Romains & des Carthaginois relativement à la partie militaire, nous fera découvrir la véritable raifon qui donnoit aux Romains leur grande fupériorité.

J'ai déjà indiqué quelques-unes des principales erreurs des Carthaginois, relatives aux adminiftrations de la marine & de la guerre. Montefquieu reproche auffi beaucoup de fautes aux Romains, & n'attribue leur confervation après la bataille de Cannes, qu'à la force de leur conftitution. Il femble placer cette force dans la prudence & la fermeté du fénat romain : un examen abrégé de leur conduite durant le cours de la feconde guerre punique, nous démontrera que la véritable caufe de leur confervation à cette époque eft fort différente ; & que Montefquieu a trop légérement adopté l'opinion des hiftoriens Grecs & Romains.

En examinant la conduite tant vantée du fénat romain depuis la première attaque de Sagonte, jufqu'à la mémorable bataille de Cannes, nous y appercevrons une fuite prefque continuelle de fautes groffières qui portent l'empreinte de la foibleffe & des factieufes diffenfions de leurs confeils. Les Romains furent inftruits du deffein

qu'Annibal avoit formé de les attaquer en Italie.
Ce projet n'étoit point un secret en Espagne où
Annibal faisoit tous les préparatifs indispensables
à cette grande expédition. Les Romains étoient
très-certainement informés du dessein d'Annibal,
lorsqu'ils lui envoyèrent des ambassadeurs pour
le prévenir que s'il passoit l'Ibère, ou s'il attaquoit
Sagonte, ils considéreroient l'une ou l'autre de
ces démarches comme une déclaration de guerre.
Après avoir reçu du général une réponse ambi-
guë, ils passèrent en Afrique & firent la même
déclaration au sénat de Carthage. Mais lorsque
Annibal commença le siége de Sagonte, les Romains exécutèrent-ils leur menace ? Envoyèrent-
ils le moindre secours à leurs fidèles alliés ? non;
ils perdirent en vains débats, en ambassades inutiles, les neuf mois que dura le siége de Sagonte.
Ils sacrifièrent à la fois par leur ridicule incertitude
un peuple brave & fidèle, leur propre intérêt &
leur réputation (1). S'ils avoient envoyé promp-

_____

(1) Lorsque peu de temps après la ruine de Sagonte,
les ambassadeurs romains vinrent solliciter l'alliance des
Volsicans, un peuple de l'Espagne, ils parurent étonnés
de l'effronterie des Romains, & leur répondirent avec
aigreur d'aller chercher des alliés parmi des peuples
qui n'auroient point connoissance du malheureux sort

tement une armée puissante , ils auroient sauvé
Sagonte , ou au moins fixé en Espagne le théâtre
de la guerre , & empêché Annibal de pénétrer jufqu'au cœur de leur patrie. Après la ruine de Sagonte , les Romains prirent-ils enfin des mesures
plus vigoureuses ? point du tout ; ils passèrent encore l'hiver en ambassade à Carthage. Elle ne réussit
pas mieux que la précédente , & Annibal eut tout
le temps de faire ses préparatifs. Lorsqu'il fut en
marche pour l'Italie , en fermant le passage des Alpes , on pouvoit ruiner facilement son entreprise.
Les Romains envoyèrent le consul Scipion avec son
armée , barrer le passage du Rhône. Le consul arriva assez tôt pour se convaincre que des mesures si
lentes n'étoient point capables d'arrêter la marche
d'un ennemi aussi actif qu'Annibal. Il avoit passé le
fleuve & s'avançoit rapidement vers les Alpes (1).
Le consul rembarqua ses troupes , & se hâta de
l'aller attendre à la descente de cette montagne ;
mais Annibal étoit déjà sur les bords du Pô où

―――――――――――――――――――――

de Sagonte ; & ils ajoutèrent que cet exemple étoit
une leçon pour tous les peuples de l'Espagne , & leur
apprendroit la confiance qu'on pouvoit accorder à la
foi des Romains. Tit. Liv. lib. 21 , c. 19 , p. 144.

(1) Polyb. lib. 3 , p. 270 , & sequent.

le conful l'attaqua & fut battu & bleffé dange-
reufement. Le fénat alarmé d'apprendre qu'Annibal avoit traverfé les Alpes, où on n'avoit pas
fait la moindre difpofition pour l'arrêter, envoya
ordre au conful Sempronius de ramener promptement fon armée de la Sicile. Il arriva, & joignit
fon collègue Scipion, officier de mérite, & qui
ayant appris à fes dépens à quel ennemi ils alloient
avoir affaire, recommanda beaucoup de prudence
dans toutes les opérations. Mais l'ignorant & préfomptueux Sempronius fut fourd à des confeils
qu'il prétendoit dictés par la terreur. Annibal
ne s'informoit jamais du nombre de fes ennemis,
mais il examinoit avec attention la conduite de
leur commandant & tâchoit de découvrir la trempe
de fon caractère. Il connut bientôt celui de Sempronius & réfolut d'en tirer bon parti. En effet,
il l'attira dans une embufcade, & tailla prefque
toute fon armée en pièces. Le fénat fut fans doute
très-épouvanté de cette feconde défaite; mais
pour réparer ce malheur, il laiffa nommer pour
conful & oppofer à Annibal Flaminius beaucoup
plus vain, plus ignorant & plus opiniâtre que
Sempronius fon prédéceffeur. Auffi il s'en tira
encore plus mal; car ayant donné tête baiffée dans
un piége que le Carthaginois lui tendit, il y perdit
la vie & toute fon armée. La confternation des

Romains fut au comble, mais il paroît toutefois
qu'el'e leur rendit le bon fens ; car ils créèrent
dictateur le célèbre Fabius, le feul de tous leurs
généraux qui fût capable de tenir tête à Annibal.
Mais ils ne laiffèrent pas de faire encore une très-
grande faute en lui donnant malgré lui pour général de fa cavalerie Minucius, dont le caractère
reffembloit parfaitement à celui des deux derniers
confuls. Mais Fabius prit une marche fort différente. Il connoiffoit le danger & la folie d'oppofer de nouvelles recrues à des troupes de vétérans enorgueillis par des victoires récentes &
commandés par un très-habile général. Le Romain
oppofa l'art à l'art. Il guettoit tous les mouvemens de fon ennemi, & lui enlevoit fouvent les
partis qu'il envoyoit au fourrage. Annibal, dont
l'armée étoit compofée de foldats de tous les
pays, qui ne l'avoient fuivi dans fon expédition
que dans l'efpoir du pillage & dans la confiance
de fes prompts fuccès, fentit que la conduite
de Fabius mettroit bientôt une fin à tous fes
projets fur l'Italie. Il mit en ufage, & toujours
inutilement, toutes les rufes de guerre qu'il put
imaginer pour forcer le dictateur d'en venir à une
bataille. Fabius lui prouva qu'il en favoit autant
que lui, & qu'il étoit le feul homme capable en
cette occafion de fauver fa patrie. Annibal ren-

doit

doit juftice au conful; mais les Romains incapables
de fentir le prix de fa conduite mefurée, murmu-
roient de fes lenteurs; & fans égards pour les
leçons qu'ils venoient récemment de recevoir, ils
écoutèrent les rodomontades de Minucius, & l'é-
levèrent à la même dignité que Fabius. Rome pour
la première fois fe vit gouvernée par deux dic-
tateurs. Fabius, furpris de l'injuftice & de la ftupidité de fes compatriotes, ne laiffa pas de fe
conduire d'après fon premier plan. Il céda le
commandement de la moitié de fon armée à fon
collègue, & conferva fagement l'autre moitié pour
lui. Annibal convaincu que les Romains ne pouvoient pas lui rendre un plus grand fervice à
moins de rappeller Fabius, tendit un piège à Minucius, où cet imprudent général fe précipita fans
héfiter. Enveloppé par les Carthaginois, il auroit
inévitablement péri avec fon armée, fi le vigilant
Fabius accouru à fon fecours ne l'avoit pas tiré
d'un danger où il auroit perdu la vie ou la liberté. L'imprudent Minucius ne fut point ingrat.
Reconnoiffant fa faute, fon incapacité & la fupériorité de fon collègue, il abdiqua le dictato-
riat, & rentra fous fes ordres en qualité de général de la cavalerie; mais la générofité de Fabius
dans cette circonftance, & le falut de l'armée qui
lui étoit dû, furent à peine remarqués de fes com-

Y

patriotes ; ils nommèrent deux confuls. Fabius leur remit le commandement de fon armée, & revint à Rome, où il vécut obfcur & négligé. Les deux confuls, fidèles au plan & aux confeils de Fabius, tinrent Annibal en échec, & le réduifirent à une fituation fort embarraffante : mais la campagne fuivante nous offre une preuve de la démence ou de la ftupidité du fénat romain, qui paroîtroit incroyable fi le témoignage unanime de tous les hiftoriens ne la confirmoit pas.

Réfolus d'expulfer Annibal de l'Italie, & de terminer d'un feul coup une guerre ruineufe, les Romains levèrent une des plus puiffantes armées- qu'ils euffent jamais raffemblée, & y employèrent tous les officiers de diftinction qui fe trouvoient à Rome, à l'exception du grand Fabius. C'étoit en quelque façon leur dernier effort, fur lequel ils fondoient le falut de Rome & toutes leurs efpérances : mais que devinrent dans cette importante occafion la fageffe & la fagacité fi vantées du fénat romain ? Des deux confuls qu'il nomma, Paul Emile étoit un patricien refpectable & un officier de mérite; mais l'autre, Terentius Varron, forti par des intrigues de la claffe la plus abjecte, s'étoit élevé de la même manière au tribunat, enfuite à la dignité de préteur, & enfin au confulat par les cabales d'un nommé Bebius

fon parent , qui étoit alors tribun du peuple. Ce
vil perfonnage qui n'avoit jamais fait la guerre , à
moins que ce ne fût dans le *forum* , à la tête d'un
parti de factieux , eut l'impudence de blâmer
dans le fénat la conduite du grand Fabius , & de
promettre préfomptueufement qu'il délivreroit
bientôt fa patrie des Carthaginois & de leur général. Ce fénat fi fage eut non-feulement la foibleffe de l'écouter ; mais de lui faire partager le
commandement de l'armée avec Paul Emile , malgré la réfiftance & les remontrances de Fabius.
Les forfanteries de Varron avoient fi bien produit
leur effet , que les confuls reçurent l'ordre pofitif
d'attaquer l'ennemi par-tout où ils le rencontre-
roient. Annibal étoit alors dans une pofition fort
critique. Son armée manquoit de fubfiftances ; fes
foldats Efpagnols commençoient à fe mutiner , &
menaçoient de l'abandonner & de paffer dans l'armée romaine. Il avoit déjà formé le projet de
pénétrer dans la Gaule , pour fa fûreté perfonnelle. Emile difpofé à fuivre les avis de Fabius ,re-
fufa de combattre avec d'autant plus de raifon
qu'il paroît qu'Annibal n'avoit plus que pour environ dix jours de vivres ; mais Varron ne voulut
entendre à aucune de fes obfervations , & leurs
conteftations devinrent fi vives, que Paul Emile
envoya demander au fénat de nouveaux ordres. Si

les fénateurs avoient eu un peu de la prudence
qu'on leur accorde fi généreufement, ils auroient
fenti que dans cette circonftance critique rien n'é-
toit fi dangereux que le défaut d'union entre les
deux généraux ; & pour parer aux accidens que
cette méfintelligence pouvoit entraîner, ils auroient nommé Fabius dictateur ; mais il paroît
qu'on avoit principalement à cœur de mortifier
ce grand homme. La gloire & le falut de l'état
furent facrifiés à cette confidération. Enfin Paul
Emile revint lui-même à Rome faire fon rapport
au fénat ; mais la majorité opina pour l'avis de
Varron. Les confuls reçurent de nouveau, ordre
de combattre ; mais de ne pas fe preffer de donner
la bataille, & d'attendre une occafion favorable.
Paul Emile fuivit toujours fon plan & les fages
confeils de Fabius. Mais les deux confuls com-
mandoient malheureufement alternativement , &
changeoient tous les jours. Varron faifit un jour
où il commandoit pour conduire l'armée fi près
de l'ennemi qu'il n'y eut pas moyen de fe retirer
fans combattre ; & ce fut là que fut donnée la
fameufe bataille de Cannes, où Annibal inférieur
en nombre de près de moitié, fit éprouver aux
Romains la plus fanglante défaite dont il foit
fait mention dans leur hiftoire. Polybe, & d'a-
près lui prefque tous les hiftoriens, prétendent

que les Carthaginois furent redevables de la victoire à la fupériorité de leur cavalerie, & à la faute que Varron fit en choififfant pour fon champ de bataille une plaine où Annibal pouvoit tirer le plus grand parti de fa cavalerie. Il eft conftant que la cavalerie des Carthaginois, prefque toute tirée d'Efpagne, étoit très-fupérieure à celle des Romains par la qualité ou la bonté des chevaux.

Mais d'après le calcul de Polybe, la cavalerie romaine réunie à celle de fes alliés n'étoit inférieure en nombre à celle d'Annibal, que d'environ quatre mille chevaux, & cette petite fupériorité ne pouvoit pas compenfer fa foibleffe en infanterie, relativement à celle de l'armée romaine, qui ne le cédoit aux Carthaginois ni en difcipline, ni en intrépidité. La véritable fupériorité des Carthaginois confiftoit dans l'habileté d'Annibal, dont les favantes difpofitions & les manœuvres trop adroites pour être apperçues des généraux romains, enveloppa leur infanterie qui fut toute ou prife ou paffée par les armes. Paul Emile & prefque tous les autres généraux reftèrent fur le champ de bataille avec foixante & dix mille de leurs plus braves foldats. L'infame Varron qui commandoit la cavalerie des alliés, s'enfuit dès la première attaque, & préféra une vie igno-

minieufe à une mort honorable. Lorfque cette affreufe nouvelle vint à Rome, le peuple & le fénat
fe livrèrent au défefpoir ; le feul Fabius agit avec
fa prudence & fa préfence d'efprit ordinaires. Il
fit garder les portes de la ville, pour arrêter les
citoyens dont le plus grand nombre fe difpofoit à
fuir pour échapper aux vainqueurs qu'ils attendoient à chaque inftant ; il fit ordonner aux femmes qui auroient fait retentir les rues de leurs lamentations, de refter dans leurs maifons : enfin
il garnit les remparts de défenfeurs , & ne né-
gligea aucune des précautions poffibles , dans une
circonftance auffi preffante. Tous les citoyens lui
obéirent & lui laiffèrent exercer paffagérement
l'autorité d'un gouverneur ; un grand nombre de
fénateurs , & de la première nobleffe de Rome ,
fe difpofoient à quitter l'Italie ; & Tite-Live prétend qu'ils furent retenus par les violentes menaces du jeune Scipion, qui les força de partager
le fort de leur patrie. On a beaucoup blâmé Annibal de n'avoir pas affiégé Rome auffi-tôt après
fa victoire. Montefquieu n'eft pas de l'avis de fes
cenfeurs ; & il obferve que le danger ne produit
par fur un peuple courageux & fait au métier des
armes, les mêmes effets que fur une multitude ti-
mide à qui les armes & la difcipline militaire font
abfolumént inconnues. Il infpire, dit-il, au pre-

mier, la témérité du défefpoir; & à l'autre un
fentiment de ftupeur qui lui interdit toute idée
de réfiftance. Cet écrivain en conclut qu'Annibal
auroit échoué, s'il eût entrepris le fiége de Rome;
& il appuie fon opinion en obfervant que durant cette crife les Romains firent partir de Rome
des corps d'armée pour différentes deftinations.
Rome ne fut donc fauvée ni par la fageffe ni
par la fermeté de fon fénat; mais par la prudence
& la générofité d'un vieux général dont les talens & les fervices avoient été mal récompenfés, & par l'intrépidité d'un jeune homme de
dix-huit ans qui retint les lâches prêts à abandonner leur patrie. Il faut convenir toutefois que
les foins de Fabius & l'audace de Scipion auroient produit peu d'effet, fi l'excellente conftitution de Rome n'avoit pas fait de tous fes citoyens un corps de milice difciplinée & aguerrie.
Ce fut cette excellente milice qui fournit toutes
les armées qui combattirent Annibal. On ne rencontre pas un feul exemple de lâcheté parmi les
foldats romains; ils étoient tous braves jufqu'à
la témérité. Polybe, dont on ne peut récufer le
jugement dans la partie militaire, préfère de beaucoup l'infanterie des Romains à celle des Carthaginois, & prétend qu'Annibal ne fut redevable
de fes victoires qu'à fes propres talens militaires

&. à l'incapacité des généraux qu'on lui op-
posa (1).

Le grand vice de l'inftitution militaire chez les
Carthaginois étoit le manque d'une milice nationale, qui les força d'employer des étrangers
mercenaires (2). Celui de l'inftitution romaine
étoit le partage du commandement entre les deux
confuls, & la courte durée de leur commandement qui ceffoit avec le confulat renouvellé annuellement. Toutes les victoires d'Annibal, à
l'exception de la première, peuvent être attribuées
à la première de ces erreurs. Les défaites de Tré-
bie & de Trafymène furent évidemment occafion-
nées par la jaloufie d'un conful qui vouloit éviter que l'autre ne partageât avec lui la gloire de
vaincre Annibal ; & la différence d'opinion entre
les deux généraux romains entraîna la bataille &
la fanglante défaite de Cannes. On peut juftement

_____

(1) Polyb. lib. 6, p. 688.

(2) M. Montagu oublie qu'un peuple adonné au
négoce & à la navigation peut difficilement fournir
une milice nationale. Ces peuples navigateurs ont tous
plus ou moins de l'averfion, pour ne pas dire du mépris, pour le fervice de terre. Voyez les Anglois, les
Hollandois, &c.

Note du traducteur.

imputer la longue durée de la guerre d'Italie à la
seconde de ces erreurs, ou à la trop courte durée
des commandemens militaires chez les Romains.
En entrant en Italie, Annibal n'avoit que vingt
mille hommes d'infanterie & six mille chevaux
effectifs ; il s'y soutint cependant durant seize
années contre toutes les forces des Romains, &
sans recevoir de Carthage aucune espèce de secours. A Rome, dès que par ses brigues ou par
son crédit, un citoyen parvenoit à se faire nommer
consul, on lui donnoit aussi-tôt le commandement
d'une armée, sans examiner s'il étoit ou n'étoit
pas en état de remplir cette mission importante;
& quelqu'habileté qu'il eût montrée dans le cours
de la campagne, son commandement passoit au
bout de l'année, avec sa dignité, entre les mains
d'un autre. Un général romain n'avoit jamais le
temps d'étudier son ennemi, ou même de bien
connoître l'armée qu'il commandoit ; & au commencement de chaque campagne, c'étoit un nouvel apprentissage à recommencer. Je sais que quelques écrivains ont excusé cette mauvaise politique,
en alléguant le danger de laisser trop long-temps
un pouvoir si dangereux dans les mêmes mains. Je
sais qu'en créant la dictature, les Romains eurent
principalement en vue de se ménager une ressource
contre les consuls qui voudroient abuser de leur

autorité: mais l'événement démontra que le re-
mède étoit pire que le mal. La dictature rendit de
grands services à Rome, tandis qu'elle conserva
ses vertus publiques ; mais lorsque le luxe eut introduit la corruption, le dictateur temporaire
devint bientôt perpétuel, & le dictateur perpétuel
fut bientôt métamorphosé en empereur perpétuel
& despotique.

L'institution militaire des Carthaginois étoit fort
différente. A l'armée, les généraux exerçoient un
pouvoir absolu, dont le terme n'étoit point fixé ;
lorsqu'on étoit satisfait de leur conduite, on les
continuoit jusqu'à la fin de la guerre qu'ils avoient
entreprise.

A Carthage, on n'avoit jamais besoin du dangereux expédient de nommer un dictateur. On y sup-
pléoit par le comité permanent des cent quatre,
destiné principalement à surveiller la conduite des
généraux ou commandans militaires. La cohorte
sacrée des Carthaginois formoit un corps consi-
dérable de volontaires tirés des familles les plus
riches & les plus distinguées de la république.
Cette excellente institution rendit dans tous les
temps de grands services à l'état ; & c'étoit dans
cette cohorte que la plupart de leurs généraux
faisoient leurs premières armes. Elle fit preuve dans
toutes les occasions, de la valeur la plus brillante ;

jamais elle ne quitta le champ de bataille qu'après
avoir été abandonnée par toute l'armée ; & alors
même, elle faifoit ordinairement une retraite honorable.

Les Romains firent la guerre dès la naiffance de
leur république, & continuèrent à combattre fucceffivement contre tous les peuples de l'Italie, qui
n'étoient pas moins bien armés qu'eux ; & qui ne
leur cédoient ni pour la valeur, ni pour la difcipline. Ce ne fut toutefois que dans la fanglante
guerre que les Romains foutinrent contre Pyrrhus,
le plus grand général de fon fiècle, qu'ils fe per-
fectionnèrent dans le métier des armes. Les Carthaginois n'avoient prefque jamais eu à combattre
que des Africains prefque fauvages, ou des Efpagnols totalement indifciplinés. Leurs nombreufes
flottes & leurs immenfes armées ne purent jamais
réduire la portion de la Sicile habitée par des colonies de la Grèce, qui confervoient les armes &
la difcipline de leurs ancêtres. Cette différence
donna aux Romains une grande fupériorité en
foldats & en commandans , quoique la famille
Barcienne ait produit Annibal & quelques autres
capitaines qui ne le cédoient point aux plus habiles généraux romains.

Je crois avoir démontré dans cet examen que
toutes les caufes qui coopérèrent à la deftruction

de la république romaine, étoient internes. Les caufes qui entraînèrent indirectement la ruine de Carthage étoient auffi internes ; mais la caufe immédiate fut étrangère. A l'époque de la bataille de Cannes, la faction plébéienne mit Rome au bord du précipice ; & une complication de factions compléta fous les deux triumvirats la fubverfion de la république. A Carthage, la faction Hannonienne fit perdre tout le fruit des fuccès d'Annibal, & fraya le chemin à la conquête & à la deftruction de fa patrie. Tels font les défaftres qu'entraînent les factions dans les états les plus floriffans & les plus folidement conftitués, lorfqu'on laiffe ourdir impunément leurs funeftes complots.

CHAPITRE VIII.

Révolutions des Gouvernemens mixtes.

POLYBE obferve (1) qu'un mélange bien pro-
portionné de monarchie, d'ariftocratie & de démocratie, eft la meilleure forme de gouvernement.
Il prétend que la vérité de cette affertion peut être
démontrée, non pas feulement par des argumens,
mais par des faits ; & il s'appuie de la conftitution
de Sparte, modelée fur ce plan par Lycurgue. Il
ajoute (2) que pour perpétuer la durée de fon
nouveau gouvernement, ce célèbre légiflateur
fondit dans une feule forme ce qu'il trouva de bon
dans toutes les autres, & fixa fi irrévocablement
chacune des trois différentes parties de fa conftitution dans des bornes exaĉtes, qu'elles ne pouvoient
point empiéter l'une fur l'autre, & s'entacher des
vices des gouvernemens où une de ces trois parties
eft feule dominante ; & qu'enfin, fes trois différens

---

(1) Polyb. hift. lib. 6, p. 628.
(2) Id. ibid. p. 638-39,

pouvoirs en fe balançant par attraction & répulfion, maintenoient le plus parfait équilibre.

D'après l'examen de ce calcul politique, il prédit la durée ou la chûte de tous les gouvernemens mixtes. Il ajoute encore que, comme tous les gouvernemens dérivent originairement du peuple, toutes les mutations de gouvernement viennent auffi primitivement du peuple; car lorfqu'un état, après avoir pati long-temps dans une fituation pénible, devient enfin opulent & libre, les hommes commencent à fe livrer au luxe & au relâchement des mœurs; les germes d'ambition commencent à éclorre, & chaque magiftrat devient jaloux d'une fupériorité qui n'eft point compatible avec la liberté publique. Dans un pays où ces maux font parvenus à l'excès, le changement fera toujours en plus mal, parce qu'il n'aura pour principe que l'ambition des citoyens puiffans, & l'infolence qui naît du fafte & des richeffes dont la funefte influence aura corrompu toute la maffe du peuple, par qui le changement fera primitivement effectué; car lorfque le peuple eft irrité de la tyrannie que les hommes en place exercent par avarice, & en même temps corrompu & aveuglé par une fauffe opinion de fon pouvoir & par les perfides infinuations des ambitieux mécontens, il excite dans l'état des commotions qui déforganifent le gouvernement.

Ces commotions réduifent d'abord cet état à l'anarchie, d'où fort inévitablement la monarchie abfolue ou la tyrannie.

Ce paffage eft entiérement de Polybe, dont j'ai
tâché de rendre littéralement les expreffions. Il eft
tiré de fa differtation fur les gouvernemens, dans le
fixième livre de fon hiftoire. Il y remonte jufqu'à l'o-
rigine des gouvernemens, & il explique les principes
qui ont conduit les différens gouvernemens au
faîte de la gloire & de la puiffance. Il démontre
que leur décadence & leur chûte ont été plus ou
moins rapides, en proportion de ce qu'ils fe font
plus ou moins rapidement éloignés des premiers
principes de leur conftitution. Polybe furvécut à
la ruine de toutes les républiques de la Grèce & à
celle de Carthage ; & il vécut affez, comme il le
dit lui-même, pour voir les Romains maîtres de
l'univers. Supérieur à tous les hommes de fon
temps par fon érudition, doué d'un jugement folide, auquel il joignoit une expérience de quatre-
vingt-deux ans, il étoit plus que tout autre en état
de prédire les changemens des différentes formes de
gouvernemens que les efforts toujours actifs des paffions humaines tiennent toujours dans une efpèce
de fluctuation. Rien n'eft plus fage que les confeils
qu'il donne pour détourner les dangereux effets
des paffions, & conferver la conftitution d'un

peuple libre dans toute fa force & fa vigueur.
Lycurgue eft le légiflateur auquel il donne la
préférence. Il confidère le plan de gouvernement
qu'il établit à Sparte, comme celui qui approche
le plus de la perfection ; & il obferve qu'en fuivant
ftrictement les inftitutions de Lycurgue, les Lacédémoniens confervèrent leur liberté plus long-
temps qu'aucun des autres peuples connus dans
l'hiftoire.

Je ne puis me défendre d'obferver ici que notre
conftitution, telle qu'elle a été modifiée à la révolution (1), a un fi grand rapport avec le plan
général du gouvernement de Lycurgue, tel qu'il
nous eft préfenté par Polybe, qu'il femble avoir
été formé fur le même modèle. En effet, notre
gouvernement eft compofé de trois pouvoirs, ou
d'un mélange de monarchie, d'ariftocratie & de
démocratie ; & il eft évident qu'on a eu le deffein
de conferver entr'eux une fi jufte proportion, que
deux de ces pouvoirs puffent toujours, en fe
réuniffant, arrêter les ufurpations du troifième,
mais non pas le détruire; parce qu'il réfulteroit
néceffairement de cette deftruction une nouvelle
forme de gouvernement. Telle eft la véritable

_____

(1) La conftitution angloife.

bafe

bafe de la conftitution britannique, dont la durée
dépend abfolument du jufte équilibre que confer-
veront les trois pouvoirs. C'eft donc d'après cet
examen, que l'obfervateur attentif & impartial
pourra juger fi nous tendons encore vers la perfection, ou fi, au contraire, nous tournons vers
la décadence, & à quel degré nous en approchons.
Comme j'ai beaucoup moins en vue une critique
odieufe qu'une réforme utile, je vais préfenter à
mes lecteurs le tableau crayonné par Polybe, où
ce fage philofophe examine pas à pas comment
les gouvernemens fe font écartés des principes de la conftitution qui les avoient rendus
fi floriffans; comment ces écarts amenèrent leur
décadence & produifirent les maux qui accélèrent
inévitablement la fubverfion des états libres.

Polybe donne, comme je l'ai déjà obfervé,
fur tous les gouvernemens mixtes, la préférence
à celui de Lycurgue, parce qu'il étoit, dit-il, le
réfultat de l'étude & de la raifon. La forme de la
république romaine fut au contraire le produit de
la néceffité. Ce ne fut pas le raifonnement qui
conduifit les Romains à la découverte des remèdes
convenables à leurs maux politiques, ce fut la douloureufe expérience de leurs longues calamités. Je
ne doute pas que la forme de gouvernement établie par nos gothiques ancêtres, par-tout où leurs

Z

armes triomphèrent , n'ait eu auffi pour origine la néceffité fondée fur l'expérience. Tous les gouvernemens mixtes , où les trois pouvoirs font balancés , ont en eux-mêmes une reffource contre les abus politiques auxquels ils font fujets. Cette reffource confifte dans la force que deux de ces pouvoirs peuvent oppofer au troifième. Mais comme la néceffité peut feule autorifer l'exercice de cette force réprimante , les cas de cette néceffité doivent être réglés irrévocablement par les principes qui fervent de fondement au gouvernement ;' car fi par un exercice illégal de cette force , un des pouvoirs fe trouvoit affoibli ou détruit , la balance n'exifteroit plus , & la conftitution feroit beaucoup plus mauvaife. En Dannemarck , où la monarchie étoit élective & limitée , le peuple irrité des vexations de la nobleffe , s'en vengea en facilitant au monarque les moyens de fe rendre abfolu. Fréderic III , qui régnoit alors , profita des difpofitions du peuple pour écrafer la nobleffe. Il la contraignit de renoncer à fon autorité politique & à tous fes privilèges. En conféquence , en 1600 , la monarchie de Dannemarck fut déclarée héréditaire & abfolue.

Dans fes anecdotes fur le Dannemarck , le lord Molesworth obferve que le peuple , violemment puni de fon imprudence , a reconnu depuis

long-temps que le petit doigt d'un monarque abfolu eft plus pefant & plus fort que les bras de
cent nobles.

Quoique l'avant-dernière révolution de Suède
eût la même origine, elle prit cependant une
tournure fort différente. Charles XII, brave jufqu'à la témérité, & avide de gloire autant qu'A-
lexandre, avoit épuifé fes peuples dans fes expéditions. Mais lorfqu'une balle de fauconneau, tirée
de Friderichftat, eut heureufement rendu le repos
à la Suède & à une grande partie de l'Europe,
les états de Suède, délivrés de la terreur d'un monarque intrépide qui avoit ufurpé le pouvoir defpotique, & d'une armée de vétérans qui leur en
impofoit, reprirent l'exercice de leur ancienne
autorité. Le defir de la vengeance & la crainte de
retomber fous le joug, les pouffèrent à des mefures violentes. Ils firent décapiter Gortz, miniftre
du feu roi, & laiffèrent à la couronne à peine une
ombre d'autorité. Elle continua d'être héréditaire;
mais les conditions fucceffivement impofées aux
rois, à leur avénement, les réduifirent à-peu-près
à la fituation du doge de Gênes ou de Venife. Le
prince que la Suède vient de perdre avoit habilement repris les rênes du gouvernement, & rendu
à fa couronne fon ancien éclat; mais fa mort funefte, quoiqu'affez généralement imputée à des

Z 2

intrigues étrangères, peut faire préfumer que fes
fujets ne lui étoient pas généralement affectionnés,
& qu'ils portoient le joug avec impatience. Dans
les deux précédentes révolutions, nous voyons la
réunion de deux pouvoirs contre le troifième opérer
une révolution ; la première fe termina par le defpotifme d'un roi abfolu , & l'autre par le defpotifme
d'une ariftocratie. Enfin , toutes les fois que dans
un état compofé de trois pouvoirs, la réunion de
deux contre un opérera la deftruction du troifième,
il arrivera infailliblement que des deux pouvoirs
qui reftent, l'un l'emportera bientôt fur l'autre ,
& qu'il établira fon defpotifme ou fa tyrannie ;
car, en fuppofant que ce foit le peuple, pour opérer la révolution il lui aura fallu des chefs, chacun
de ces chefs aura fa faction, il en réfultera bientôt
l'anarchie, & il n'y a point d'exemple dans l'hiftoire
qu'un peuple ait jamais paffé de l'anarchie à la liberté. Pour faire ceffer l'anarchie il faut une verge
de fer: on ne peut donc en fortir que par la tyrannie. Ainfi , lorfque dans un gouvernement
mixte un des trois pouvoirs entreprend d'étendre
fon autorité au-delà des limites fixées par la conftitution, les deux autres pouvoirs réunis doivent
borner leurs efforts à le remettre à fa place ; &
s'ils vont plus loin, il en réfulte néceffairement
des maux plus funeftes que ceux qu'ils vouloient

corriger. Sous le règne de Jacques II, roi d'Angleterre, la nécessité autorisa les lords & les communes à repousser les usurpations de ce prince ambitieux; & comme ceux qui conduisirent la révolution étoient véritablement des patriotes, ils se contentèrent de restreindre l'autorité royale dans ses justes limites, & la constitution se trouva rétablie sur ses anciennes bases. Mais lorsque les passions l'emportent, lorsque le patriotisme n'est que le masque de l'ambition & le bien public un prétexte, un changement produira toujours de grandes calamités; par-tout où il n'y aura qu'un pouvoir il sera toujours absolu. Si, dit Polybe (1), le pouvoir de la royauté l'emporte sur les deux autres, il en résultera la tyrannie d'un seul : si le pouvoir aristocratique parvient à diriger les forces du peuple contre la monarchie & à l'abattre, l'aristocratie s'élèvera sur ses ruines, & le peuple n'en sera pas moins esclave. Enfin, si le peuple irrité, & mis en action par des motifs réels ou chimériques, détruit les deux autres pouvoirs, il s'ensuivra inévitablement une anarchie que Polybe appelle *la sauvage & féroce domination du peuple.* Elle continuera jusqu'au moment

_____

(1) Polyb. p. 638.

Z 3

Où quelqu'homme audacieux & obfcur fe mette
à la tête d'une multitude accoutumée à vivre de
pillage, & s'empare de l'autorité abfolue; ou jufqu'à ce que le peuple fatigué des défordres &
de la fluctuation, rétabliffe lui-même fon ancien
gouvernement. C'eft ce que Polybe nomme *la
circonvolution des gouvernemens* ou *leur rotation
interne* (1), pour revenir au point d'où ils font
partis.

Si cette courte analyfe des gouvernemens fondée fur l'expérience & fur des faits hiftoriques
paroiffoit infuffifante à quelques-uns de mes lecteurs, je les renverrois, comme le fait Polybe,
à l'ouvrage de Platon intitulé *fa République.* Ils
y trouveront la théorie des gouvernemens & les
caufes de leurs changemens ou de leurs révolutions.

Le plan d'un gouvernement parfait que Platon
nous préfente dans la première partie de cet ouvrage eft une chimère d'une exécution impoffible, à moins de refondre d'abord le genre humain.
Mais les différentes révolutions dont il traite dans
la feconde partie font fondées fur des faits dont
il fut le témoin oculaire dans les différentes ré-

_____

(1) Ibid. p. 637.

publiques de la Grèce & de la Sicile. Dans cette
partie de fon traité, Platon remonte jufqu'à la
première fource des révolutions, l'intempérance
des paffions humaines, dont il examine les progrès, les effets & leurs fuites. Ses maximes font
fondées fur les plus fublimes vérités ; fes allufions
font juftes & brillantes ; & fes préceptes également applicables à la vie publique ou privée, &
également propres à former l'homme d'état ou
l'homme en général.

CHAPITRE IX.

De la Constitution d'Angleterre.

XÉNOPHON (1) observe que si les Athéniens
avoient joint à leur supériorité sur les mers l'a-
vantage d'être situés dans une île, ils auroient
imposé facilement la loi à tous les peuples dont
ils étoient environnés, parce que les flottes avec
lesquelles ils ravageoient impunément les côtes
maritimes du continent auroient en même temps
servi à les mettre à l'abri des représailles. On
croiroit, dit Montesquieu, que dans ce passage
Xénophon vouloit indiquer l'Angleterre (2). Nous
possédons en effet tous les avantages acquis &
naturels dont la réunion paroissoit nécessaire à
Xénophon pour rendre ses compatriotes invincibles. Nous en sentons tous les jours de plus
en plus l'importance, & nous ne devons pas nous
dissimuler que notre liberté & même notre existence dépendent de la supériorité de nos forces

---

(1) Xenoph. de Republ. Athen.
(2) Esprit des Loix, vol. 2, p. 3.

navales, foutenues par l'efprit public & par la
valeur militaire. Le luxe, la molleffe & l'excès
de la corruption peuvent feuls nous enlever une
fupériorité que toutes les nations nous envient.

L'Angleterre, inconteftablement fupérieure à
toutes les puiffances maritimes de l'antiquité par
l'avantage de fa fituation, a auffi dans fa conftitution, telle qu'elle a été modifiée à la révolution, un fecond avantage fur toutes les anciennes
républiques. Le pouvoir exécutif eft entre les
mains d'un feul, confidéré comme la première
branche de la légiflature; & comme ce pouvoir
eft à vie & héréditaire, notre conftitution n'eft
expofée ni aux commotions qu'occafionnoient les
élections annuelles des confuls, ni entachée de
l'abfurdité politique qui confioit à Sparte le pouvoir exécutif à deux fouverains héréditaires, &
donnoit, pour ainfi dire, deux têtes à un corps.
La chambre des communes, élue par le peuple,
tirée de fon corps & revêtue de tout le pouvoir
des tribuns du peuple à Rome, fait jouir le peuple Anglois de tous les avantages de cette inftitution, & met la nation à l'abri des calamités
dont un tribun féditieux pouvoit affliger fa patrie; & comme toutes les queftions fe décident
dans notre parlement à la majorité des voix, nous
ne pouvons jamais éprouver le funefte abus de

la conftitution carthaginoife, où le *veto* d'un feul
fénateur foumettoit le jugement d'une affaire importante au caprice d'une multitude ignorante &
opiniâtre. La chambre des pairs, placée au milieu
de la balance, arrête également la tenfion de l'autorité royale vers le defpotifme, & celle du pouvoir populaire vers l'anarchie. Le but équitable
de nos loix eft évidemment de protéger également la perfonne & les propriétés de tous les
individus, & de contenir les grands & les petits, les
riches & les pauvres, de manière à ce qu'ils n'aient
rien à redouter les uns des autres. Tel eft le plan
fage qui fut inftitué à l'époque de la révolution.
Si nous le fuivions littéralement ; fi nous main-
tenions exactement l'équilibre établi par nos ancêtres, notre conftitution feroit indeftructible.

Mais depuis cette époque mémorable, nous avons
laiffé défigurer les plus importantes parties de
notre conftitution, non pas par la main de la
violence, mais par l'influence beaucoup plus dangereufe de la corruption. Après la paix d'Utrecht,
la nouvelle étendue de notre commerce augmenta
de beaucoup la maffe de nos richeffes, dont la rapide circulation réveilla & propagea dans toutes
les claffes du peuple le luxe & le fafte qu'on
n'avoit point apperçus fous le dangereux règne
de Jacques II, ni durant les guerres prefque con-

tinuelles des règnes de Guillaume & de la reine
Anne. C'est à la propagation de ce luxe que nous
devons imputer les rapides & incroyables progrès
de la corruption qui ronge & mine peu - à - peu
notre excellente constitution ; & si nous compa-
rions impartialement notre présente situation avec
celle de Rome & de Carthage à l'époque de leur
décadence, nous trouverions une ressemblance
triste & frappante.

Aux maximes mercantilles des Carthaginois,
nous avons ajouté leur insatiable avidité du gain,
sans conserver leur économie & leur mépris pour
le luxe & la mollesse. Au luxe & à la dissipation
des Romains, nous avons joint leur vénalité,
mais non pas malheureusement leur esprit militaire ; & nous sommes infectés de l'esprit de faction qui fut la principale cause de la ruine de ces
deux républiques. L'institution romaine avoit pour
but de faire des conquêtes & de les conserver.
Invincibles au-dehors & au-dedans, les Romains
possédoient toutes les ressources nécessaires à un
peuple de guerriers. L'esprit militaire d'un peuple
chez lequel tout citoyen étoit soldat, leur four-
nissoit des armées inépuisables pour attaquer leurs
voisins, & pour défendre leur propre pays de
toute invasion. L'institution des Carthaginois étoit
plus propre à acquérir qu'à conserver. Ils comp-

toient fur leur commerce pour l'acquifition des richeffes, & fur leurs richeffes pour la protection de leur commerce. Ils devoient leurs conquêtes au fang vénal des peuples étrangers, & montroient, à l'imitation de leurs ancêtres les Phéniciens, leurs facs d'argent comme des fymboles de leur puiffance. Ils comptoient trop fur la valeur de leurs foldats étrangers, & trop peu fur le courage de leurs compatriotes. Formidables au - dehors par leurs flottes & leurs armées mercenaires, ils étoient chez eux foibles & incapables de réfiftance. L'événement leur démontra combien il eft dangereux pour les plus puiffantes nations commerçantes de fe repofer fur cette politique mercantille, & qu'un peuple compofé d'artifans fans armes & fans difcipline eft incapable de tenir tête à un peuple de foldats.

L'empire de la Chine, le plus peuplé de l'univers, a été plufieurs fois la proie d'une horde de Tartares qu'on pouvoit appeller relativement une poignée d'hommes, & ils confervent encore cette vafte conquête. Pour avoir fuivi trop ftrictement les mêmes maximes, une république commerçante qui a dans l'Inde des poffeffions précieufes, n'eft aujourd'hui ni redoutée de fes ennemis, ni refpectée de fes amis.

La conftitution angloife fut originairement militaire, comme celles de tous les états fondés par les Goths nos ancêtres. Henri VII fut le premier de nos rois qui éveilla l'activité du commerce, en répartissant les propriétés territoriales un peu plus également aux dépens de la noblesse. Depuis cette époque, l'ancien esprit militaire des Anglois a insensiblement décliné jusqu'au point où nous le voyons aujourd'hui ; mais c'est au glorieux règne d'Elisabeth que nous devons fixer la véritable époque de la gloire de notre marine & de la prospérité de notre commerce. Les colonies formées durant le règne paisible de Jacques Ier, posèrent les bases d'un commerce très-étendu. Les dissensions & les guerres civiles qui éclatèrent sous le règne de Charles Ier, ranimèrent chez toute la nation l'esprit militaire. L'habile Cromwel rendit le nom anglois plus respectable dans toute l'Europe, qu'il ne l'avoit été sous aucuns de nos rois. Nos armées navales atteignirent au faîte de leur gloire ; car quoique notre marine soit très-augmentée relativement au nombre & à la force des vaisseaux, nous n'avons toutefois surpassé les commandans & les marins de cette époque, ni en habileté ni en bravoure. La vertu publique étoit dans toute sa vigueur, & les grandes actions étoient le produit commun d'un zèle ardent pour la gloire nationale. Les commandans dédaignoient le lucre, ils ne cherchoient que l'honneur; & la gloire du fuccès leur paroiffoit une récompenfe fuffifante des plus hafardeufes entreprifes. On maintenoit févérement parmi les matelots, la fobriété, la difcipline & un profond refpect pour la religion. La conduite douce & ferme des officiers leur enfeignoit à obéir par attachement, par un fentiment de leur devoir, & non pas par le principe abject de la peur. L'immortel Blake confidéra une bague de cinq cents louis, & les remerciemens publics du parlement, comme une récompenfe glorieufe de toutes fes expéditions qui firent trembler l'Afrique & l'Europe. Des hommes d'un mérite fort inférieur ont été récompenfés depuis, d'une manière beaucoup plus lucrative & plus brillante. C'eft à l'époque de la reftauration, ou fous le règne de Charles II, que le luxe & la corruption parvenus au plus honteux excès, dépravèrent les mœurs, énervèrent les corps, avilirent les ames, & anéantirent totalement l'efprit militaire. Charles II jaloux, par principes d'éducation, des prérogatives de fa couronne, redoutoit une milice nationale compofée de tout le corps du peuple. Il obtint de conferver, fous le nom de gardes, quatre à cinq mille hommes de troupes permanentes, qu'il porta bientôt au nombre de huit mille; & il laiffa déforga-

nifer la milice nationale, au point qu'elle ne rend
dit plus aucun fervice, & parut prefque inutile. Jacques II, livré à une forte de piété mal entendue,
& confeillé par des hommes foibles & pervers,
défarma le peuple & établit une nombreufe armée
toujours fubfiftante. Comme les milices paroiffoient peu difpofées à agir contre Montmouth &
fes partifans, parce qu'elles le regardoient comme
le protecteur de leur religion & de leur liberté,
Jacques déguifant fon véritable motif, déclara au
parlement que l'expérience lui ayant démontré
l'inutilité des milices & le peu de fervice qu'on
pouvoit en tirer, il venoit demander de nouveaux
fubfides pour l'entretien du fupplément de troupes
que fa fûreté exigeoit ; & il avoit porté fon armée
à trente mille hommes à l'époque de la révolution.
Durant tout le cours des règnes de Guillaume III
& de la reine Anne, l'Angleterre déchirée par des
factions eut à foutenir des guerres étrangères,
mais elles ranimèrent médiocrement l'efprit militaire de la nation ; car nos troupes nationales y
furent employées en très - petit nombre, parce
qu'on préféra de folder des troupes étrangères.

On a fouvent propofé depuis de rétablir une milice nationale difciplinée ; mais des factions corrompues ont toujours repouffé cette propofition. La
crainte d'une invafion & l'admiffion d'un corps

trop confidérable de troupes étrangères, firent enfin paſſer l'acte tant defiré de la création des milices. Quoique mutilé & chargé de difficultés preſqu'inſurmontables par la même faction qui n'oſoit pas s'y oppoſer ouvertement dans cette dangereuſe conjoncture, les véritables patriotes le reçurent avec joie. Ils le confidérèrent comme le premier fondement d'une inſtitution plus éten-due & plus utile, que le temps & les circonſtances pourroient aider à perfectionner.

Je ſais qu'on a fait beaucoup de raiſonnemens pour démontrer que cette meſure eſt impraticable; mais je les confidère tous comme dictés par la lâcheté ou par la malveillance. Dans la première guerre punique, les Romains ſe virent, faute d'une marine, hors d'état de faire tête aux Carthaginois: & ſans autre connoiſſance du méchaniſme d'un vaiſſeau que l'inſpection d'une galère échouée ſur leurs côtes, ſans le ſecours d'un ſeul conſtruc-teur ou même d'un marin, en moins de trois mois ils conſtruiſirent, équipèrent & mirent en mer ſous le commandement du conſul Duilius, une flotte qui attaqua & battit complétement celle de Car-thage, confidérée comme la dominatrice des mers depuis un temps immémorial (1).

─────────────────────────────

(1) Il ſeroit à ſouhaiter qu'on dégageât l'hiſtoire

Ce

Ce feul effort donne une plus grande idée du
génie romain que toutes les brillantes expéditions
de leur hiſtoire. Il peut fervir à nous convaincre
que rien n'eſt impoſſible au zèle ardent de la liberté foutenu par les vertus publiques. Il n'y a
point très-certainement de comparaifon entre la
difficulté de conftruire & d'équiper une flotte &
celle d'établir une bonne milice. Les Romains
créèrent en quelque façon de rien leur flotte ; &
nous n'avons qu'à réveiller l'efprit martial de la
nation, que la politique miniſtérielle tient depuis
fi long-temps endormi. Je fais qu'on a allégué

---

d'un nombre de faits apocryphes, adoptés légèrement
par les hiſtoriens, fouvent fur la foi d'un feul, que les
autres copient docilement. Que les Romains qui n'a-
vóient pas un feul vaiſſeau, aient conftruit très-rapi-
dement une flotte, & qu'à leur première fortie ils aient
battu les Carthaginois ; cela eſt fort furprenant, mais
croyable. On ne me perfuadera pas de même que les
Romains n'ont pas appellé des conſtructeurs de chez
leurs voifins. On ne me fera point croire que, fans
être guidés par quelques hommes inſtruits, ils ont pu
conſtruire leur flotte, & que, n'ayant jamais mis le pied
fur un vaiſſeau, ils ont manœuvré eux - mêmes fans
avoir au moins un marin fur chaque bâtiment. Ce trait
fera encore très-extraordinaire & très-honorable pour
les Romains en le réduifant à fa juſte valeur.

A a

le danger de confier, dans ce fiècle dépravé, des
armes à une claffe d'hommes abjeête, corrompue
& très-capable d'en abufer. J'abandonne à la difcipline des camps & à la févérité des cours mar-
tiales, cette claffe qui compofe en plus grande
partie toutes les armées de l'Europe. Mais ce n'eft
point d'elle que j'invite à fe fervir pour former
une milice nationale; c'eft de la nobleffe, des négocians, des marchands, des riches laboureurs, &
enfin de tous ceux qui ayant une propriété, font
intéreffés perfonnellement à la fûreté de leur patrie. Telle étoit la compofition des foldats Romains;
& jamais ils ne fentirent mieux, qu'après la défaf-
treufe bataille de Cannes, le prix d'un choix fi
fage. Tous leurs citoyens coururent aux armes, refufèrent leur paie, & donnèrent en outre tout leur
argent & leurs bijoux pour être employés à la
chofe publique. Marius fut le premier qui fuivit
des maximes différentes. Il tira fes armées de la
fixième claffe, ou du rebut de la nation. Mais
Marius vouloit opprimer fon pays, piller & égorger fes compatriotes ; & l'hiftoire nous a fidélement tranfmis les effrayantes atrocités commifes
par les foldats de Marius. Les citoyens qui ont
une propriété, font les plus zélés défenfeurs de
leur pays, & leur exemple aura toujours une
grande influence fur leurs inférieurs.

Une milice nationale très - nombreuſe eſt le
ſeul expédient capable de ranimer l'eſprit martial
des Anglois , & il vaudroit mieux qu'ils fuſſent
encore comme leurs ancêtres , un peuple de ſoldats , que d'avoir devant eux l'effrayante perſ-
pective de devenir l'eſclave d'un voiſin ambitieux.
Pourquoi la menace d'une invaſion a-t-elle toujours ſemé la terreur en Angleterre ? C'eſt que
nous n'avons point de places fortes , & que nous
manquons d'hommes aguerris ou diſciplinés ; c'eſt
que nous ſommes dans la ſituation où étoit Caf-
thage ; & que , formidables au dehors par nos
flottes , nous ſommes foibles au dedans , & preſque incapables de réſiſtance. Une milice nationale eſt un moyen de défenſe invincible , & n'eſt
point dangereuſe pour la liberté , lorſqu'on la
compoſe , comme à Rome , où la dernière claſſe
exempte du métier des armes , n'avoit pas le droit
de les porter. Rien ne ſeroit plus imprudent ſans
doute que de donner , dans ce temps de corruption , des armes à une claſſe d'hommes ſuſcepti-
bles de vendre à des factieux leurs bras , comme
ils leur vendent leurs ſuffrages. Le luxe & la
molleſſe , la corruption leur compagne inſépara-
ble , & l'eſprit de factions dont elle eſt la ſource ,
ont détruit ſucceſſivement les plus puiſſans états.
La Grèce , le berceau des ſciences & des arts , la

patrie des philofophes , des légiflateurs & des héros , eft aujourd'hui l'efclave de l'ignorance & de la barbarie. Carthage autrefois la fouveraine des mers & le centre de tout le commerce du monde, eft difparue ; & le voyageur apperçoit à peine les veftiges de fes ruines. Rome , maitreffe de l'univers , qui faifoit la loi aux nations les plus belliqueufes , la reçoit aujourd'hui d'un prêtre ; & le centre des vertus, du courage & de la grandeur, eft devenu celui de la baffeffe & de l'hypocrifie.

CHAPITRE X.

Réflexions & conclusion du Traducteur.

L'AUTEUR anglois du préfent ouvrage ayant eu pour but d'offrir à fes compatriotes des confeils & des réflexions fondés fur des faits. & fur une longue expérience, j'ai cru que ces mêmes réflexions poutroient être de quelque utilité dans les circonftances où la France fe trouve aujourd'hui. Tel eft le motif qui m'en a fait entreprendre la traduction.

Au moment de fonder, en lui donnant des loix , une république trop vafte peut-être , ce n'eft que dans l'étude des différentes conftitutions de toutes les républiques de l'antiquité , & dans l'examen fuivi du cercle qu'elles ont parcouru depuis leur naiffance jufqu'à leur chûte , que nos légiflateurs pourront puifer de folides inftructions.

Ils verront que les plus célèbres légiflateurs de l'antiquité ont tous donné la préférence aux gouvernemens mixtes , ou compofés de différens. pouvoirs qui fe balancent & fe maintiennent réci-

proquement dans les limites fixées par la conftitution.

Ils verront que la liberté n'exifta jamais dans
les états où il n'y avoit qu'un feul pouvoir, parce
qu'un pouvoir unique eft toujours abfolu : ils
feront forcés de convenir que les gouvernemens
ftrictement populaires ont toujours été les moins
durables, les plus fujets aux factions, les plus
voifins de l'anarchie ; qu'ils ne peuvent fubfifter
que chez un peuple dont les mœurs font encore
pures, & chez qui les vertus publiques font encore dans toute leur vigueur : mais qu'un peuple
corrompu eft toujours efclave fous la plus libre
des conftitutions ; parce qu'il ne fait faire de fa
liberté d'autre ufage que celui de la vendre.

Toutes les républiques de l'antiquité ont conf-
taté fucceffivement cette vérité douloureufe ; &
l'hiftoire ne nous préfente qu'un feul exemple d'un
peuple dont les mœurs ont été régénérées. C'eft
au moyen d'un gouvernement mixte que le grand
Lycurgue a opéré ce miracle unique.

Les Romains ont inutilement multiplié les loix
les plus fages ; la dépravation de leurs mœurs a
toujours été en croiffant jufqu'à la diffolution de
leur empire. On m'obfervera peut-être que ce
que Lycurgue a fait, il eft encore poffible de le
faire. Je répondrai que, pour pouvoir l'efpé-

rer, il faudroit pouvoir auffi réunir les mêmes circonftances. La corruption n'avoit pas pouffé à Sparte des racines très-profondes ; les Lacédémoniens étoient un peuple de foldats prefque toujours en guerre, qui confervoit toute fon énergie & un fonds de vertu publique réelle & non pas fimulée. Ils étoient tous raffemblés dans l'enceinte d'une même ville.

Lycurgue abolit les dettes, fit des terres un partage égal & inaliénable, & rendit les Lacédémoniens ftrictement égaux : mais cette égalité de fait ne pouvoit exifter que chez un peuple compofé de citoyens qui jouiffoient tous fans travailler d'une fortune égale & inaliénable. Toute œuvre fervile étoit févérement défendue à un Lacédémonien. Les Ilotes, leurs efclaves, exerçoient toutes les profeffions viles ou lucratives. Les Lacédémoniens ne connoiffoient point d'autre métier que celui des armes. Leur temps fe paffoit dans les affemblées publiques ou dans des exercices militaires ; ils mangeoient publiquement en commun, & l'emploi de toutes leurs heures étoit fixé par la conftitution. Lycurgue défendit le commerce, & l'ufage des monnoies d'or & d'argent. Les Lacédémoniens obtenoient difficilement la permiffion de fortir de leur pays ; & toute relation avec les étrangers leur étoit interdite. Telles

furent les précautions de Lycurgue pour ramener
& conferver la pureté des mœurs parmi fes compatriotes. Je ne connois point de peuple chez lequel ces mefures fuffent aujourd'hui praticables ;
& je les crois cependant indifpenfables pour régénérer des mœurs corrompues, & établir l'égalité
dans toute l'étendue de fon acception.

J'obferverai auffi que Lycurgue & tous les légiflateurs de l'antiquité dont on admire encore le
génie, donnèrent pour bafe à leur inftitution une
religion & un culte public ; que les préceptes religieux firent une partie de l'éducation nationale , & que le moindre manque de refpect pour
les cérémonies de cette religion étoit puni rigoureufement. Le victorieux Alcibiade , foupçonné d'avoir mutilé les ftatues de Mercure &
profané des myftères religieux , fut condamné
par les Athéniens à perdre la vie. Les Romains
fe diftinguèrent long-temps par leur refpect inviolable pour leurs Dieux & pour toutes leurs
cérémonies religieufes. J'ajouterai que tous ceux
qui ont lu l'hiftoire avec attention, doivent avoir
apperçu que chez toutes les nations qui ont fucceffivement difparu de la furface du globe, les
vices & la corruption ont pris naiffance & fait
leurs progrès funeftes en proportion du mépris des
opinions religieufes. Lorfque les Romains com-

mencèrent à méprifer leurs Dieux & leurs oracles, ils perdirent auffi beaucoup de leur valeur
militaire, & ne refpectèrent pas long-temps la
foi des traités & les conventions des hommes. De
toutes les religions connues, celle des chrétiens
a fans contredit la morale la plus pure & la plus
fublime ; mais elles tendent toutes plus ou moins
à rendre les hommes juftes & bienfaifans. Elles
viennent toutes à l'appui de la loi. Combien l'effrayante alternative des peines & des récompenfes après la mort n'a-t-elle pas détourné de
crimes de ce monde ! Combien n'a-t-elle pas foutenu de vertus chancelantes, épouvanté d'hommes pervers, & confolé de vertueux infortunés !
Si cette fublime idée étoit une chimère, il faudroit tâcher de la conferver. Quelques philofophes ont aimé & pratiqué, dit-on, la vertu pour
elle, fans efpoir & fans crainte d'une autre vie.
J'ignore fi leurs vertus auroient réfifté à de fortes
épreuves : mais, quoi qu'il en foit, de tels hommes feront toujours très - rares ; & c'eft d'après
le caractère des hommes en général qu'il faut rai-
fonner.

Les légiflateurs de l'antiquité ne fe font pas
bornés à établir des préceptes religieux, ils y ont
joint des cérémonies & ont attaché à leur pratique la même conféquence qu'à celle des préceptes ;

parce qu'ils fentoient qu'il faut ramener l'homme
à la réflexion par fes fens, & que les cérémonies
de la religion font les plus fermes appuis de fes
préceptes.

Chez les nations qui habitent aujourd'hui l'Europe, où la maffe du peuple forcée de travailler
conftamment pour vivre, ne peut pas acquérir
une grande inftruction morale, les préceptes religieux font indifpenfables, parce qu'ils contiennent
en peu de mots tous les devoirs de l'homme envers
fon femblable ; parce qu'ils ordonnent le refpect
& l'obéiffance à la loi. Otez à ces peuples leur
culte public, ils oublieront bientôt les préceptes
religieux & ceux de la morale qu'ils contiennen·
Leurs paffions n'auront plus de frein, & la loi
fera toujours infuffifante pour les calmer. Le code
de loix le plus fage & le plus complet ne peut
pas atteindre toutes les actions condamnables, il
n'a de prife ni fur les fentimens, ni fur la volonté
La crainte des loix peut empêcher l'homme de
commettre publiquement un crime ; mais elle ne
fuffira point pour lui infpirer l'amour de la vertu.
La croyance d'un Dieu qui connoît nos plus fe-
crettes penfées tend à épurer l'ame ; & fi la vertu
n'eft pas inutile dans ce monde, les principes religieux y font indifpenfables.

Des légiflateurs véritablement amis des

hommes & de leur patrie, prendront ces objets
en férieufe confidération. Ils s'occuperont d'affurer l'unité de la république françoife & ne fe dif-
fimuleront point la difficulté de cette entreprife.
Ils fentiront que lorfque l'enthoufiafme fera paffé
avec le danger, lorfque la république n'aura plus
d'ennemis à combattre, les efforts cefferont de fe
porter vers un même but ; & que chaque dépar-
tement de cette vafte république commencera à
s'occuper de fes avantages locaux ou particuliers.
Cet événement peut entraîner des commotions
& des déchiremens funeftes. Ce n'eft qu'au moyen
d'un fyftême fage & modéré qu'on pourra peut-
être les prévenir. Sous le prétexte de jouir pleinement de leur liberté & de leurs avantages naturels, des villes maritimes effayeront peut-être
de fe délivrer du poids de la dette & des contributions publiques en fe déclarant indépendantes.
Cet exemple une fois donné, feroit aveuglément
fuivi par les autres départemens, fans examiner fi
cette fciffion leur feroit à tous également avantageufe.

La milice nationale doit encore être prife en
grande confidération. Cette excellente inftitution
ne produira le bien qu'on peut en attendre qu'a-
près avoir été foumife à des reftrictions. Elle ne
devroit être compofée à l'avenir que de citoyens

aſſez riches pour ſervir l'état ſans paie. Il s'en
trouve en France plus d'un million, & c'eſt plus
qu'il n'en faut pour la mettre à l'abri des commotions intérieures , & des invaſions étrangères.
L'état ne ſera plus obéré par les frais d'un armement défenſif. Les citoyens obligés de travailler
pour leur ſubſiſtance , pourront exercer tranquillement leur métier ou leur profeſſion ; l'agriculture , le commerce & l'induſtrie conſerveront leur
activité dans tous les temps. La ſuppreſſion de la
ſolde facilitera cette innovation ; la claſſe indigente
renoncera volontairement au métier des armes , &
un million d'hommes diſciplinés diſpenſeront l'état
d'entretenir une armée.

On m'obſervera ſans doute que ce ſyſtême détruit l'égalité. Je répondrai qu'il eſt impoſſible de
détruire une égalité qui n'exiſte point & qui
n'exiſtera jamais tandis qu'il y aura en France
des citoyens riches & des citoyens indigens. J'a-
jouterai que les riches étant les plus intéreſſés à
la ſûreté de l'état, doivent y faire les plus grands
ſacrifices ; & qu'un ſyſtême qui aſſure dans tous
les temps l'activité des cultures , du commerce &
de l'induſtrie ; qui laiſſe aux pauvres la liberté
de ſuivre dans tous les temps , les travaux
néceſſaires à la ſubſiſtance de leurs familles ; qui
diſpenſe l'état d'entretenir une armée , & de tous

les frais des armemens défenfifs, mérite quelques
confidérations. Indépendamment des avantages que
j'ai détaillés, j'en pourrois indiquer d'autres relatifs à la fûreté & à la tranquillité de la république, qui fera toujours précaire tandis qu'on laif-
fera des armes entre les mains d'une claffe indigente & vénale, toujours difpofée à feconder les
factions, & très-capable de fe fervir contre l'état
des armes qu'on lui a confiées pour le défendre.

Tel fut le fyftême militaire des Romains; &
l'hiftoire nous apprend à quel degré de gloire &
de profpérité ce fyftême les a conduits. Marius fut
le premier qui dérogea à ces principes. Il compofa
fon armée de la claffe indigente, de tous les bandits de Rome & des environs. Mais Marius vouloit
opprimer fa patrie, piller & égorger fes concitoyens. L'hiftoire nous a fidélement tranfmis les
effrayantes atrocités des foldats de Marius; &
nous avons eu chez nous, très-récemment, des
échantillons de ces odieux maffacr   Par-tout, les
maffacreurs étoient vêtus de l'uniforme national;
& cette tache ne lui auroit pas été imprimée fi le
fyftême que je préfente eût été en vigueur. Ce
fyftême peut feul faire ceffer les troubles de l'anarchie & ramener l'ordre, la fûreté & la tranquillité
publiques, qu'il fera toujours impoffible de maintenir tandis que tous les individus feront armés;

car dans un état très-vaſte il y aura toujours une
nombreuſe claſſe d'indigens qui, eſpérant gagner
au tumulte, aux déſordres, & ſur-toùt au pillage,
tâchera de prolonger ou de renouveller les commotions & les inſurreƈtions, dont la durée entraîne toujours la diſſolution des états, ou la
tyrannie du gouvernement militaire dans toute ſa
barbarie. Je ſais que de grandes fautes ont rendu
cette meſure difficile; mais il faut vaincre ces obſtacles, ou voir périr la république ſous les coups
des faƈtieux, qui, pour parvenir plus facilement
à la déchirer, ſe couvriront tour-à-tour du maſque
trompeur de la popularité (1).

Depuis trois ans notre expérience à cet égard eſt
douloureuſe & plus que ſuffiſante. Parmi ceux qui
ont figuré ſur la ſcène, & paſſé long-temps pour
des patriotes ardens & déſintéreſſés, en eſt-il un

---

(1) Je recommande à nos légiſlateurs l'examen du
ſyſtême politique & militaire de Tullius Servius, que
les Romains ſuivirent invariablement & avec les plus
grands ſuccès juſqu'au temps de Marius, qui n'y dérogea que pour faciliter ſes vengeances & commettre impunément tous les genres de forfaits. Avec le ſecours
d'une armée de bandits, il commanda deſpotiquement
dans Rome, & tous les citoyens riches furent ou égor-
gés ou dépouillés de leurs biens.

feul qui n'ait été reconnu pour un hypocrite
ambitieux ou avide? Et n'auroit-on pas dû le
prévoir chez un peuple où le patriotifme eft le
mafque du moment, & où l'égoïfme eft depuis
trop long-temps le feul trait conftant & prononcé
du caractère national? Réfléchiffez, légiflateurs,
à ce que vous allez faire. A quoi nous ferviroit la
meilleure de toutes les conftitutions, fi elle eft
incompatible avec nos mœurs & nos vices?
Rappellez-vous la réponfe de Solon aux Athéniens:
« Je ne vous ai point donné les meilleures loix
» poffibles, mais les meilleures qui puiffent vous
» convenir ». Un architecte chargé de conftruire
un édifice, ne doit-il pas mefurer & calculer d'a-
bord le terrein qu'on lui confie? & le plan le plus
magnifique ne feroit-il pas une abfurdité fi la
difpofition du terrein en rendoit l'exécution impoffible? Il ne fuffit pas de faire des loix, il faut
en affurer l'exécution. Vous les offrirez, dites-
vous, à la fanction du peuple ; mais cette fanction
empêchera-t-elle qu'elles ne foient impraticables?
Ceux qui les auront approuvées les violeront le
lendemain. Et fi vous êtes de bonne foi, relativement au vœu libre du peuple, ne fentez-vous pas
qu'il eft prefqu'impoffible de le connoître dans un
temps de factions, de violences & d'atrocités
impunies, où la terreur ferme la bouche à tous

les citoyens timides qui compofent la grande majorité de la nation ? Votre miffion eft dangereufe; mais vous deviez le favoir quand vous l'avez acceptée : & fi vous aviez alors le deffein de fauver la France, il faut y réuffir ou périr avec elle. Et n'efpérez pas de vous fauver en facrifiant l'honneur & la patrie : cette infigne lâcheté, dont je vous crois incapable, ne ferviroit qu'à rendre votre perte plus affurée. Il ne vous refte qu'un feul moyen de falut, c'eft un courage & une loyauté imperturbables.

F I N.

TABLE

TABLE

DES CHAPITRES

CONTENUS DANS CE VOLUME.

Fin de la Table.

CPSIA information can be obtained
at www.ICGtesting.com
Printed in the USA
LVHW081946081219
639829LV00018B/416/P